Das Ja zum Leben und zum Menschen
Band 7
Predigten 1996-1997

Wolfgang Nein

Das Ja zum Leben und zum Menschen

Band 7
Predigten 1996-1997

© 2017 Wolfgang Nein
www.dasja.de
Herstellung Verlag:
BoD – Books on Demand, Norderstedt
ISBN 978-3-7431-5951-8

Inhaltsverzeichnis

Vorwort 11
Es führen viele Wege in den Stall! 13
   7. Januar 1996 13
      1. Sonntag nach Epiphanias 13
         Matthäus 2,1-12 13
Krise macht kreativ 18
   21. Januar 1996 18
      3. Sonntag nach Epiphanias 18
         Apostelgeschichte 10,21-35 18
Ist Gott ungerecht? 24
   4. Februar 1996 24
      Septuagesimae 24
      (3. Sonntag vor der Passionszeit) 24
         Römer 9,14-24 24
Wahrhaftige Nächstenliebe statt ichbezogenes Fasten 30
   18. Februar 1996 30
      Estomihi 30
      (Sonntag vor der Passionszeit) 30
         Jesaja 58,1-9a 30
Geduld nicht missverstehen und missbrauchen! 35
   3. März 1996 35
      Reminiszere 35
      (2. Sonntag der Passionszeit) 35
         Markus 12,1-12 35
„Gott besinnt sich eines Besseren" 41
   17. März 1996 41
      Laetare 41
      (4. Sonntag der Passionszeit) 41
         Jesaja 54,7-10 41
Steckbrief eines Unschuldigen 46
   5. April 1996 46
      Karfreitag 46
         Jesaja (52,13-15;)53,1-12 46
Wir sind es ihm wert – trotz allem! 51
   20. April 1996 51
      Konfirmandenabendmahl 51
         Markus 14,22-24 51

Wir bekennen uns zum Dennoch 56
  5. Mai 1996 56
    Kantate 56
    (4. Sonntag nach Ostern) 56
      Offenbarung 15,2-4 56
Vom Gottesdienst in den Bunker 61
  16. Mai 1996 61
    Himmelfahrt 61
    Goldene Konfirmation 61
      Psalm 103,2 61
Woher kommen wir, wer sind wir, was wird aus uns? 66
  2. Juni 1996 66
    Trinitatis 66
      2. Korinther 13,11-13 66
Sich in die anderen hineinversetzen 71
  16. Juni 1996 71
    2. Sonntag nach Trinitatis 71
    Partnerschaft St. Markus – Uyole, Tansania 71
      1. Korinther 9,16-23 71
Besinnt Euch eines Besseren! 76
  23. Juni 1996 76
    3. Sonntag nach Trinitatis 76
      Hesekiel 18,1-4.21-24.30-32 76
Was und wem soll ich denn nun glauben? 81
  25. August 1996 81
    12. Sonntag nach Trinitatis 81
      1. Korinther 3,9-15 81
Ermahnungen haben auch ihr Recht 86
  8. September 1996 86
    14. Sonntag nach Trinitatis 86
      1. Thessalonicher 5,14-24 86
Was hat sich durch Christus verändert? 92
  22. September 1996 92
    16. Sonntag nach Trinitatis 92
    „Kanzeltausch" mit Eben-Ezer (ev.-method. Gem.) 92
      Hebräer 10,35-36 92

„An irgendwas muss man doch glauben!" 97
29. September 1996 97
17. Sonntag nach Trinitatis 97
Konfirmandenbegrüßung 97
Matthäus 19,21 97

Brief aus Fleisch und Blut 102
20. Oktober 1996 102
20. Sonntag nach Trinitatis 102
2. Korinther 3,3-9 102

Erlösung hier und jetzt 107
3. November 1996 107
22. Sonntag nach Trinitatis 107
1. Johannes 2,(7-11)12-17 107

Wer viel empfängt, wird viel verlieren 112
24. November 1996 112
Totensonntag / Ewigkeitssonntag 112
(Letzter Sonntag des Kirchenjahres) 112
Psalm 126,5 112

Alt, aber nicht hoffnungslos 116
29. Dezember 1996 116
1. Sonntag nach dem Christfest 116
Lukas 2,25-38 116

Hochbegabt, sozial und menschlich 122
5. Januar 1997 122
2. Sonntag nach dem Christfest 122
Lukas 2,41-52 122

Die Zukunft der Gemeinde? 127
19. Januar 1997 127
Letzter Sonntag nach Epiphanias 127
Einführung des Kirchenvorstands 127
2. Korinther 4,6-10 127

„Es musste wohl sein" 132
9. Februar 1997 132
Estomihi 132
(Sonntag vor der Passionszeit) 132
Markus 8,31-38 132

Heilung durch Provokation der Abwehrkräfte **137**
   23. März 1997 137
      Palmsonntag 137
      (6. Sonntag der Passionszeit) 137
      Johannes 12,12-19 137
Politisches Kalkül und göttlicher Plan **142**
   26. März 1997 142
      Passionsandacht 142
      „Pilatus" 142
      Matthäus 27,11-26 142
Stärkung gegen Fremdsteuerung **145**
   27. März 1997 145
      Gründonnerstag 145
      Lukas 23,34 145
Sehen mit den Augen und dem Herzen **148**
   6. April 1997 148
      Quasimodogeniti 148
      (1. Sonntag nach Ostern) 148
      Johannes 20,19-29 148
Wir können uns direkt an Gott wenden **153**
   4. Mai 1997 153
      Rogate 153
      (5. Sonntag nach Ostern) 153
      Johannes 16,23b-28.33 153
Ostern, Pfingsten und Himmelfahrt an einem Tag **159**
   18. Mai 1997 159
      Pfingstsonntag 159
      Johannes 14,23-27 159
Wer ist Jesus? **165**
   19. Mai 1997 165
      Pfingstmontag 165
      Matthäus 16,13-20 165
Der Wert des Gottesdienstes **170**
   14. Juni 1997 170
      Außentagung des Kirchenvorstands 170
      Psalm 100 170

Vielfalt des christlichen Glaubens 172
    15. Juni 1997 172
        3. Sonntag nach Trinitatis 172
        Partnerschaft St. Markus – Uyole, Tansania 172
            Lukas 15,1-7 172
Gute Gaben als Aufgabe annehmen 177
    27. Juli 1997 177
    9. Sonntag nach Trinitatis 177
    Matthäus 25,14-30 177
Gottesdienst – Feier des Lebens 182
    24. August 1997 182
        13. Sonntag nach Trinitatis 182
            Lukas 10,25-37 182
Das Träumen nicht aufgeben! 187
    7. September 1997 187
        15. Sonntag nach Trinitatis 187
            Matthäus 6,24-35 187
„Ich will so bleiben, wie du bist!"? 192
    14. September 1997 192
        16. Sonntag nach Trinitatis 192
        Begrüßung der neuen Konfirmanden 192
            Psalm 8,5 192
Grenzen überschreitender Glaube 197
    21. September 1997 197
        17. Sonntag nach Trinitatis 197
            Matthäus 15,21-28 197
Wir sind gespaltene Persönlichkeiten 203
    26. Oktober 1997 203
    22. Sonntag nach Trinitatis 203
    Matthäus 18,21-35 203
Leben ist mehr als Überleben 208
    9. November 1997 208
        Drittletzter Sonntag des Kirchenjahres 208
        Gottesdienst zu Beginn des Basars 208
        Johannes 2,1-17 208
Flohmarktartikel erhalten ihre Würde zurück 212
    9. November 1997 212
        Abendkirche zum Abschluss des Basars 212
            Gute-Nacht-Geschichte 212

Den Tod vorausdenken **214**
   23. November 1997 214
      Totensonntag / Ewigkeitssonntag 214
   Psalm 90,12 214
Machbares und Unverfügbares **218**
   31. Dezember 1997 218
      Altjahrsabend 218
      Psalm 103,8 218

Bibelstellen **222**

Vorwort

Das theologische Reden ist ein sehr spezielles. Es handelt von jeder Menge Unbewiesenem. Sollte der Prediger deswegen lieber schweigen und abwarten, bis das Unbewiesene bewiesen ist? Das wäre unsachgemäß, denn das Unbewiesene ist weitgehend zugleich Unbeweisbares. Und bei dem Unbeweisbaren, mit dem sich der Prediger zu befassen hat, handelt es sich um das Grundlegendste unserer Existenz.

Wir kennen die Grundlagen unserer Existenz nicht. Wir nehmen nur wahr, was existiert. Oder vorsichtiger gesagt: Wir nehmen als wahr hin, was existiert. Woher das Existierende kommt, was dahintersteckt, was das Ganze überhaupt auf sich hat, was es überhaupt soll und wo es letztlich hinführen wird, das zu erkennen, ist mit den uns zur Verfügung stehenden Mitteln nicht möglich. Wir sollten uns nichts vormachen. „Was die Welt im Innersten zusammenhält", wird eine unbeantwortbare Frage bleiben.

Schweigen angesichts des unergründlichen Geheimnisses wäre keine Lösung. Denn wenn das Sein auch ein großes Geheimnis ist, so sind wir doch da. Wir existieren. Und wir sind uns unserer Existenz bewusst. Und wir sind unaufhörlich gezwungen, Entscheidungen zu fällen, um unser Weiterleben sicherzustellen. Wir bewegen uns im Nebel und können nicht stehenbleiben. Was wir tun können, ist, Maßnahmen zu ergreifen, die uns helfen, wenigstens ein Stück weit zu schauen und den überschaubaren Bereich zu gestalten.

Die deutsche Sprache hat vier Buchstaben, um das Geheimnis des Seins kommunikabel zu machen. Sie sind ein sehr behelfsmäßiger Versuch, über etwas zu reden, was so schwer besprechbar ist.

Der Begriff „Gott" lässt sich mit vielerlei Inhalten füllen. Die verschiedenen Religionen liefern dafür zahlreiche Beispiele. Die Predigten dieses Buches greifen auf die jüdisch-christliche Tradition zurück. Die biblischen Generationen haben den Begriff „Gott" mit persönlichen Kategorien gefüllt.

Das ist zum einen hilfreich, weil die Anschaulichkeit von Bildern die Verstehensmöglichkeiten erweitert. Die Personifizierung des Seins ist aber für diejenigen hinderlich, die in den Bildern einen weiteren Beweis dafür sehen, dass das theologische Reden mit der Realität nichts zu tun hat.

Wie können wir über das Grundlegende unserer Existenz mit allem Hintergründigen und Unergründlichen reden in einer Sprache, die jeder versteht? Luther hat „dem Volk aufs Maul geschaut". Auch er ist freilich ohne theologische Begriffe und Bilder nicht ausgekommen. Die Predigten dieser Predigtsammlung sind im inneren Dialog vor allem mit denjenigen entstanden, die der Kirche eher fernstehen und sich das kirchliche Reden eher kritisch anhören.

Können wir von Gott reden, ohne den Begriff Gott in den Mund zu nehmen? Können wir über Jesus Christus reden, ohne ihn zu erwähnen? Können wir von der Offenbarung sprechen, ohne auf die entsprechenden Texte Bezug zu nehmen?

Noch gibt es eine gewisse Zahl von Menschen, die in kirchlichen Kontexten großgeworden sind und die mit dem theologischen Reden etwas anfangen können – auch für sich persönlich. Die Zahl der kirchlich nicht Sozialisierten und in der theologischen Sprache Ungeübten nimmt aber rapide zu.

Es ist eine Herausforderung, sich um eine theologische Sprache für alle zu bemühen. Es ist einen Versuch wert, bereits gehaltene Predigten einmal so umzuformulieren, als würde es die Bibel, die Kirche, den christlichen Glauben nicht geben. Was bliebe dann an Aussagen bestehen, die im Sinne der christlichen Botschaft für das Leben der Menschen angesichts der unbegreifbaren Grundlagen unserer Existenz hilfreich wären? Blieben dann die im Sinne der christlichen Botschaft relevanten Aussagen erhalten? Und könnte dann in einem zweiten Schritt die Besinnung auf die biblischen Texte und die Kirche als weltweiter menschlicher Gemeinschaft helfen, diese Aussagen als Grundlage und Leitfaden der eigenen Lebensgestaltung und Lebensbewältigung anzunehmen?

Wolfgang Nein, Februar 2017

Es führen viele Wege in den Stall!
7. Januar 1996
1. Sonntag nach Epiphanias
Matthäus 2,1-12

Gestern, am 6. Januar, war also das Epiphanienfest, das Fest der Erscheinung des Herrn oder - wie es auch genannt wird: das Fest der Heiligen Drei Könige. Drei Magier aus dem Osten waren einem Stern gefolgt, dem Stern von Bethlehem. Was sind Magier? Das sind doch Zauberer. Und wie nennen wir Menschen, die sich nach den Sternen richten? Das sind doch Astrologen. Schämt sich denn Matthäus gar nicht, uns solche abergläubischen Gestalten als Vorbilder zu schildern? Aus den heidnischen Sterndeutern hat er fromme Anbeter des Christkindes gemacht. Wen kann es da noch wundern, dass nicht lange danach die Kirchengeschichte die drei Heiden in drei Heilige verwandelt hat! Die Zauberer und Astrologen feiern wir als die Heiligen Drei Könige. Für die orthodoxen Christen, auch für die mazedonisch-orthodoxen Christen, die unserer Gemeinde angeschlossen sind, ist dies, wie bereits gesagt, das eigentliche Weihnachtsfest.

Ist das nicht bemerkenswert, dass hier drei Menschen aus einem anderen Land, einer anderen Religion als diejenigen geschildert werden, die in dem neugeborenen Kind von Bethlehem mit Freude die bedeutende Persönlichkeit erkannt haben, die es wert war, sich mit wertvollen Geschenken auf den weiten Weg zu machen? Wir können es dahingestellt sein lassen, ob es sich hier um eine historisch zutreffende Begebenheit handelt; wir können aber auch gleich davon ausgehen, dass wir hier eine Legende vor uns haben. Aber das Interessante ist doch, dass Matthäus, der Evangelist Matthäus, uns diese Männer als Vorbild hinstellt.

Stellen wir uns nur einmal vor, der Bischof der Evangelischen Kirche Deutschlands würde in seinem Weihnachtsbrief an die evangelischen Gemeinden drei bekannte Astrologen zitieren, die in den Zeitschriften ihre Horoskope veröffentlichen, und würde sie uns als vorbildliche Christen hinstellen! Da hätten wir doch Magenkneifen, auch wenn die drei Astrologen etwas Bedenkenswertes gesagt haben mögen. Aber ihr Berufsstand würde die Seriosität aller ihrer Aussagen schon im Vorwege zweifelhaft erscheinen lassen. Wenn Astrologen die christliche Botschaft in Ordnung finden, dann kann an der christlichen Botschaft etwas nicht in Ordnung sein, könnte man argwöhnen. Wir hätten gern andere Zeugen der frohen Botschaft, bekannte Persönlichkeiten des öffentlichen Lebens wie den Bundespräsidenten z. B. oder andere herausragende Persönlichkeiten.

Was war das Anliegen von Matthäus? Die Antwort lässt sich aus dem Gegenspieler der drei Männer erschließen. Herodes, der König der Juden, will das neugeborene Kind von Bethlehem umbringen lassen aus Furcht vor einem unliebsamen Konkurrenten. Und die religiöse Führung des Landes vollbringt schließlich, was Herodes erfolglos versucht hatte. Von den führenden Vertreter seines eigenen Volkes war Jesus nicht als der Christus erkannt und anerkannt worden. Von ihnen war er verfolgt und hingerichtet worden. Die Anhänger Jesu waren schließlich aus der jüdischen Religionsgemeinschaft hinausgedrängt worden und hatten sich in eigenen Gemeinden organisieren müssen, wie z. B. in der des Matthäus in Syrien vermutlich. Ist es da noch verwunderlich, wenn Matthäus seinen Lesern und Zuhörern mitteilt: Die eigenen Leute haben Jesus verstoßen, aber bei den Fremden hat er Anerkennung gefunden?! Die Obersten der Frommen haben ihn zu Tode gebracht, aber die als Heiden gering geachtet waren, die haben in Jesus den gottgesandten Messias erkannt.

Es steckt also zum einen eine gehörige Portion Kritik und wohl auch Polemik in der Darbietung dieser Szene von den drei Magiern aus dem Osten. Es ist eine Spitze gegen die etablierte Frömmigkeit, die zu blind war für die neue Offenbarung Gottes.

Zum anderen enthält diese Szene aber auch eine positive Aussage: Matthäus bekennt sich hier zu der Möglichkeit, dass auch unter den sog. Heiden von deren eigenen Voraussetzungen her die grundlegende Bedeutung Jesu Christi erkannt werden kann. Jeder Mensch, ganz gleich in welchem Land er lebt, welcher Kultur, welcher Religion er zugehört, kann in Jesus Christus denjenigen erkennen, der den Menschen das Heil bringt. Und umgekehrt gilt: Jesus Christus bietet das Heil jedem Menschen an - ganz gleich in welchem Land er lebt, welcher Kultur und welcher Religion er angehört. Das ist die Botschaft, die uns Matthäus mit seiner Szene von den drei Magiern aus dem Osten vermittelt.

Wie ist diese Botschaft zu verstehen? Ist es nicht so, dass in jedem Menschen gleiche Fragen vorhanden sind, dass jeder Menschen mit den gleichen Problemen zu kämpfen hat, dass in jedem Menschen gleiche Bedürfnisse, Wünsche, Sehnsüchte vorhanden sind? Steht nicht jeder Mensch erstaunt vor dem Wunder seiner Geburt? Und hat nicht jeder mit der unausweichlichen Tatsache seines eigenen Todes fertigzuwerden? Ist nicht jeder Mensch von Krankheit bedroht, und ist nicht jeder den mannigfaltigen Gefährdungen des Daseins ausgesetzt? Hat nicht jeder die tägliche Mühsal der Lebenserhaltung zu ertragen? Und muss nicht jeder die Frage beantworten: Wie halte ich es mit meinen Mitmenschen? Wie gehe ich mit den zwiespältigen Erfahrungen um, die ich mit ihnen sammle, den erfreulichen und den enttäuschenden? Und wie bestimme ich mein Verhältnis zu mir selbst - dem schillernden, mir am besten bekannten und doch auch unbekannten, dem mir gehorsamen und zugleich auch ungehorsamen Wesen? Jeder muss mit diesen Fragen zurechtkommen. Und in irgendeiner Weise hat jeder darauf seine vorläufigen Antworten gefunden. Es bleibt aber jeder ein Fragender und Suchender.

Da kann es doch sein, dass sich jemandem das Kind von Bethlehem als die Antwort offenbart, die alle bisherigen Antworten in den Schatten stellt. Jemand, der bisher in den Sternen nach einer Antwort auf die drängenden Fragen seines Lebens gesucht hat, kann doch mit einem Mal erkennen: Nicht in den Sternen liegt mein Heil verborgen, sondern in einem Menschen, dem Kind von Bethlehem. Nicht die Sonne ist Gott, nicht der

Mond ist Gott, nicht irgendein Stern ist Gott. Sondern Sonne, Mond und Sterne sind Geschöpfe des einen unsichtbaren Gottes, der auch den Menschen geschaffen hat - in Liebe, entworfen nach seinem Bild und auf sein Abbild hin.

Matthäus teilt ganz bestimmt nicht die religiösen Vorstellungen der Magier und Astrologen. Aber er spricht ihnen das Recht zu, von ihren Vorstellungen her, sich mit ihren Bildern und Begriffen dem Christkind zu nähern. Er selbst greift ihre Vorstellungen auf und integriert sie wie selbstverständlich in seine Darstellung des Christusgeschehens, und wir sind ihm auf diesem Weg gefolgt. Nehmen wir den Stern von Bethlehem in unsere gottesdienstliche Darstellung des Krippenspiels mit hinein, weil wir daran glaubten, Gott würde sich uns in den Sternen offenbaren? Nein, uns ist der Stern eine liebe Erinnerung daran, dass er drei Menschen den Weg zum Stall gewiesen hat. Uns hätte der Stern nichts zu sagen gehabt. Aber für diese drei Männer ist er wichtig gewesen. Für uns ist wichtig, dass sie in dem Kind den Christus erkannt haben. Der Stern ist uns dafür das bleibende äußere Zeichen.

Diesen Vorgang erleben wir vielfach - die Bibel ist voll davon: dass wir Vorstellungen, Formen, Bilder, Begriffe anderer Kulturen und Religionen übernommen haben, um mit ihnen unsere christlichen Glaubensinhalte zu beschreiben und zu praktizieren. Wie die Magier hat auch Jesus z. B. Wunder vollbracht - allerdings nicht um der Zauberei willen, sondern um der Menschlichkeit willen.

Es führen viele Wege zu Gott, und Gott kommt uns auf vielen Wegen entgegen. Nehmen wir die Schilderungen der Bibel: Gott offenbart sich in der Schöpfung, er erscheint in Naturereignissen, er macht seinen Willen durch die Geschichte kund. Er lässt uns seinen Willen durch Gesetze wissen. Er erscheint in Träumen, er spricht durch Engel, durch Propheten, er handelt sogar durch Tiere. Er offenbart sich schließlich in der menschlichen Gestalt Jesus Christus. Die biblischen Autoren scheuen sich nicht, die Darstellungsweisen Gottes aufzugreifen, wie sie in den Kulturen verwendet wurden, mit denen sie sich in engem

Kontakt befanden. Sie vermochten es dennoch, die übernommenen Formen mit ihren je eigenen Inhalten zu füllen.

Jesus Christus ist der ganzen Welt zum Heil erschienen. Er ist in allen Teilen der Welt angenommen worden. Seine Bedeutung wird unterschiedlich ausgelegt je nach dem, in welchem Zusammenhang sich Menschen ihm zuwenden. Es ist schon ein Unterschied, ob sich ein nordeuropäischer Theologieprofessor über Jesus Christus äußert oder ein Mädchen vom Lande in Tansania, das dort in einer Gemeinde biblische Geschichten kennengelernt hat. Und wenn wir uns hier untereinander befragen würden, dann kämen wir gewiss auch zu unterschiedlichen Ergebnissen - wenn uns natürlich auch viel Gemeinsames verbinden würde.

Matthäus berichtet, wie die gebildeten, wohlhabenden, fremdgläubigen Magier aus dem Osten auf weitem Weg zu Jesus gelangten. Lukas berichtet, wie die armen, ungebildeten Hirten vom Feld den Weg zu Jesus fanden. Jeder von uns kann nur seinen eigenen Weg gehen. Darin wollen wir uns auch gegenseitig respektieren. Das andere ist ebenso wahr: Jedem von uns offenbart sich Gott auf unterschiedliche Weise, auf die uns gemäße Weise. Auch das müssen und wollen wir gelten lassen.

So kann unser Reden von Gott sich sinnvollerweise nur im Dialog miteinander vollziehen. Wäre das nicht ein guter Vorsatz für das neue Jahr: dass wir uns mehr miteinander austauschen, auch und gerade in biblischen und theologischen Dingen, mit mehr Selbstbewusstsein, aber auch mit der gehörigen Toleranz, der Einsicht also, dass jeder - ob Pastor oder Laie - Bedeutsames beizutragen hat.

Wir haben alle einander etwas zu sagen. Wir können alle voneinander lernen und einander bereichern mit den je besonderen Gaben und Einsichten, mit denen Gott jeden von uns gesegnet hat.

Krise macht kreativ
21. Januar 1996
3. Sonntag nach Epiphanias
Apostelgeschichte 10,21-35

Wir haben hier einen Text aus dem Neuen Testament vor uns, einen Abschnitt aus der Apostelgeschichte des Lukas. In seiner Apostelgeschichte schildert uns Lukas die Anfänge der christlichen Kirche. Wie hat das angefangen mit der Kirche, mit dem christlichen Glauben? Das ist doch eigentlich eine interessante Frage. Das ist ja immerhin schon an die 2000 Jahre her. Heute sitzen wir hier immer noch, Kirche existiert noch, der christliche Glaube existiert noch. Das ist doch erstaunlich. Andererseits befinden sich Kirche und christlicher Glaube in einer Krise. Das könnte uns Grund und Anlass sein zu grundsätzlichen Gedanken, zu fragen: Wie war es damals, wie ist es heute, was können wir lernen aus der Vergangenheit?

Eine Einsicht, die ich für die heutige Krisensituation z. B. ganz hilfreich finde, ist die, dass die Kirche mal ganz klein angefangen hat. Da waren zunächst wenige Menschen um diesen Jesus von Nazareth herum, und zwar schlichte, einfache Menschen und ziemlich mittellose Menschen. Und die Situation, in der es mit dem christlichen Glauben anfing, war andererseits alles andere als einfach. Die Umstände waren höchst schwierig. Das Christentum wuchs in einer Situation der Feindseligkeit auf. Es wurde nicht mit offenen Armen aufgenommen. Im Gegenteil: Wer sich zum christlichen Glauben bekannte, war sich seines Lebens nicht mehr sicher.

Vielleicht war das sogar hilfreich für die Ausbreitung des christlichen Glaubens. Gerade die gemeinsame Bedrohung mochte die ersten Christen zusammengeschweißt haben und ihre Widerstandskraft gestärkt haben.

Davon bin ich überzeugt: Schwierigkeiten haben nicht nur etwas Negatives an sich. Probleme reißen einen nicht nur runter. Probleme können auch aufbauen. Aus einer Krise können wir auch gestärkt hervorgehen. Wenn man es zu bequem hat, ist das ja auch nicht gut: Wenn wir nur genüsslich im Sessel sitzen, weil alles klar ist, dann werden unsere Muskeln schlaff, der Bauch wächst, wir werden träge, auch unser Geist wird träge, uns fällt nichts mehr ein, und wir meinen auch, uns nichts mehr einfallen lassen zu müssen, weil alles läuft.

Die Krise ist auch eine Chance. Als solche sollten wir sie nutzen. Die Krise der Kirche ist eine Chance zur Erneuerung. Es ist uns doch schon seit Jahrzehnten klar, dass es nicht so weitergehen kann wie bisher: dass die Formen, die Sprache, der Arbeitsstil, die Ansprüche in der Kirche renovierungsbedürftig sind. Es ist ja auch manches an Veränderung versucht worden. Aber der Durchbruch ist noch nicht geschafft. Der ganze große Druck war noch nicht da. Aber jetzt kommt er. Und ich behaupte: Das wird uns guttun. Der Druck kann wie ein Befreiungsschlag wirken und den Pfropfen aus dem Flaschenhals herausdrücken, und dann kann der köstliche Wein fließen.

Natürlich kann man an einer Krise auch zugrunde gehen. Aber diese Gefahr sehe ich im Falle der Kirche und des christlichen Glaubens nicht. Denn das, worum es im christlichen Glauben im Kern geht, das ist existentiell so bedeutsam und so stark, dass es unausrottbar ist. In dem Sinne dürfen wir ganz fest an die Auferstehung glauben.

Die in Jesus Christus verkörperte Liebe Gottes zum Menschen - die kann nicht ausgelöscht werden. Diese Botschaft ist nun einmal in der Welt - und sie wird gebraucht. Das Ja zum Menschen und das Ja zum Leben - nach beidem wird immer dringender Bedarf bestehen wie nach dem täglichen Brot, wie nach Wasser, wie nach Luft und wie nach Licht. Denn das brauchen wir zum Leben. Der Mensch - und wir zählen ja alle zu dieser Gattung hinzu - ist wirklich in vieler Hinsicht ein sehr problematisches Wesen. Aber wir alle wollen geliebt werden, und wir wollen uns auch anderen in Liebe zuwenden. Deswegen werden wir nicht nachlassen, nach dem zu suchen, was uns im Neuen Testament angeboten wird.

Und wie der Mensch, so ist auch das Leben überhaupt eine überaus problematische Angelegenheit. Aber wir wollen leben, und wir wollen auch neues Leben schenken. Darum werden wir auch hier nicht nachlassen, nach dem zu suchen, was unseren Wunsch und unseren Willen und unsere Sehnsucht nach Leben stärkt. Und diese Kraft empfangen wir aus den biblischen Texten. Da ist die Quelle des Lebens. Sie wird nicht versiegen.

Die Krise ist eine Chance. Sie nimmt uns so richtig in die Mangel und schüttelt uns durch. Das wird uns guttun.

Die Krise kann uns die Augen öffnen für manche Aspekte des christlichen Glaubens, die wir bisher nicht so recht wahrgenommen haben, die uns aber vielleicht weiterhelfen können. Blicken wir in die Apostelgeschichte des Lukas zurück - in den heutigen Abschnitt. Der handelt insbesondere von Petrus und Kornelius. Diese beiden Menschen begegnen sich. Der Hintergrund dieser Begegnung hat, wie ich finde, etwas sehr Erhellendes an sich.

Petrus war einer der Jünger Jesu gewesen. Er hatte sich, nachdem Jesus gestorben, auferstanden und gen Himmel gefahren war und seine Jünger allein zurückgelassen hatte, auf den Weg gemacht. Petrus hatte sich auf den Weg gemacht von Jerusalem nach Cäsarea.

Wer war Petrus gewesen? Petrus war aufgewachsen in der Tradition der jüdischen Religion - wie Jesus ja auch. Dann hatte er Jesus kennengelernt und war zu einem seiner Anhänger geworden. Und schließlich fühlte er sich berufen, die Sache Jesu weiterzutragen.

Er trug sie weiter, er machte sich im wörtlichen Sinne auf den Weg, auf den Weg nach Cäsarea - das war eine Stadt an der Küste, eine Stadt am Rande des Einzugsbereichs der jüdischen Religion. Er begab sich also in fremdes Territorium, in die Gegend fremder religiöser Einflüsse.

In dieser Situation kommen jetzt drei religiöse Strömungen zusammen: die jüdische, die christliche und, wie die Bibel es immer formuliert, die heidnische. Das ist eigentlich ein schlechter Begriff, ich möchte in diesem konkreten Fall mal sagen: die römische Religion, denn Kornelius war ein römischer Hauptmann.

Also noch einmal: Petrus und Kornelius begegnen sich. Petrus ist in der jüdischen Religion aufgewachsen und zum Christen geworden, und Kornelius ist in dem römischen Vielgötterglauben aufgewachsen, aber voller Sympathie für die Religion des Landes, in dem er nun als Fremder lebt und arbeitet.

Diese - ich sag das jetzt mal mit den Worten unserer Tage - diese interkulturelle und interreligiöse Begegnung ist brisant, explosiv, aber auch sehr kreativ. Wo sich Menschen aus verschiedenen Ländern, und noch dazu mit verschiedenem religiösen Hintergrund begegnen, da ist zum einen Gefahr im Verzuge, das ist uns ja - leider - eine tägliche Erfahrung. Aber da ist zum anderen eine enorme Chance gegeben, dass sich Neues entwickelt.

Manche Menschen haben Angst vor dem Andersartigen, vor dem Fremdartigen. Manche haben sogar einen Widerwillen. Manche entwickeln sogar Aggressionen gegen das, was anders ist, als was sie gewohnt sind. Das scheint in der Natur des Menschen zu liegen. Die Bibel selbst ist voll von solchen Abgrenzungstendenzen gegenüber dem Fremden. Das Volk Israel hat sich traditionell abgegrenzt und hat deutlich unterschieden zwischen denen aus dem Volk und den anderen, denen aus anderen Völkern und Religionen, den sog. Heiden. Nach alten israelitischen Gesetzen war z. B. die Heirat mit einem Menschen von außerhalb des eigenen Volkes untersagt. Fremde, Heiden, galten als unrein im religiös-kultischen Sinne. Man sollte sie noch nicht einmal besuchen. Solche Regelungen galten noch bis in die Zeit des Neuen Testaments hinein. Sie spielen auch in unserem heutigen Predigtabschnitt eine Rolle.

Petrus, der, wie gesagt, in der jüdischen Religion aufgewachsen war und sich noch als Jude fühlte, und der nun das Haus des römischen Hauptmanns Kornelius betritt, sagt zu den Anwesenden quasi entschuldigend: „Eigentlich darf ich als Jude dieses heidnische Haus gar nicht betreten und euch als Fremden so nahekommen. Aber ich tue es trotzdem."

Das ist für uns jetzt der springende Punkt: „Gott hat mir aufgetragen, keinen Menschen als unrein anzusehen." Petrus überwindet die Barriere zwischen sich und dem Fremden, und das heißt zwischen sich als Menschen jüdischer Herkunft und dem Mann des römischen Reiches, der römischen Religion. Zu dieser Grenzüberschreitung fühlt sich Petrus ermutigt und berufen durch seinen neuen Glauben. Denn durch Jesus Christus hat er Gott neu sehen und verstehen gelernt, und dabei war ihm aufgegangen: Es kann nicht der Wille Gottes sein, Grenzen zwischen Menschen aufzubauen und aufrechtzuerhalten. Die Grenzen müssen überschritten werden, Begegnungen müssen in aller Freiheit erlaubt sein, und nicht nur das: Sie müssen gefördert werden.

Der christliche Glaube fördert solche Grenzüberschreitungen. Mit der Liebe Gottes zum Menschen verträgt es sich nicht, Grenzen kultureller und religiöser Art zu ziehen und Menschen auszugrenzen. Es könnte einer sagen: Kornelius war ein Sonderfall. Er war von vornherein sehr offen gegenüber der jüdischen Religion und der neuen christlichen Strömung; er stand sozusagen schon halb im anderen Lager. Aber dieses Argument dürfen wir nicht gelten lassen. Wir sind im Sinne der grenzenlosen Liebe Gottes zur Grenzüberschreitung allen Menschen gegenüber beauftragt, auch unabhängig von deren Sympathie für uns und unsere kulturelle und religiöse Art.

Ich möchte noch eines hinzufügen: Abgesehen von den menschlichen Aspekten der kulturellen und interreligiösen Begegnung sind solche Begegnungen auch außerordentlich kreativ im besten Sinne des Wortes. Aus solchen Begegnungen entsteht Neues. Auch das Christentum, unser christlicher Glaube, ist das Ergebnis - das wunderbare Ergebnis - interkultureller und interreligiöser Begegnung. Wie gesagt, Petrus war von Haus aus Jude. Und auch Jesus war Jude. In der jüdischen Religion liegen die Wurzeln des christlichen Glaubens. Und die jüdische Religion hat sich wiederum aus der Begegnung mit etlichen anderen Religionen herausgebildet. Römische, griechische und andere Einflüsse haben im weiteren Verlauf den christlichen Glauben mit geformt. Das können wir alles noch aus der Bibel selbst herauslesen.

Die interreligiöse und interkulturelle Begegnung ist aus menschlichen Gründen und um des Friedens willen eine große Aufgabe. Sie ist darüber hinaus auch eine Quelle der Kreativität. Kreativität brauchen wir in der Kirche, in einer Zeit der Krise mehr denn je.

Ist Gott ungerecht?
4. Februar 1996
Septuagesimae
(3. Sonntag vor der Passionszeit)
Römer 9,14-24

Manch einer weiß mit religiösen Dingen nichts anzufangen. Das mit dem Glauben sagt manchen nichts. Und das Reden von Gott erscheint einigen eher peinlich, wenn nicht gar lächerlich.

Es hat aber jemand behauptet - und dem kann ich nur zustimmen: „Der Mensch ist in Wirklichkeit unheilbar religiös." Da gibt es kein Entkommen. Das lässt sich auch erklären. Das liegt nämlich an den Grundbedingungen unserer Existenz. Die sind so unfassbar, dass sie immer mehr Fragen aufwerfen werden, als wir jemals beantworten können.

Um ein Beispiel zu nennen: Wir werden aus fast nichts geboren - und was von uns bleibt, ist auch fast nichts. Woher wir kommen und wohin wir gehen, wird ein Geheimnis bleiben. Aber auch was dazwischen ist, ist geheimnisvoller, als wir gemeinhin denken. Das Leben, das wir führen, über das wir im alltäglichen Verlauf nicht so sehr viel nachdenken, dieses Leben ist voller Fragezeichen, voller Ungereimtheiten, voller Rätsel. Das macht das Leben zum einen interessant. Denn es gibt unendlich viel zu entdecken und zu erforschen und zu erleben. Das Leben ist wie ein Abenteuer. Zum anderen können die vielen Fragen und Rätsel und Ungereimtheiten manchmal aber auch geradezu unerträglich sein. Es ist gelegentlich eine wirkliche Belastung, dass wir manche Fragen nicht beantwortet kriegen und dass wir manche Probleme einfach nicht lösen können und dass wir manches nicht so regeln können, wie es uns richtig und gerecht erschiene.

Manches in unserem Leben müssen wir - wohl oder übel - hinnehmen. Das ist wirklich nicht immer leicht. Wir fragen manchmal: „Warum? Warum musste gerade mir das passieren? Bin ich denn schlechter als andere? Habe ich mir denn etwas zuschulden kommen lassen, dass mir dies zustoßen musste?"

Und selbst, wenn wir uns etwas haben zuschulden kommen lassen, wenn wir also einfach die Konsequenzen unserer eigenen Art zu erleiden haben, quält uns die Frage: „Warum? Warum bin ich so, dass ich mich immer wieder so und so verhalte? Warum kann ich nicht anders sein? Warum ist mir bei der Geburt nicht gleich ein anderer Charakter, eine andere Art mitgegeben worden, die mir von vornherein viele Probleme im Leben erspart hätte?"

Warum sind wir so, wie wir sind? Warum geschieht uns dies und jenes? Aus solchen Fragen spricht eine Ohnmacht, nicht selten auch eine Wut und Verzweiflung. Und hinter diesen Fragen steht der Wunsch nach einer Gerechtigkeit, und zwar der Wunsch nach einer barmherzigen Gerechtigkeit.

Wenn es uns schlecht genug geht, kann es sein, dass wir den Eindruck haben: Der muss doch ungerecht sein, der uns geschaffen hat, der das mit dem Dasein eingerichtet hat und der die Dinge des Lebens letztlich in seiner Hand hat.

Ich glaube, dass, wenn es um die Frage nach der letzten Verantwortung geht, dann wird auch der ganz Hartgesottene religiös. Denn wenn uns etwas zugestoßen ist - mag auch unsere eigene Art das Unglück mit verursacht haben -, dann suchen wir doch nach einem letzten Verursacher außerhalb unserer selbst. Dann wird uns klar, und zwar zurecht, dass wir selbst nicht die letzte Instanz sind, dass da doch noch Kräfte außerhalb unserer selbst sind, die wir nicht zu steuern vermögen.

Diese Frage ist eine Grundfrage unserer Existenz: „Wie weit haben wir unserer Leben selbst in der Hand, und wie weit liegt unser Leben in der Hand eines anderen? Wie weit sind wir selbst verantwortlich, und wie weit trägt ein anderer letztlich die Verantwortung für unser Leben, für die Vorgänge in unserem Leben, für unser Sosein und für unser Verhalten?" Diese Frage ist eine Grundfrage. Sie stellt sich uns in manchen Situationen mit Macht, und sie hat keine endgültige Antwort.

Es ist so, dass wir diese Frage mal so und mal so beantworten - ich will nicht gerade sagen, „wie es uns in den Kram passt", aber eine einheitliche Antwort haben wir nicht.

Ich möchte mal etwas konkreter werden. Nehmen wir noch einmal das Unglück, das uns selbst zustößt, wo wir fragen: „Warum gerade ich? Habe ich mir etwas zuschulden kommen lassen? Bin ich denn schlechter als andere? Womit habe ich das verdient?"

Hinter diesen Fragen steckt die Auffassung: Wenn ich mich korrekt verhalte, müsste es mir eigentlich gut gehen. Wenn ich mich unkorrekt verhalte, darf ich mich nicht wundern, wenn es mir schlecht geht, die Auffassung also: Den Guten belohnt Gott, den Bösen bestraft er. Wenn es so wäre in der Wirklichkeit, dann hätte das ja zumindest einen Vorteil: Man könnte sein Schicksal selbst bestimmen. Man müsste sich nur immer anständig verhalten, immer Gutes tun, dann ginge es einem auch gut. Und der andere Vorteil wäre: Die Bösen würden letztlich bestraft. Es gäbe also eine letzte Gerechtigkeit. Es würde sich auszahlen, gut zu sein. Und es würde sich letztlich nicht lohnen, Böses zu tun.

Aber entspricht diese Auffassung der Wirklichkeit? Wohl eher nicht. Die Übeltäter kommen oft genug ungestraft davon, und mancher wirklich gute Mensch hat es in seinem Leben sehr schwer.

„Gott belohnt die Guten, und die Bösen bestraft er", dieses Konzept ist schon im Alten Testament hinterfragt worden. Sie kennen Hiob, den frommen Mann, dem es zunächst gut ging und der dann doch ein Unglück nach dem anderen erleiden musste. An Hiob wird dieses Konzept hinterfragt. Es wird klargemacht: So funktioniert die Gerechtigkeit Gottes nicht.

Es wird in dem Buch Hiob immer wieder die Frage gestellt, die auch Paulus in unserem heutigen Predigttext stellt. „Ist denn Gott ungerecht?" Paulus antwortet: „Das sei ferne" - mit anderen Worten: „Natürlich ist Gott gerecht." So antwortet meines Wissens das Buch Hiob nicht. Vielmehr kommt im Buch Hiob eine Antwort zum Tragen, die Paulus ein paar Sätze weiter auch gibt: „Wer bist du, Mensch, dass du mit Gott rechten willst?!" Und dies wiederum mit anderen Worten gesagt: Es hat keinen Sinn, und es ist unangemessen, mit Gott ins Gericht gehen zu wollen.

Damit ist doch gesagt: Gott hat seine eigene Gerechtigkeit, über die wir nicht befinden können, die wir nicht steuern können, die wir einfach hinzunehmen haben, und die wir nicht einmal kritisieren sollen.

Wenn Sie das Buch Hiob lesen, und wenn Sie diese Sätze bei Paulus lesen, dann wird sich Ihnen vielleicht der Eindruck aufdrängen: Das ist ja ein willkürlicher Gott, der ganz nach eigenem Gutdünken es den einen gut gehen lässt, den anderen schlecht, ohne erkennbares System, ohne dass unsereins darauf Einfluss nehmen könnte und ohne dass wir daraus irgendwelche Handlungsempfehlungen ableiten könnten, sodass wir am Ende zu dem Schluss kommen müssten: „Es ist eh egal, wie wir leben, wie wir uns verhalten, was wir tun und was wir nicht tun. Es kann uns so oder so gut gehen oder schlecht gehen."

Dass solche Willkür etwas mit Gerechtigkeit zu tun haben sollte, wäre wirklich schwer einsehbar.

Aber das können wir zunächst einmal feststellen: Die Wirklichkeit ist so. Sie ist letztlich für uns unberechenbar und nicht durchkonstruiert nach einem System, das wir mit unseren gängigen Maßstäben als gerecht bezeichnen würden.

Man könnte hierüber in Wut und Verzweiflung geraten. Und Hiob hat ja durchaus Gott angeklagt und verflucht. In seiner Verzweiflung hat er sich und sein Leben und den Schöpfer verflucht. Es ist ja auch wirklich nicht einfach, sich selbst und sein Leben so hinzunehmen, wie Paulus das mit dem Bild vom Töpfer und seinen Gefäßen beschreibt: Der Töpfer formt aus dem Ton verschiedene Gefäße - nach Lust und Laune. Mal stellt er eine große kunstvolle Vase her, mal einen einfachen kleinen Teller, das eine Gefäß vielleicht zur Freude und Erbauung des Benutzers, das andere zum bloßen alltäglichen Gebrauch.

Es ist schwer, sich selbst und sein eigenes Leben in diesem Sinne zu betrachten. Hat der Schöpfer uns und unser Leben als wunderbare Vase gestaltet, die schön anzusehen ist, und die sorgsam bewahrt und geachtet ist, oder hat er uns und unser Leben zu ordinärem Alltagsgeschirr gemacht, das keiner besonderen Beachtung wert ist, und das, wenn es im Mülleimer landet, gar nicht vermisst wird? Wie gesagt: So werden wir unser Leben nicht gerne betrachten wollen. Und: So sollen wir uns und unser Leben auch gar nicht betrachten.

Wir sind alle Kunstwerke, wir sind alle wunderbare Vasen, von unendlichem Wert, schön anzusehen und Anlass zur Freude. Wir sind es alle wert, bewahrt und behütet zu werden. Und wir sind alle der Tränen wert, wenn wir nicht mehr sind. Wir sind so schön, wie wir geliebt werden. Wir sind so wertvoll, wie wir geliebt werden. Und wir sind unendlich geliebt - das ist die Aussage des Neuen Testaments, das ist das Evangelium, die frohe Botschaft. Wir sind unendlich geliebt, unabhängig von unserem Aussehen, von unserem Schicksal, von unseren moralischen Qualitäten.

Das Neue Testament räumt auf mit der Vorstellung, Gott wäre der Buchhalter, der eine Liste führt: links die guten Taten, rechts die bösen Taten, der dann zusammenrechnet und schließlich die Belohnungen und die Bestrafungen verteilt.

Das Neue Testament räumt auch mit der Vorstellung auf, Gott wäre wie ein willkürlicher Tyrann, der es nach Gutdünken den einen gut, den anderen schlecht ergehen lässt. Nein, Gott will, dass es allen Menschen gut gehe. Mit denen, denen es nicht gut geht, leidet er mit. Und diejenigen, die ihre Not durch eigenes Verhalten mit verschuldet haben, will er durch Vergebung heraushelfen zu einem neuen Anfang. Die Not ist nicht das Ergebnis der Laune eines willkürlichen Gottes. Jede Not ist vielmehr eine Herausforderung zur Hilfe, zur liebenden Hingabe und Fürsorge. Das ist die Botschaft des leidenden und mitleidenden Christus, dessen Passion wir ab dem heutigen Sonntag besonders bedenken werden.

Dies kommt in dem heutigen Predigtabschnitt bei Paulus vielleicht nicht so deutlich zum Ausdruck. Aber ganz gewiss will Paulus das letztlich auch sagen, wenn er davon spricht, dass Gott ein gnädiger und barmherziger Gott ist, der sich des Menschen in Liebe zuwendet, ohne dass der Mensch sich diese Zuwendung im Vorwege verdient haben müsste: Gottes Gerechtigkeit ist eine barmherzige Gerechtigkeit.

Dieses Konzept lässt einige Fragen offen, die grundsätzliche Frage eben z. B.: „Warum ergeht es uns in unserem Leben so unterschiedlich?"

Wir können diese Frage letztlich nicht beantworten. Das alte Konzept: „Belohnung und Bestrafung", oder das Konzept: „Der willkürliche Gott" - das waren auch keine hinreichenden Antworten. Aber diese Antworten hatten etwas Unmenschliches, etwas Unbarmherziges an sich.

Unser Leben bleibt ein Geheimnis. Die Konstruktion unseres Daseins bleibt für uns unergründlich. Aber wir sollen darauf vertrauen und fest daran glauben, dass unser Dasein bei allen Ungereimtheiten von einem roten Faden durchzogen ist: von der Liebe Gottes zu allen Menschen.

Wahrhaftige Nächstenliebe statt ichbezogenes Fasten
18. Februar 1996
Estomihi
(Sonntag vor der Passionszeit)
Jesaja 58,1-9a

Dieser Text aus dem Alten Testament ist zweieinhalbtausend Jahre alt. Er stammt aus einem anderen Land, aus einer anderen Kultur. Er hat uns dennoch ganz aktuell etwas zu sagen. In diesem Text wird zweierlei kritisiert: das religiöse Verhalten und das soziale gesellschaftliche Verhalten. Und es wird dazu aufgerufen, beides miteinander in Einklang zu bringen. Was hier bei Jesaja gesagt wird, erinnert an eine Aussage des Neuen Testaments, an das Wort Jesu: „Du sollst Gott lieben von ganzem Herzen und deinen Nächsten wie dich selbst." Die Liebe zu Gott und die Liebe zum Menschen sollen zum Einklang kommen, und zwar in der praktischen Lebensführung. Darum geht es in dem heutigen Predigttext. Und das ist ein Thema, mit dem wir uns als Kirche, als Gemeinde und als einzelne Christen neu befassen müssen.

Unser Gottesverhältnis darf nicht ich-bezogen sein - oder besser gesagt: Es darf nicht exklusiv ich-bezogen sein. Wir können mit Gott nicht ins Reine kommen, indem wir unser Zweierverhältnis – „Gott und ich" - ins Reine bringen. Wenn wir mit Gott ins Reine kommen wollen, müssen wir zugleich unser Verhältnis zum Mitmenschen ins Reine bringen. Beides darf jedenfalls nicht im Gegensatz zueinander stehen. Es macht keinen Sinn, um einer guten Gottesbeziehung willen zu fasten und gleichzeitig den Mitmenschen auszubeuten, ihn übers Ohr zu hauen und ihn in seiner Not im Stich zu lassen. Auch hierzu fällt mir eine entsprechende neutestamentliche Aussage ein. Jesus sagte in der Bergpredigt: „Wenn du eine Gabe auf dem Altar opferst, und dort kommt dir in den Sinn, dass dein Bruder etwas gegen dich hat, so lass dort vor dem Altar deine Gabe und geh zuerst hin und versöhne dich mit deinem Bruder, und dann komm und opfere deine Gabe."

Worum es geht, möchte ich mit einem Bild aus der Familie sagen: Es können Eltern nicht glücklich sein, wenn sie ihre Kinder im Streit miteinander liegen sehen. Wenn sich ein Kind seinen Eltern als liebes Kind zu erzeigen versucht, aber gleichzeitig gemein zu dem Geschwisterteil ist, werden die Eltern diesem Kind vielleicht sagen: „Wenn du uns wirklich gernhast, dann sei nett zu deinem Bruder oder deiner Schwester. Dann machst du uns wirklich froh."

So ist es eben auch mit dem Vater aller Menschen. Er kann es nicht vertragen, dass wir als seine Kinder im Clinch miteinander liegen, dass wir uns gegenseitig gleichgültig sind, dass uns das Schicksal unseres Nächsten egal ist, oder dass wir die Not unseres Mitmenschen durch eigenes Unrecht noch vergrößern.

Ich wiederhole noch einmal: Dieses Thema ist aktuell. Es wird, wie mir scheint, wieder zunehmend aktuell. Das hängt mit der wirtschaftlichen Entwicklung unseres Landes zusammen. Wir haben uns in den Aufbaujahren nach dem Krieg daran gewöhnt, dass uns der Staat die Aufgabe der tätigen Nächstenliebe zunehmend abgenommen hat durch ein immer lückenloser werdendes soziales Netz. Jetzt werden die Lücken im sozialen Netz des Staates wieder größer. Auch unsere Kirche als Institution hat von Tag zu Tag weniger die finanziellen Mittel, um soziale Aufgaben in der Gesellschaft zu übernehmen.

Die Aufgabe der sozialen Verantwortung fällt jetzt zunehmend wieder auf uns als Einzelne zurück. Jeder Einzelne von uns wird sich künftig verstärkt wieder selbst fragen müssen: „Was kann ich persönlich beitragen, um Not zu lindern?"

Wenn wir uns in unserer Gesellschaft umblicken, werden wir feststellen, dass die Schere zwischen denen, die etwas haben, denen es materiell gut geht, und denen, die wenig oder nichts haben - dass diese Schere sich immer weiter öffnet. Das ist auch leicht nachvollziehbar. Die einen haben Arbeit und sind vielleicht sogar Doppelverdiener und haben vielleicht sogar noch eine dicke Erbschaft im Hintergrund, die anderen haben keine Arbeit, und dies vielleicht schon seit längerer Zeit und stammen vielleicht ohnehin aus ärmlichen Verhältnissen, sodass auch eine Erbschaft nicht in Sicht ist; da ist also nichts, und da wird auch nichts kommen.

Der soziale Abstand zwischen Arm und Reich vergrößert sich auch in unserem Land mit zunehmender Geschwindigkeit. Dieser Entwicklung Einhalt zu gebieten, können wir nicht einfach dem Staat allein überlassen als einer Einrichtung, die für alles zuständig ist. So jedenfalls haben wir über die Jahre unseren Staat zu sehen uns gewöhnt. Natürlich muss auch am System gearbeitet werden. Aber bei dieser Forderung dürfen wir es nicht belassen. Wir sind wieder zunehmend als Einzelne gefordert - in unserer ganz persönlichen sozialen Verantwortung -, jeder nach seinen Möglichkeiten. Dies ist Teil auch unserer christlichen Verantwortung.

Es gab eine Zeit, in der die gesellschaftspolitische Verantwortung des Einzelnen jedermann im Bewusstsein war. Das ist noch gar nicht so lange her. Da hatten wir auch in unserer Gemeinde z. B. einen Arbeitskreis „Frieden, Ökologie, Dritte Welt". Dann kam eine andere Zeit - und die dauert noch an -, da stand und da steht wieder das eigene Ich mehr im Vordergrund. Es hat keinen Sinn das eine gegen das andere auszuspielen. Beides hat seinen Sinn und seine Berechtigung, aber eben tatsächlich beides.

Die christliche Botschaft hat uns zum einen ganz persönlich etwas zu geben. Sie ist eine ganz persönliche, geradezu intime Aussage: „Du, Mensch bist geliebt." „Du bist mein geliebtes Geschöpf", sagt Gott zu jedem Einzelnen von uns. Diese Zusage ist durchaus so gemeint, dass sie uns stärken soll, dass sie unser Ich stärken soll, dass sie uns aufbauen und aufrichten soll, dass sie uns Ängste nehmen, uns erlösen und befreien soll.

Das Geschenk der Liebe sollen wir aber andererseits nicht wie einen Raub festhalten. Die christliche Botschaft hat nicht den Sinn, millionenfach Zweierbeziehungen aufzubauen - zwischen Gott und x, Gott und y, Gott und z usw. Was wir empfangen haben, sollen wir auch miteinander teilen. Die Liebe Gottes will uns stärken, nicht dass wir uns gegen den anderen abgrenzen, sondern dass wir Mut fassen, auf den anderen zuzugehen, dass wir frei werden, uns dem anderen zu öffnen, dass wir großzügig werden, an den anderen etwas von dem weiterzugeben, was wir selbst geschenkt bekommen haben.

Die wirtschaftliche Lage unseres Staates - und in der Folge auch die wirtschaftliche Lage der Kirche - erfordert, dass wir uns als Einzelne zunehmend unserer sozialen Verantwortung bewusst werden. Jeder Einzelne muss sich selbst prüfen: „Was kann ich beitragen zum Wohl des Ganzen oder zum Wohl Einzelner, die schlechter dran sind als ich?

Wir können uns des Problems nicht dadurch entledigen, dass wir uns sagen: „Der andere hat selbst Schuld an seiner miserablen Lage." Wenn eine Firma Tausende entlässt, dann kann sich der Einzelne, wenn er noch so fleißig und arbeitswillig ist, in der Regel nicht dagegen wehren. Und die Kinder der Benachteiligten können auch nichts dafür, dass ihre Eltern arbeitslos sind und nichts zu vererben haben. Ebenso wenig können andere Kinder etwas dafür, dass sie als Kinder wohlsituierter Eltern geboren worden sind.

Wenn wir unsere soziale Verantwortung als Einzelne wieder verstärkt wahrnehmen, kann das Motiv nicht sein, dass wir uns damit einen guten Platz im Himmel sichern wollen. Ich füge diese Bemerkung jetzt nur an, weil wir heute den 450. Todestag Martin Luthers haben. Luther hatte sich ja gegen den Ablass gewandt, eine Praxis der damaligen Kirche, die besagte: „Wenn du etwas Unrechtes getan hast, dann zahle uns Geld, und du bist von deinen Sünden frei; Gott hat dir vergeben."

Die Vergebung Gottes, die Liebe Gottes ist nicht käuflich. Sie ist weder durch fromme, noch durch gute Werke erwerbbar. Gott lässt sich, um das Beispiel von Jesaja zu nehmen, nicht durch ein noch so intensives Fasten beeindrucken. Denn der menschliche zwischenmenschliche Umgang ist ihm wichtiger. Aber - und das muss mit Luther und dem Neuen Testament und vielleicht ein wenig gegen Jesaja - hinzugefügt werden: Das gute zwischenmenschliche Verhalten ist nicht die Grundlage und

Voraussetzung der Liebe Gottes zu uns. Von Gott sind wir geliebt, noch bevor wir etwas Gutes oder Ungutes getan haben.

Wenn wir uns dazu entschließen, unsere persönliche soziale Verantwortung wieder verstärkt wahrzunehmen, kann dies sinnvollerweise - oder christlicherweise - nur als unsere Antwort auf die bereits vorhandene Liebe Gottes zu uns und allen Menschen geschehen - als ein Akt der Dankbarkeit für das, was wir empfangen haben.

Geduld nicht missverstehen und missbrauchen!
3. März 1996
Reminiszere
(2. Sonntag der Passionszeit)
Markus 12,1-12

Lassen Sie mich noch einmal mit eigenen Worten die Geschichte erzählen, die wir eben als Evangelium gehört haben: Der Besitzer eines Weinbergs will außer Landes gehen. Er will sich niederlassen in einem Nachbarland oder noch weiter weg; vielleicht hat er dort gute Freunde gefunden, denen er nahe sein möchte. Vielleicht hat er dort Land erworben und möchte das für eine Zeit lang selbst bearbeiten. Vielleicht sind es andere geschäftliche Gründe, die ihn dazu bewogen haben, ins Ausland zu gehen. Wir kennen die Motive nicht. Jedenfalls verlässt er seinen heimischen Weinberg. Er will ihn aber nicht gänzlich aufgeben. Er will ihn nicht verkaufen. Vielleicht denkt er daran, bald in seine Heimat zurückzukehren. Er verpachtet den Weinberg.

Als die Zeit der Ernte gekommen ist, schickt er einen seiner Mitarbeiter zu den Pächtern, um seinen Anteil an den Früchten, den Pachtzins, holen zu lassen. Die Pächter, statt ihrer Verpflichtung nachzukommen, schlagen den Mitarbeiter und schicken ihn mit leeren Händen fort. Sie scheinen sich ziemlich sicher zu sein, dass der Besitzer des Weinbergs sie nicht zur Rechenschaft ziehen wird. Der ist ja auch weit weg - im Ausland. Große Entfernungen waren damals nicht so leicht zu überwinden.

Der Besitzer des Weinbergs unternimmt einen zweiten Versuch. Er schickt noch einmal einen Mitarbeiter zu den Pächtern. Doch auch dem ergeht es nicht besser. Er muss Beschimpfungen über sich ergehen lassen. Ja, ihm wird sogar der Kopf blutig geschlagen.

Die Pächter legen eine ziemliche Dreistigkeit an den Tag. Als der Besitzer des Weinbergs noch einen anderen schickt, bringen sie den sogar um. Sie scheinen ganz und gar keinen Respekt vor dem Besitzer des Weinbergs zu haben. Weder respektieren sie dessen Anspruch auf Zahlung der Pacht, noch trauen sie ihm zu, dass er seine Ansprüche doch irgendwie durchsetzen könne. Auch vor einer Bestrafung scheinen sie keine Angst zu haben.

Der Besitzer des Weinbergs schickt noch weitere Mitarbeiter. Das muss verwundern. Warum setzt er das Leben so vieler Mitarbeiter - man muss schon fast sagen - leichtfertig aufs Spiel? Nach den Erfahrungen kann er doch fest damit rechnen, dass auch sie ihren Auftrag nicht werden erfüllen können. Ja, mit jedem weiteren Mitarbeiter muss sich eigentlich die Selbstsicherheit der Pächter verstärken. Jeder weitere Mitarbeiter ist geradezu ein Beweis dafür, dass die Dreistigkeit ungestraft bleibt. Offenbar, so müssen die Pächter denken, fehlen dem Besitzer des Weinbergs die Mittel, die Zahlung der Pacht zu erzwingen.

Als neutraler Betrachter mag man dem Weinbergbesitzer eine große Geduld mit seinen Pächtern bescheinigen, eine sehr große Geduld, ja vielleicht eine zu große Geduld. Denn immerhin riskiert er jedes Mal das Leben eines seiner Mitarbeiter. Völlig verblüffend, ja, eigentlich kaum noch zu verstehen ist, dass er schließlich seinen eigenen Sohn, seinen geliebten Sohn, zu den Pächtern schickt, gewissermaßen als letzten Versuch.

Kaum zu begreifen ist dieser Versuch, weil es doch der Sohn ist, dessen Leben der Vater nun aufs Spiel setzt. Das Vertrauen, das er in die Pächter setzt, dass sie wenigstens, wenn nicht seine Mitarbeiter, so doch seinen Sohn respektieren werden, ist nach den Erfahrungen durch nichts gerechtfertigt. Woher nimmt der Weinbergbesitzer dieses nicht enden wollende Vertrauen? Ist er durch den bisherigen Schaden immer noch nicht klug geworden? Ist er so blind, dass er die Wirklichkeit nicht wahrnimmt? Ist er naiv? Kennt er die Menschen immer noch nicht? Will er sie nicht kennen? Er hätte doch, bevor er das Leben seines eigenen Sohnes riskiert, längst einmal zum Gegenschlag ausholen müssen, den Pächtern mit einer gehörigen Strafmaßnahme vor Augen führen müssen, dass sie mit ihrer Dreistigkeit nicht ungeschoren davonkommen würden.

Der Weinbergbesitzer hat ja die Mittel, seine Pächter zur Rechenschaft zu ziehen! Das deutet Jesus an, als er fragt, was passieren werde, wenn auch der Sohn umgebracht ist. Dann wird der Besitzer des Weinbergs kommen und die Pächter ums Lebens bringen und den Weinberg anderen geben.

Wenn der Besitzer des Weinbergs diese Mittel hat, warum setzt er sie nicht nach der Untat an seinem letzten Mitarbeiter ein? Warum bringt er noch das Leben seines eigenen Sohnes in Gefahr?

Wie gesagt, vielleicht empfinden Sie das auch so: Dies ist kaum zu begreifen. Wir können nur Folgendes zur Kenntnis nehmen: Der Weinbergbesitzer verzichtet auf die Anwendung von Gewalt. Er gibt die Hoffnung nicht auf, dass die Pächter doch noch von sich aus zur Besinnung kommen werden. So müssen wir sein Verhalten wohl auslegen. Er hofft, dass sein immer neuer Vertrauensbeweis die Pächter schließlich bei ihrer Ehre packt und sie sich sagen: Wer uns so viel Vertrauen schenkt, den dürfen wir auf Dauer nicht enttäuschen. Der Weinbergbesitzer ist um dieser seiner Hoffnung willen bereit, Risiken einzugehen, die bis in seine Intimsphäre hineinreichen, bis in den Bereich der Liebe zu seinem Sohn.

Überdenken wir noch einmal das sonderbare Verhalten des Weinbergbesitzers. Versetzen wir uns einmal in die Lage der beiden Parteien. Wären wir der Besitzer des Weinbergs - wie hätten wir auf derart ungehörige Pächter reagiert? Ich vermute, wir hätten andere Maßnahmen ergriffen als die hier aufgezeichneten. Schon nach der ersten Zahlungsverweigerung der Pächter, spätestens nach der zweiten oder allerspätestens nach der dritten hätten wir wohl zu Zwangsmaßnahmen gegriffen, um unsere Ansprüche durchzusetzen. „Wer nicht hören will, muss fühlen!" Warum sollten wir mit solchen Pächtern auch zimperlich umgehen?! Schließlich scheuten diese Menschen aus reiner Selbstsucht nicht einmal vor Mord zurück. So oder ähnlich hätten wir vielleicht reagiert, wären wir an der Stelle des Weinbergbesitzers gewesen.

Versetzen wir uns nun in die Lage der Pächter. Stellen wir uns vor, wir wären diese selbstsüchtigen, habgierigen, gewalttätigen Gesellen. Wir würden zunächst bei jeder Unrechtstat mit einer energischen Gegenmaßnahme des Weinbergbesitzers rechnen. Allerdings, so, wie wir ihn kennengelernt hatten, bevor er seine Reise ins Ausland angetreten hat, nämlich als eine menschliche und großzügige Person, würden wir es auch für möglich halten, dass er es erst einmal im Guten mit uns versuchen würde, dass er versuchen würde, mit uns zu verhandeln, uns gut zuzureden. Gerade weil uns dieser Charakterzug des Weinbergbesitzers bekannt ist, haben wir überhaupt den Mut, uns so dreist zu verhalten.

Nachdem nun die ersten Mitarbeiter gekommen sind, ohne ihren Auftrag erfüllen zu können und immer noch kein Gegenschlag erfolgt ist, fühlen wir uns in unserer Einschätzung des Weinbergbesitzers bestätigt und zur Fortsetzung unseres vertragswidrigen Verhaltens ermutigt.

Was mag sich nun im weiteren Verlauf unter den Pächtern abspielen? Könnte es jetzt nicht folgendermaßen weitergehen:

Da immer weitere Mitarbeiter vom Weinbergbesitzer geschickt werden und die harte Gegenmaßnahme ausbleibt, entwickeln sich unter den Pächtern langsam unterschiedliche Reaktionen. Die einen werden in ihrer Bösartigkeit noch übermütiger.

Den anderen wird nun langsam mulmig zumute. Ihnen ist das Verhalten des Weinbergbesitzers einfach zu ungewöhnlich und damit unberechenbar. Als schließlich der Sohn vor der Tür steht - ohne Begleitschutz -, beteiligen sie sich zwar noch an dessen Ermordung. Aber im Grunde ist ihnen die Sache jetzt schon viel zu heiß geworden. Dass ihre Untaten permanent ungestraft bleiben und der Weinbergbesitzer auch noch seinen eigenen Sohn opfert, statt einen Trupp Soldaten zu schicken - das weckt bei ihnen letztlich doch noch das schlechte Gewissen, das erfüllt sie mit einer inneren Unruhe, das führt sie zum Grübeln über alles, was bisher geschehen ist. Vielleicht führt dieses intensive Nachdenken bei den einen oder anderen dann auch zu der Einsicht, dass dieser Weinbergbesitzer ein schier unendliches Vertrauen zu ihnen gehabt hat - trotz ihrer fortgesetzten Bösartigkeiten. Der eine oder andere mag sich durch die Einsicht in dieses Vertrauen dazu herausgefordert fühlen, sein bisheriges Verhalten zu bereuen und sein künftiges zu ändern.

Jesus erzählt uns diese Geschichte als Gleichnis. Mit dem Weinbergbesitzer meint er Gott, mit den Pächtern vor allem die Hohepriester und Schriftgelehrten; die fühlen sich auch angesprochen. Mit den Mitarbeitern des Weinbergbesitzers meint er die vielen Boten Gottes, Mose und die Propheten. Mit dem Sohn meint er sich selbst. Er will mit dieser Geschichte sagen: Gott ist lange geduldig gewesen mit einem ungehorsamen Volk. All seine Boten sind auf taube Ohren gestoßen. Die Sendung des Sohnes ist der letzte Versuch. Jesus deutet an, dass auch er von den Unverständigen umgebracht werden wird.

Wo kommen wir selbst in dieser Geschichte vor? Finden wir uns vielleicht in den Pächtern wieder? Verhalten wir uns vielleicht auch so wie sie: dass wir die Großzügigkeit und Geduld anderer als Schwäche missverstehen und missbrauchen, dass auch wir uns zum Tun des Rechten erst bequemen, wenn wir mit harter Hand angefasst werden?

Die Botschaft der Bibel lautet: Wir sind zur Verantwortung berufen. Die Frage ist: Sind wir zur Wahrnehmung von Verantwortung auch fähig? Ist der Mensch mit der Aufgabe, aus sich heraus das Gute und Rechte zu tun, vielleicht überfordert? In der Kindererziehung wird man immer wieder zu dem Schluss kommen: Ja, das Kind ist überfordert. Es geht nicht ohne Strenge, ohne Drohung, ohne Zwang und ohne Strafe. Zu viel Geduld, zu viel Freiheit, zu viel Nachgiebigkeit, zu viel Verständnis wird missverstanden und missbraucht. „Schlaffe Erziehung!", heißt es dann - selbst seitens des Kindes. „Kinder betteln nach Backpfeifen", hat eine Mutter gesagt.

Das gilt aber eben nicht nur für Kinder, das gilt für den Menschen schlechthin.

Aber irgendwann müssen wir erwachsen werden. Wir können nicht auf immer darauf warten und erwarten, dass andere von außen her unseren - verzeihen Sie - inneren Schweinehund besiegen. Irgendwann müssen wir auch aus selbst heraus, aus eigener Einsicht, aus eigenem Antrieb, aus eigener Verantwortung das Gute und Rechte tun, zumindest zu tun versuchen.

Wir sind zur Verantwortung berufen. Wir werden nicht entmündigt. Gott schickt uns nicht seine Truppen, um uns zu vernichten. Die Bibel berichtet davon, er habe einmal durch eine Sintflut dem bösen Treiben der Menschen ein Ende bereitet. Aber das solle nicht wieder geschehen. Gott schickt uns keine Sintflut und keine Truppen. Er schickt uns seinen Sohn als Zeichen seiner unendlichen Geduld, seiner grenzenlosen Liebe und Bereitschaft zur Vergebung.

Wir sollen die Liebe Gottes nicht missverstehen und missbrauchen, sondern sollen sie als Chance und Herausforderung annehmen, doch noch zur Einsicht zu kommen und umzukehren und uns zum Guten zu bekehren.

„Gott besinnt sich eines Besseren"
17. März 1996
Laetare
(4. Sonntag der Passionszeit)
Jesaja 54,7-10

Sie kennen vermutlich den Schlager, den ein Paar sich einmal für die kirchliche Trauung in unserer Kirche gewünscht hatte: „Marmor, Stein und Eisen bricht, aber unsere Liebe nicht." Dies ist, wie ich finde, die profane Variante des Bibelwortes, das wir eben gehört haben: „Berge möge von ihrer Stelle weichen und Hügel wanken, aber meine Liebe zu dir kann durch nichts erschüttert werden." Die Sprache der Liebenden kommt nicht ohne Übertreibungen aus.

Wir haben hier einen sehr poetischen Text vor uns, eine Liebeserklärung Gottes an sein Volk. Jesaja, der Prophet und Dichter, lässt Gott hier sprechen als einen Ehemann, der einst im Zorn seine Frau für eine kleine Weile verlassen hat und nun zurückkehrt und ihr von neuem seine Liebe schenkt, nun aber auf immer.

Dies ist vielleicht ein ungewöhnliches Bild. Aber wie können wir etwas über Gott aussagen? Wie können wir etwas aussagen über den Sinn und den letzten Hintergrund unseres Lebens? Alles Reden über unser Dasein, über unser Woher und Wohin und Warum, alles Reden über Gott kann nur Stückwerk sein. Bilder sind ein Versuch, in anschauliche Worte zu fassen, was so schwer begreifbar und erklärbar ist.

Jesaja spricht über das Schicksal seines Volkes. Das Volk Israel hat es immer schwer gehabt. Schwere Zeiten durchlebt es nicht nur heute, schwere Zeiten hat es nicht nur in diesem Jahrhundert durchlitten. Auch zur Zeit Jesajas - und das ist über zweieinhalbtausend Jahre her - hatte das Volk schwer zu leiden gehabt. Jerusalem war zerstört worden, die Oberschicht der Bevölkerung war nach Babylon ins Exil verschleppt worden. Die Menschen fühlten sich von Gott verlassen.

Jesaja macht seinen Landsleuten Hoffnung auf Rückkehr in

die Heimat, Hoffnung auf den Wiederaufbau Jerusalems, Hoffnung auf ein Wiedererblühen der Heimat. „Gott hat euch nicht für immer verlassen. Er hat sich nur für eine Weile abgewendet. Seine Liebe zu Euch ist geblieben. Er wird sich euch wieder zuwenden. Dann werdet ihr wieder in Glück und Frieden leben können - und zwar auf Dauer."

Es ist für uns eine nur schwer annehmbare Vorstellung von Gott, dass er sein Volk für eine Weile verlassen haben sollte, dass er überhaupt einen Menschen verlassen haben sollte. Unsere Vorstellung ist die vom „lieben" Gott, der immer bei uns ist und treu zu uns hält. Wir kennen zwar die Erfahrung der Gottverlassenheit, aber es will nicht in unsere Gottesvorstellung passen, dass die Abwesenheit Gottes Gottes Absicht sein könnte.

Unser Denken setzt bereits bei dem an, was Jesaja hier als die neue Beziehung Gottes zu seinem Volk verkündet: „Gott wird euch niemals verlassen." Das ist ja die Botschaft des Neuen Testaments: die unerschütterliche Liebe Gottes. Mag der Mensch auch Schuld auf sich geladen haben, Gott wird den Menschen nicht verlassen. Auch in seiner Schuld, auch in seinen Niedrigkeiten, auch im Scheitern und Versagen ist der Mensch nicht gottverlassen. Gott ist bei ihm mit seinem Trost, mit seiner Hilfe, mit seiner Vergebung.

Warum es Not und Unglück, Unrecht und Versagen gibt, bleibt für uns damit allerdings letztlich ein Rätsel. Jesaja konnte noch vom Zorn Gottes sprechen. Und er konnte noch erinnern an die Sintflut, in der der Schöpfer seine Kreaturen bis auf einen kleinen Rest wieder ausgelöscht hatte, weil sie nicht gut geraten waren.

Gott als der Strafende, Gott gar als einer, der Leben auslöscht, das ist für uns eine altertümliche Vorstellung. Es ist eine unerträgliche Vorstellung. Wir können zwar mit Dankbarkeit feststellen, dass wir zur Verantwortung berufen sind für unser eigenes Tun, dass uns mit der Selbstverantwortung unsere Mündigkeit als eigenständige Wesen zugesprochen ist. Es bleibt aber doch unleugbar, dass wir uns nicht selbst geschaffen haben. Wir bleiben Kreaturen - und das heißt doch: Es gibt eine Grenze unserer Verantwortung. Es gibt eine Grenze der Vorwerfbarkeit. Für das, was wir sind und was wir tun, sollen wir zwar selbst Rede und Antwort stehen, aber die letzte Verantwortung können wir nicht tragen. Die Bürde der letzten Verantwortung müssen wir an denjenigen zurückgeben dürfen, der uns letztlich geschaffen hat. Und wir dürfen diese letzte Verantwortung abgeben. Dazu befreit uns das Neue Testament.

Im Neuen Testament lernen wir in der Gestalt Jesus Christus Gott als den liebenden Gott kennen, der an den Schwächen und Fehlern und Verfehlungen des Menschen selbst leidet als Mitleidender. Und der den Menschen abnimmt, was diese sich selbst an Schuld und Not und Elend auf sich geladen haben, um ihnen so eine neue Chance zum Leben, zur Umkehr, zur Besserung zu geben.

Auch bei Jesaja, dem Propheten des Alten Testaments, lernen wir Gott als den liebenden Gott kennen. Jesaja spricht von einem Sinneswandel Gottes, dem Wandel vom Zorn zur liebevollen Zuwendung: „Als du mich zum Zorn gereizt hattest, habe ich mich einen Augenblick von dir abgewandt. Aber nun will ich dir für immer gut sein." Die Verschleppung ins babylonische Exil legt Jesaja als ein Zeichen des Zornes Gottes aus. Der Liebesbeweis Gottes wird die Rückkehr der Israeliten in ihre Heimat sein, der Wiederaufbau und andauerndes Wohlergehen.

Die Israeliten sind zurückgekehrt, der Wiederaufbau Jerusalems hat stattgefunden. Das Glück war dennoch nur bruchstückhaft und nicht von Dauer.

Es ist zu einer grundsätzlichen Frage geworden, wie die Verheißung des dauerhaften Beistandes Gottes zu verstehen ist. Dem Volk Israel war kein anhaltendes Wohlergehen, kein dauerhafter Friede beschieden. Es ist bis heute nicht zur Ruhe gekommen.

War die Liebeserklärung Gottes, die Jesaja hier so poetisch formuliert hat, wirklich nur die typisch maßlose Übertreibung des Liebenden aus dem Überschwang des Gefühls heraus?

Wenn wir die Erklärung im politisch-konkreten Sinne verstehen, müssen wir die Frage wohl bejahen. Denn die konkreten Lebensverhältnisse haben sich seit jener Zeit weder für das Volk Israel noch für die Weltbevölkerung insgesamt wesentlich zum Besseren gewandelt.

Wir haben die Zusage der Liebe und Treue Gottes durch Jesus Christus aber in einer anderen Weise auszulegen gelernt. Jesus Christus hat die Probleme der menschlichen Gesellschaft durchlebt und durchlitten, die Lieblosigkeit und Bösartigkeit, die menschlichen Schwächen, das Unverständnis, die Intoleranz, Lüge, Hass und Gewalt. Was er erlebt und durchlitten hat, hätte ein weiterer Beweis für die Unverbesserlichkeit des Menschen und ein weiterer Beweis für die Wirkungslosigkeit der göttlichen Liebe in unserer Welt sein können.

In seinem Leben, Leiden und Sterben - und Auferstehen hat sich die Liebe Gottes zu uns jedoch in anderer, in neuer Weise offenbart - nicht als die Kraft des allmächtigen Gottes der die Lebensverhältnisse neu baut und ein Reich des Friedens auf Erden schafft. Die Liebe Gottes hat sich offenbart als die unzerstörbare Kraft des Lebens, als die Blume, die aus den Trümmern wächst, als das Pflänzchen, das den Asphalt durchstößt, als die Blüte, die in der Wüste aus dem Kaktus sprießt. Mitten im Krieg pflegt eine Frau verwundete feindliche Soldaten, Menschen aus der Wohlstandsgesellschaft versuchen in einer der Hungerregionen unserer Welt, Hungrige zu speisen. Ein Nachbar verzichtet auf sein Recht um des Friedens willen. Ein zerstrittenes Ehepaar backt zur Versöhnung einen Hochzeitskuchen.

Die Liebe Gottes ist die Kraft, die in allen Verwüstungen und Zerstörungen unseres Lebens nicht auszulöschen ist, die sich unscheinbar und oft unsichtbar doch immer wieder entfaltet und der Kraft des Lebens zum Siege verhilft. Es können in der Tat Berge wanken und Hügel hinfallen, es können Häuser vom Krieg zerbombt in sich zusammenfallen - solange die Erde steht, wird es die Liebe geben, die Kraft zu neuem Leben, zu einem neuen Anfang, die Kraft zur Versöhnung und zur Vergebung. Das ist die Verheißung des Bundes Gottes mit Noah, das ist es wohl auch, was Jesaja gemeint hat, und das ist es, was wir in Jesus Christus bestätigt und besiegelt finden.

Steckbrief eines Unschuldigen
5. April 1996
Karfreitag
Jesaja (52,13-15;)53,1-12

Wir haben hier eine Personenbeschreibung vor uns. Dieser Text ist abgefasst wie ein - man könnte fast sagen - wie ein Steckbrief. Wenn die Polizei nach dieser Beschreibung die passende Person hätte suchen sollen - auf wen hätte sie da wohl zugegriffen? Das ist nicht schwer zu erraten. Die Beschreibung passt auf Jesus Christus.

Die Polizei hätte dennoch ihre Schwierigkeiten gehabt, die beschriebene Person zu finden. Denn als dieser quasi Steckbrief herauskam, gab es die beschriebene Person noch gar nicht. Es sollte noch lange, sehr lange dauern, bis derjenige in Erscheinung treten würde, der hier beschrieben ist. Jahrhunderte sollte es dauern.

Im Alten Testament unserer Bibel ist dieser Text aufbewahrt. Er wurde immer und immer wieder abgeschrieben. Von einer Generation zur nächsten wurde er weitergereicht. Nach Jahrhunderten war er dann da, der, der hier beschrieben ist - fast wie ein Verbrecher, eine unansehnliche Gestalt, krank, verachtet, verschmäht, aber doch auch mit einer Würde versehen. Mit einem Schaf wird diese Gestalt verglichen, das zur Schlachtbank geführt wird. Auch auf den Sündenbock passt diese Beschreibung, den echten Sündenbock, dieses armselige Tier, das am alljährlichen großen Versöhnungsfest im Tempel in Jerusalem vom Priester bei den Hörnern gepackt wurde; der Priester zählte dabei mit fester Stimme die Sünden seines Volkes auf und sprach: „Nimm die Sünden meines Volkes auf dich!" Dann wurde der Bock in die Wüste gejagt, wo er dann irgendwann verendete. So wurde dem Bock in feierlicher ritueller Form die Sünde des Volkes übertragen - das Volk war damit von aller Schuld frei. Diese Befreiung, diese Entschuldung wurde alljährlich wiederholt.

Wie ein solcher Sündenbock wird diese Gestalt bei Jesaja

beschrieben: „Er ist um unserer Missetat willen verwundet und um unserer Sünde willen geschlagen. Der Herr warf unser aller Sünde auf ihn."

Die Sache mit dem Sündenbock kann uns nicht gefallen. Wir wissen, wie oft Menschen zu Sündenböcken gemacht worden sind und werden. Dazu können wir nur sagen: Jeder soll selbst zu seiner Schuld stehen und nicht anderen aufladen, was er selbst zu verantworten hat.

Die Sache mit dem Sündenbock kann uns aber auch deshalb nicht gefallen, weil es hier um das Gottesverhältnis geht. Hinter der Sache mit dem Sündenbock steht ja die Vorstellung, dass Gott den Menschen für seine Vergehen bestraft. Um den Menschen aber vor dieser Strafe zu bewahren, müsse die Schuld auf jemand anderes übertragen werden. Dann würde dieser andere die Strafe Gottes stellvertretend auf sich ziehen. In jedem Fall müsse das Vergehen gesühnt werden. Das Strafbedürfnis Gottes müsse sich an irgendeiner Stelle entladen können. Nur so könne das Feld wieder bereinigt werden. Nur so könne Gerechtigkeit wieder hergestellt werden.

Dies ist für uns eine sehr altertümliche Gottesvorstellung. Damit will ich nicht ausschließen, dass tief in uns diese Vorstellung möglicherweise doch noch vorhanden und am Wirken ist. Das mit dem Sündenbock ist ja, wie gesagt, bedauerlicherweise eine immer noch geübte Praxis, wenn sie auch nicht gerade ausdrücklich und bewusst als religiöse Praxis verstanden wird.

Wenn wir in Ruhe darüber nachdenken, werden wir sagen müssen: Das kann doch nicht sein, dass Gott nur zu besänftigen ist durch ein Opfer. Es kann doch nicht sein, dass Früchte auf dem Altar verbrannt werden müssen, dass ein Tier oder gar ein Mensch als Opfer dargebracht werden müsse, um den Zorn Gottes über menschliche Vergehen zu besänftigen. Und es kann doch nicht sein, dass Gerechtigkeit nur dadurch hergestellt werden kann, dass die durch Schuld und Unrecht aus dem Gleichgewicht gebrachte Waage durch gute Ausgleichsleistungen wieder ins rechte Lot gebracht wird.

An dieser Stelle mögen wir auch Schwierigkeiten mit dem Kreuzestod Jesu haben. Denn steht im Neuen Testament nicht immer wieder geschrieben: „Er starb für uns, um unseretwillen?! Er nahm unsere Sünden auf sich; die Strafe, die wir verdient hätten, nahm er stellvertretend für uns auf sich?!"

Dies hört sich doch ganz nach der alten und altertümlichen Opfertheologie an. Können wir dieses Verständnis des Kreuzestodes Jesu überhaupt annehmen?

Wenn wir Probleme mit dieser Auslegung des Kreuzestodes Jesu haben, dann mag es uns helfen, den Hebräerbrief des Neuen Testaments zu lesen. Denn der Hebräerbrief befasst sich ausführlich mit diesem Thema. Ich will das Ergebnis gleich vorwegnehmen: Der Hebräerbrief sagt uns: Ja, es ist so, der Kreuzestod Jesu hat mit der Opfertheologie zu tun. Aber er macht mit dieser Opfertheologie ein Ende, und zwar ein für alle Mal. Jesus Christus ist das letzte Opfer, das dargebracht wird. Christus bringt sich selbst als Opfer dar; er ist Priester und Opfer in einer Person, um Schluss zu machen mit der Vorstellung, Gott könne mit dem schuldbeladenen Menschen nur dann wieder ins Reine kommen, wenn der Mensch ihm ein angemessenes Opfer darbrächte. Ein solches Opfer wird künftig nicht mehr nötig sein. Jesus Christus ist das letzte Opfer, und zwar nicht deshalb, weil dieses Opfer um Gottes willen nötig wäre, sondern damit der Mensch im Kreuz ein sichtbares Zeichen für den Schlusspunkt habe, das er sich immer und immer wieder vor Augen halten kann als Zeichen dafür, dass Gott ihm ein für alle Mal vergeben hat.

Das Neue Testament schenkt uns eine neue Sicht Gottes, eine neue Sicht des Menschen und eine neue Sicht des Leidens.

Gott ist nicht der Belohnende und Bestrafende. Er ist nicht derjenige, der gute Taten mit Wohlergehen und mit einem langen Leben belohnt und der böse Taten mit Krankheit, Unglück und Elend bestraft. Gott ist nicht der konsequente Pädagoge. Er steht über jeder Pädagogik und über jeder Konsequenz. Er nimmt den gescheiterten Menschen, den an seiner Umwelt und an sich selbst gescheiterten Menschen in seine Arme - Schuld hin, Schuld her - und tröstet und lindert die Schmerzen und macht Mut und baut auf. Der Mensch ist durch die Folgen seines unguten Tuns gestraft genug. Und der Bösewicht, der immer davonkommt, der sich frech an den Früchten seiner Unrechtstaten labt? Der wird einfach nicht in den Genuss der Liebe Gottes kommen, solange er sich selbst genügt. Der wird die Gnade der Vergebung Gottes nicht erfahren, solange er sie nicht zu brauchen meint.

Pädagogik muss sein, das sei allen Erziehern mit Anerkennung und Dankbarkeit gesagt. Aber Erziehung ist ein weltlich Ding, ein notwendiges Übel. Aber über aller Erziehung steht die Liebe Gottes - und wie manche sagen: die Torheit des Kreuzes.

Der Mensch ist ein schwer erziehbares Wesen, vielleicht auch ein letztlich nicht erziehbares Wesen. Belohnungen und Bestrafungen, Drohungen und Verheißungen, Ermahnungen und Gebote - das alles hat nie so recht geholfen. Der Mensch weiß alles zu verdrehen. Er versteht die Kunst, den anderen zu verklagen und sich selbst zu rechtfertigen. Die Bibel ist voller Versuche, aus dem Menschen etwas Gutes zu machen. Es hat nicht gelingen wollen. Der Mensch, so möchte man fast sagen, ist unverbesserlich.

Und dennoch! Dennoch, das ist die großartige Botschaft des Neuen Testaments: Dennoch wird der Mensch nicht verworfen. Der Schöpfer hält an seinem so unvollkommenen Geschöpf fest. Die Risse und Sprünge heilt er, so gut es geht, und wo es fällt, fängt er es auf.

Gott ist nicht derjenige, der den Menschen seiner gerechten Strafe zuführt. Gott ist nicht derjenige, der den Menschen zur Strafe ins Leiden hineinstößt. Und umgekehrt kann aus dem Leiden von Menschen nicht geschlossen werden: Siehe da, das ist die gerechte Strafe Gottes. Das geschieht dem Betreffenden recht. Möge er die Suppe selbst auslöffeln!

Im Gegenteil: Wo ein Mensch leidet, leidet Gott mit. Die Passion Jesu ist das Leiden Gottes durch den Menschen, sie ist das Leiden Gottes am Menschen, und sie ist das Leiden Gottes mit dem Menschen.

In dem, was Jesus angetan worden ist, hat sich menschliche Boshaftigkeit, menschlicher Unverstand und menschliche Unvernunft bis zur Zerstörung und Selbstzerstörung entfaltet. Der Mensch hat das Gute, das ihm getan werden sollte, von sich gewiesen und kaputtgemacht. Jesus hat die menschliche Aggression erlitten. Sein Schmerz waren aber nicht nur die Schmerzen seines Leibes. Was ihn ebenso schmerzte, war die Hartherzigkeit des Menschen. Und woran er litt, war das in vielfacher Hinsicht vom Menschen sich selbst zugefügte Leiden.

Die Passion Jesu ist das Leiden Gottes durch den Menschen, am Menschen und mit dem Menschen. Das Leiden kommt nicht von Gott, es ist nicht die von ihm verfügte Strafe. Das Leiden ist für ihn vielmehr eine Herausforderung zum Mitleiden und zum Helfen, das Leiden ist eine Herausforderung zur Liebe.

Als Jesaja seinen quasi Steckbrief abfasste, mag er von dieser Sehnsucht erfüllt gewesen sein: dass einmal ein Menschen kommen möge, der anders als alle Menschen sonst sein würde, der durch alle Tiefen des Lebens gehen würde und alles menschliche Elend, auch menschliche Bösartigkeit, am eigenen Leib erfahren möge, der aber dennoch festhalten würde an seiner Liebe zum Leben und zum Menschen, und der damit zum Geschenk, zum göttlichen Geschenk für alle Menschen würde. In Jesus Christus haben wir diese Gestalt erkannt. Im Kreuz spiegeln sich menschliches Unvermögen und menschliche Schuld, vor allem aber göttliche Barmherzigkeit, Vergebung, Liebe. Das Werkzeug des Todes ist zum Symbol des Lebens und zum Grund unserer Hoffnung geworden.

Gott sei Dank für seine liebevolle Zuwendung in Christus.

Wir sind es ihm wert – trotz allem!
20. April 1996
Konfirmandenabendmahl
Markus 14,22-24

Es war damals vielleicht ein Abend wie heute - mit angenehmen Temperaturen draußen, mit Frühlingsduft und Feststimmung in der Luft. Es stand ein Fest an in Jerusalem, keine Konfirmation natürlich. Es war die Zeit des jüdischen Passahfestes, das Fest zur Erinnerung an die Befreiung aus Ägypten. Darüber habt Ihr in den Konfirmandenstunden vielleicht mal gesprochen. Noch heute feiern die Juden dieses Fest. Es ist ihr größtes Fest. Es ist mit vielen Hoffnungen verbunden, die wir z. B. mit dem Weihnachtsfest verbinden: dass endlich einmal ein dauerhafter Frieden anbrechen möge, dass alle Not ein Ende haben möge, dass wir zur Ruhe kommen mögen, dass jeder sein Zuhause haben möge, dass es jedem möglich sein möge, in Ruhe in seiner Heimat zu leben.

Wir schwer das ist mit dem Frieden und mit der Ruhe und dem Wohlergehen, das brauche ich wohl nicht näher zu erläutern. Wenn einer über den Unfrieden in der Welt klagt, dann sagt der andere: „Fang doch erst mal bei dir selbst an!" Und das ist ja schwer genug. Wo zwei zusammen sind, da kann es ganz nett sein, aber da kann auch ganz schnell Streit sein. Und wo noch mehr zusammen sind, da kann man vielleicht schön zusammen feiern. Es kann aber auch alles ziemlich kompliziert sein wegen all der unterschiedlichen Meinungen und Wünsche und Ansprüche. Jeder hat ja so seine Art - und ob das dann zusammen gut geht?! Hinterher weiß man's, ob's gelungen ist oder nicht.

Jetzt bei der Konfirmation wird das bei Euch vielleicht auch so ähnlich sein, dass da beides ist: die Vorfreude auf das Feiern, auf das Miteinander, aber auch die bange Frage, ob alles in guter Stimmung abgehen wird.

Aber stellt Euch mal vor, einer würde sagen: „Das mit der Feier lassen wir, das ist mir zu riskant." Das wäre doch schade!

So einfach allein für sich bleiben, nur, weil man meint, man könnte mit dem anderen nicht klarkommen - das wäre ja auch nicht das Wahre. Oder - wenn man diesen Gedanken mal weiterspinnt: Stellt euch vor, Leute würden sagen: „Wir setzen keine Kinder mehr in die Welt. Wer weiß, was das wieder für welche werden!" Oder stellt euch vor, Leute würden sagen: „Heiraten kommt nicht infrage, das ist viel zu riskant. Denn wahre Liebe, wahre Freundschaft, ewige Treue - so was gibt es eh nicht."

Ja, das mag alles sein. Aber wäre es nicht trostlos, wenn wir nur für uns selbst bleiben wollten! Da hätten wir ja auch keinen Frieden. In uns selbst sind wir ja auch unruhig, da sind ja auch mehrere Seelen in unserer Brust, die miteinander und gegeneinander streiten. Wir wundern uns manchmal über uns selbst - dass wir tun, was wir gar nicht wollen, und dass wir unterlassen, was wir eigentlich gut und wichtig finden.

Wir brauchen den Mitmenschen. Es wäre doch auch etwas sonderbar, wenn wir zu uns selbst sagen würden: „Ich finde mich gut, ich finde mich toll, ich finde mich schön." Das wäre doch irgendwie traurig. Und das wäre doch gar nichts verglichen damit, dass jemand anderes zu uns sagen würde: „Ich mag dich, du gefällst mir, du bist schön!", oder gar: „Ich liebe dich!"

Wir brauchen den anderen oder die andere. Auch wenn menschliche Beziehungen kompliziert sind - das Risiko lohnt sich. Wie trostlos wäre unser Leben, wenn wir uns auf zwischenmenschliche Beziehungen nicht mehr einlassen würden, wenn wir das Wagnis der Liebe nicht mehr eingehen würden!

Was die Konfirmation anbetrifft, die Feier zuhause - gewiss, das kann das stressig werden mit all den Gästen und mit den hohen Erwartungen; das kann auch menschlich stressig werden. Aber wie gesagt: Das Risiko lohnt sich. Da müssen wir einfach selbst unser Bestes geben und dazu noch ein bisschen Gottvertrauen haben - und dann kann das doch ganz schön werden.

Ich habe mit diesen Worten übrigens schon in etwa zusammengefasst, worum es im christlichen Glauben ganz wesentlich geht. Es geht um dieses „Ja zum Menschen". Das ist das Schöne an der Bibel, finde ich: Da wird der Mensch geschildert, wie er wirklich ist - mit all seinen Problemen, auch mit den Problemen, die er selbst sich und anderen bereitet -, und dann heißt es: „Du, Mensch, du bist trotz allem ein liebenswertes Geschöpf."

Es heißt in der Bibel: „Jesus Christus ist für uns gestorben." Dieses „für uns", das dürfen wir ganz ernst nehmen. Im Konfirmandenunterricht habt Ihr erfahren, dass Jesus es mit seinen Mitmenschen nicht leicht gehabt hat. Man hat ihn nicht verstanden, man hat ihn falsch ausgelegt, man hat ihn gefangen genommen, verspottet, misshandelt und hingerichtet. Jesus hat wirklich keine Illusionen haben können, was die Art des Menschen anbetrifft. Trotzdem hat er sich nicht davon abbringen lassen zu sagen: „Du, Mensch, bist ein liebenswertes Geschöpf." Diese Aussage dürfen wir ganz persönlich nehmen. Sie gilt jedem einzelnen von uns.

Als Jesus am Vorabend seiner Kreuzigung mit seinen Freunden, seinen Jüngern zusammensaß, um das Festmahl einzunehmen, das Passahmahl, da war ihm schon klar, was auf ihn zukommen würde: dass einer von seinen Freunden, man muss schon fast sagen, von seinen sog. Freunden, ihn an die Soldaten bereits verraten hatte. Das war Judas gewesen.

Die anderen in der Runde waren auch keine vorbildlichen Heilige, wie man vielleicht meinen könnte. Petrus hat Jesus verleugnet, Jakobus und Johannes wollten sich vordrängeln, um die besten Plätze im Himmelreich zur Seite Jesu einzunehmen. Und alle haben Jesus im Stich gelassen, als er gefangen genommen wurde.

Das waren keine besonders Frommen, keine Vorbilder. Die Jünger Jesu waren Menschen wie wir, wie Du und ich, mit all den normalen menschlichen Schwächen. Die haben sich auch untereinander gestritten und sich gegenseitig geärgert. Aber Jesus hat an ihnen festgehalten. Und das wollte er ihnen bei diesem letzten Beisammensein auch klarmachen: Er würde immer an ihnen festhalten und zu ihnen stehen. Daran würde auch sein

Tod nichts ändern, daran würden der Verrat und die Verleugnung nichts ändern und auch nicht all ihr sonstiges Fehlverhalten.

Zu Beginn des Abendessens sagte Jesus zu seinen Jüngern: „Wenn ich nicht mehr unter Euch bin, dann werdet Ihr hoffentlich noch des Öfteren zusammenkommen und mal wieder gemeinsam zu einem Festessen beisammen sein. Erinnert Euch dann an den heutigen Abend. Denkt daran, dass ich Euch trotz allem immer gern gehabt habe und Euch allezeit verbunden bleibe. Brot und Wein als Zeichen meines Leibes und Blutes mögen Euch dran erinnern, dass ich mein Leben als Zeichen meiner Liebe zu Euch hingegeben habe. Und erkennt in meiner Liebe die Liebe Gottes zu Euch und zu allen Menschen. Das möge dann jeden Einzelnen von euch stärken. Das möge auch Eurer Beziehung untereinander nützen. Das möge Euch Mut machen, es immer wieder im Guten miteinander zu versuchen und die Hoffnung nicht aufzugeben, dass doch einmal Frieden sein möge unter allen."

Darum also geht es im Abendmahl - und auch in unserer heutigen Abendmahlsfeier: Wir sind alle eingeladen, wie die Jünger Jesu eingeladen waren - ganz egal, wie wir sind und wie wir im Einzelnen zueinander stehen. Unter uns hat die Gemeinschaft sicherlich manche Risse und Sprünge. Aber wir alle haben gewiss die Sehnsucht, dass unsere Gemeinschaft heil sein möge.

Wenn wir uns nachher um den Altar herum stellen und Brot und Wein zu uns nehmen, dann stellen wir damit eine Gemeinschaft dar, die in unserem täglichen Leben noch keine Realität ist, nach der wir uns aber wohl alle sehnen.

Wir dürfen unsere Sehnsucht nach dem ganz Heilen nicht aufgeben. Wir brauchen unsere Träume. Wir brauchen die Hoffnung auf das, was noch nicht ist, was uns aber als lohnendes Ziel und als der Sinn unseres Lebens verheißen ist: der Friede, die Gerechtigkeit, das Wohlergehen aller, die Liebe unter allen.

Als Kirche werden wir nicht nachlassen, diesem Traum Gestalt zu geben - im Abendmahl, aber dann auch in unserem täglichen Leben.

Wir bekennen uns zum Dennoch
5. Mai 1996
Kantate
(4. Sonntag nach Ostern)
Offenbarung 15,2-4

Können Sie sich vorstellen, dass ein Ärztekongress seine Tagung mit einem gemeinsamen Lied beginnt? Das wäre wohl etwas sehr Besonderes - oder vielleicht sogar etwas Sonderbares. Oder können Sie sich vorstellen, dass eine Lehrerkonferenz mit einem Lied eröffnet wird? Das wäre wohl auch recht ungewöhnlich. Kirchliche Versammlungen dagegen beginnen - man kann wohl sagen „in der Regel" - mit einem gemeinsamen Lied. In der Kirche und in allen kirchlichen Gremien und Veranstaltungen wird viel gesungen.

Der Sonntag Kantate fordert dazu heraus, sich über dieses Phänomen einmal einige grundsätzliche Gedanken zu machen, darüber, dass Musik - und besonders das Singen - gerade in der Kirche eine so große Rolle spielt.

Natürlich spielt Musik auch in unserem täglichen Leben eine bedeutsame Rolle. Wenn Sie z. B. Radio Hamburg hören - da wird hauptsächlich Musik ausgestrahlt. Die Wortbeiträge sollen meines Wissens möglichst nicht länger als 90 Sekunden dauern. Bei längeren Wortbeiträgen fürchtet der Sender seine Zuhörer zu verlieren. Die schalten dann einfach weiter zum nächsten Sender, auf dem gerade Musik läuft.

Aber Musik hören und sich vorspielen lassen einerseits und selbst singen und Musik machen andererseits - das sind doch zwei sehr verschiedene Dinge.

Ich möchte mal behaupten, dass das Singen in der Kirche bekenntnishaften Charakter hat. Und gemeinschaftlich Bekenntnis abzulegen, das passiert sonst eben kaum irgendwo im Leben. Man kann das noch auf dem einen oder anderen Parteikongress erleben. Die SPD macht das meines Wissens noch. Das klingt für manchen schon fast altmodisch und pathetisch. Im täglichen Leben lieben wir es eigentlich etwas sachlicher.

Oder wenn die Nationalhymne gesungen wird, dann hat das auch Bekenntnischarakter. Wer die Nationalhymne singt, bekennt sich zu seinem Volk, zu seiner Volkszugehörigkeit. Da hat ja auch mancher Hemmungen wegen unserer jüngeren deutschen Geschichte. Für andere ist das Singen der Nationalhymne wieder schick geworden.

In der Kirche also hat das gemeinschaftliche Singen zumindest auch, wie ich meine, diesen Bekenntnischarakter. Wenn ich mich nicht täusche, wird das in der Öffentlichkeit noch allgemein akzeptiert, dass dies so ist.

Aber natürlich haben manche Menschen auch Schwierigkeiten mit dem christlichen Bekenntnis. Ich erinnere mich z. B. an eine Konfirmandin - das ist schon einige Jahre her - eine sehr ernsthafte und nachdenkliche Konfirmandin, die mir eines Tages sagte, sie würde nicht mehr zum Konfirmandenunterricht kommen. Auf meine Frage: „Warum denn nicht?", antwortete sie: „Die Zeitung berichtet von einem Erdbeben, Bekannte meiner Eltern lassen sich scheiden, mein Onkel ist Alkoholiker und meine Tante ist an Krebs gestorben - und in der Kirche wird gesungen: Lobe den Herrn, den mächtigen König der Ehren." Die Konfirmandin gab mir leider keine Gelegenheit, mit ihr über dieses Problem zu diskutieren. Sie hatte ihre Entscheidung zu gehen schon endgültig gefällt.

Das Problem, das sie aufgeworfen hatte, ist ein Problem, das ist ja klar, und mancher hat damit Schwierigkeiten: „Wie kann man Gott lobsingen, wenn es so viel Elend um einen herum gibt?" Werden diese Lobpreisungen Gottes in der Kirche gesungen, weil die Menschen, die sich zur Kirche halten, alle blind sind für die wirklichen Zustände in unserer Welt? Ich glaube nicht, dass Christen wirklichkeitsfern sind, sogar das Gegenteil möchte ich behaupten. Der christliche Glaube kann einen geradezu dazu befähigen, die Wirklichkeit mit besonders offenen Augen wahrzunehmen.

Der Unterschied fängt erst bei der Frage an: „Wie gehen wir mit unserer Wahrnehmung der Wirklichkeit um? Welche Position nehmen wir ein zu all dem Schönen und all dem Schrecklichen, das uns im Leben begegnet?" Und da kann man wohl sagen: Der christliche Glaube kann zu dem großen Dennoch befähigen: „Dennoch sage ich Ja zum Leben, dennoch lobpreise ich den Schöpfer, obwohl ich so viel Unschönes erlebe."

Ist das nur ein trotziges Dennoch? Nein, es ist ein Dennoch aus Dankbarkeit und Liebe. Verzeihen, wenn ich das so pathetisch formuliere.

Zum einen gibt es im Leben doch auch sehr viel Schönes - wie viel Schönes im Vergleich zu dem Unschönen, darüber könnten wir uns sicherlich streiten. Das ist letztlich eine Frage der Betrachtungsweise. Es gibt Menschen, die betrachten das Leben so, wie man ein Musikstück hört. Da hat z. B. eine Organistin eine lange Ausbildung gemacht, sie hat ein Super-Zeugnis bekommen, dann gibt sie ein Konzert, auf das sie sich lange und sorgfältig vorbereitet hat. Sie spielt ausgezeichnet vor, aber an einer Stelle berührt sie die falsche Taste, es gibt einen schrägen Ton.

Wir können uns sicher sein, dass für viele Zuhörerinnen und Zuhörer dieser eine schräge Ton das Urteil über das Vorspiel ganz wesentlich bestimmt. Nicht die tausend Töne, die in Ordnung waren, sondern der eine Ton, der daneben war, bestimmt das Urteil. So kann man auch das Leben sehen. Aber wenn wir das Leben so betrachten, dann ist unser Ausblick nicht sehr erfreulich. Dann haben wir immer Grund zur Unzufriedenheit, zur Kritik, zum Nörgeln und zum Klagen.

Ich möchte mein Leben so nicht sehen. Dann könnte ich nicht froh werden. Und das wäre eben auch nicht die christliche Betrachtungsweise des Lebens. Die christliche Betrachtungsweise ist genau andersherum: Wir können im Laufe des Tages jede Menge negativer Erfahrungen gemacht haben - aber ein freundliches Lächeln war auch da. Und dieses eine freundliche Lächeln zählt mehr als alles Negative. Dieses eine freundliche Lächeln hat den Tag gerettet. Das ist die christliche Betrachtungsweise des Lebens.

Wie wir das Leben sehen, ist zum einen vielleicht Mentalitätssache. Aber man kann das auch lernen. Wir können uns auch dahingehend trainieren, dass wir uns von den schönen Erfahrungen leiten lassen. Ich meine nicht, dass wir die Augen verschließen sollten vor all den Problemen, vor all dem Ärgerlichen, dem Enttäuschenden, vor all der Not und all dem Elend. Das alles sollen wir schon voll und ganz zur Kenntnis nehmen. Aber das soll unsere Einstellung zum Leben nicht bestimmen.

Wir müssen uns notfalls einfach mal ganz angestrengt bemühen, das Gute und Schöne des Tages in unser Bewusstsein zu führen, wenn wir es nicht von allein und spontan wahrnehmen. Es hat einer z. B. auf seinem Schreibtisch eine kleine Karte stehen, auf der steht: „Heute habe ich keine Bauchschmerzen, heute ist kein Angehöriger verstorben, heute regnet es nicht durchs Dach, heute muss ich nicht hungrig ins Bett" usw. So kann man das auch machen: dass wir uns vor Augen führen, vor welchen Übeln wir am heutigen Tag verschont sind.

Aber wir können auch den positiven Weg wählen und uns einfach dessen bewusst werden, wie viel Positives uns in jedem Augenblick zuteil wird. Viel Gutes und Schönes nehmen wir einfach nicht wahr, weil es uns selbstverständlich erscheint. Auch wenn wir krank im Bett liegen, haben wir vielleicht doch Medizin zur Hand und jemanden, der uns pflegt. Das ist doch bei aller Not der Krankheit etwas ganz Wunderbares. Wie viele Kranke auf der Welt haben weder Medikamente noch menschlichen Beistand!

Es kommt manchmal vor, dass Angehörige eines Verstorbenen sagen, am Ende solle bei der Trauerfeier das bereits erwähnte Lied gespielt werden: „Lobe den Herrn, den mächtigen König der Ehren." Sie sagen: „Wir sind zwar von Trauer erfüllt, und die letzten Wochen und Monate unseres Verstorbenen waren zwar durch Krankheit belastet, und in dem abgeschlossenen Leben hat es viele Tiefen gegeben. Aber da war eben auch viel Schönes, gute Zeiten der Ehe, eine befriedigende Berufstätigkeit, ein erfüllendes Hobby." Sie wollen am Ende eben nicht klagen über die Not, sondern wollen danken für das viele Gute und Schöne, das da ja auch war in diesem Leben.

Das kann jeder von uns mal für sich machen, so eine Art Bilanz ziehen, eine Bilanz des eigenen Lebens - und wie gesagt: Da kommt es dann darauf an, wie wir die einzelnen Erfahrungen unseres Lebens werten.

Man kann das Leben so unterschiedlich betrachten, wie man das Kreuz unterschiedlich betrachten kann. Im Kreuz könnten wir die ganze Schlechtigkeit des Menschen erkennen, denn das Kreuz war schließlich ein Hinrichtungswerkzeug, und ein Mensch ohne Tadel ist daran als Unschuldiger zu Tode gebracht worden. Wir können im Kreuz aber auch die Unzerstörbarkeit der Liebe wahrnehmen. Denn der am Kreuz als Unschuldiger hingerichtet wurde, hat den Übeltätern vergeben und hat die Liebe Gottes zu seiner gefallenen Kreatur trotz allem bekräftigt.

Wenn wir den Lobpreis Gottes singen, dann ist das ein Bekenntnis: Wir bekennen unser Ja zum Leben, unser Ja zum Menschen, unser Ja zu unserem Schöpfer und dem Herrn unseres Lebens. Es ist das Ja trotz aller Erfahrung, die auch ein Nein rechtfertigen würde. Aber als Christen leben und bekennen wir das Dennoch.

Wir verstummen nicht vor dem Elend der Welt, und wir lassen uns nicht kleinlaut machen. Wir danken Gott und preisen seine Güte und Freundlichkeit für alle Zeit.

Vom Gottesdienst in den Bunker
16. Mai 1996
Himmelfahrt
Goldene Konfirmation
Psalm 103,2

Als Sie vor fünf Jahrzehnten konfirmiert wurden, hätten wir an dieser Stelle, wo Sie jetzt sitzen, Gottesdienst unter freiem Himmel feiern können. Ein Kirchendach gab es seit der Bombennacht im Juli 1943 nicht mehr. Auch die Turmspitze war eingestürzt. Die Umfassungsmauern standen noch. Ein Geschäftsmann der Umgebung hatte den Antrag an den Kirchenvorstand gestellt, in dem noch mehr oder weniger intakten Kircheneingang einen Verkaufsladen einrichten zu dürfen. Der Antrag wurde abgelehnt. Der Kirchenvorstand hatte überlegt, in der Ruine hier eine Holzbaracke zu errichten, damit an dieser Stelle - geschützt vor Wind und Regen - weiterhin Gottesdienst gefeiert werden könnte. Auch diesen Gedanken verwarf der Kirchenvorstand. Statt dessen beschloss er, sich an die methodistische Gemeinde Eben-Ezer im Abendrothsweg zu wenden mit der Bitte um Aufnahme dort. Die Bitte wurde erhört. So konnten in der Zeit vom 2. Juli 1944 an die Gottesdienste der Markusgemeinde - und eben auch die Konfirmationen - in der Eben-Ezer-Kirche stattfinden.

Sie, Frau Härtel, haben mir geschrieben: „Ich bin am 18. März 1945 in St. Markus von Pastor Claußen konfirmiert worden. St. Markus war im Krieg ja leider zerstört worden und die Methodisten-Gemeinde hatte ihren Gottesdienstraum am Abendrothsweg zur Verfügung gestellt. Die Einsegnung fand ‚vorsichtshalber' gleich als erstes statt wegen der ständigen Fliegerangriffe. Und in der Tat: Die Predigt wurde leider durch Fliegeralarm unterbrochen, sodass ich fast den Rest des Tages im Luftschutzkeller verbringen musste. Trotz dieser widrigen Umstände machte Pastor Claußen nachmittags einen Besuch bei allen Konfirmandinnen und Konfirmanden."

„Es war schon", so haben Sie weiter geschrieben, „eine

furchtbare Zeit. Leben in den Trümmern! Wir hatten - Gott sei Dank! - unsere Wohnung behalten, aber leider meinen Vater beim Rettungseinsatz im Juli 1943 verloren, und mein Bruder war als Soldat im Westen."

Und Sie, Frau Voß, haben mir auf mein Schreiben geantwortet: „Sie fragten nach Fotos: Ich glaube nicht, dass einer fotografiert hat. Filme gab es im März 1945 sicher nicht. Außerdem gab es regelmäßig um 10.15 Uhr Alarm, sodass nur eine Strophe gesungen wurde. Wir wurden gesegnet, und es gab pünktlich Alarm, und wir saßen den Tag im Keller und hörten die Bomben. Das Ganze fand übrigens in der Eben-Ezer-Kirche statt. Vielleicht hat der Jahrgang '46 Fotos gemacht. Da gab es evtl. Filme, aber die Apparate waren längst gegen Lebensmittel eingetauscht. Es waren keine fröhlichen Zeiten!"

Was waren das für Zeiten! Sie werden uns nachher nach dem Gottesdienst im Gemeindehaus vielleicht noch ein wenig berichten. Wie war das mit dem Konfirmandenunterricht damals? Wie haben Sie Ihren Konfirmationstag verbracht? Wie war das mit den Konfirmationsgeschenken? Eine ehemalige Konfirmandin, die heute nicht hier sein kann, erzählte mir am Telefon, sie habe zur Konfirmation einen Hering geschenkt bekommen zum Abendessen. Ansonsten sollten die Gäste ihr Abendbrot selbst mitbringen.

Was mich auch sehr bewegt - vielleicht können Sie auch dazu nachher etwas sagen -, ist die Frage: Wie standen Sie unter den damaligen Umständen zum christlichen Glauben und zur Kirche? Es gibt doch immer wieder Menschen, die sagen: „Es gibt so viel Not in der Welt, Hunger, Krieg, Vertreibung, Katastrophen aller Art und immer wieder. Wenn es einen Gott gäbe - wie kann er dann so etwas zulassen? Ein lieber Gott kann es doch wohl nicht sein! Nein", so sagen sie, „es gibt wohl keinen Gott."

Ich hatte in meiner letzten Predigt eine Konfirmandin erwähnt, die ich selbst vor einigen Jahren unterrichtet hatte, ein ernsthaftes Mädchen -, sie gab den Konfirmandenunterricht vorzeitig auf, weil sie sagte: „Bei mir zuhause und in meinem

Verwandten- und Bekanntenkreis gibt es so viel Elend: Scheidung, Krankheit, Tod, und die Zeitung ist voll von schlechten Nachrichten, und in der Kirche wird gesungen: Lobe den Herrn!"

Das Elend der Welt und das Lob Gottes - wie passt das zusammen? Das ist eine Frage, die ich auch an Sie richten möchte, die Sie sich ja zu einer Zeit zum christlichen Glauben bekannt haben, in der die Not wohl kaum größer hätte sein können.

„Not lehrt beten", sagen die einen, und „Not lehrt fluchen", sagen die anderen. Vielleicht ist es eine Frage der persönlichen Mentalität, welche Wirkungen die Lebensumstände auf uns haben.

Sie haben, Frau Storck, in Ihrem Brief einen Liedvers aufgeschrieben, der sicherlich Ihre Einstellung zu diesem Thema wiedergibt. In dem Lied heißt es:

„Oh, halte fest an deinem Glauben, bewahr' ihn dir zu jeder Zeit. Lass diese Hoffnung dir nicht rauben, den Hort in Kummer und Leid. Ohn' Glauben schwimmst du auf dem Meere des Lebens wie ein Wrack umher. Des Lebens volle Schwere, wie trifft sie dich dann um so mehr. Oh, halte fest an deinem Glauben, bewahr' ihn dir zu jeder Zeit. Lass diese Hoffnung dir nicht rauben, den Hort in Kummer und Leid."

Der Glaube als der Halt und die Kraft in schwerer Zeit - so ist ja unser christlicher Glaube gemeint. Christus selbst hat schwer gelitten. Er hat dennoch „Ja" gesagt zum Leben als einer wunderbaren Gabe Gottes. Christus hat unter Menschen gelitten, und er hat dennoch den Menschen als das liebenswerte und von Gott geliebte Wesen bejaht.

Ein jüdischer Theologe ist gefragt worden: „Wo war denn Gott, als die Juden in die Gaskammern gesperrt wurden?" Er hat geantwortet: „Er war bei den Menschen in der Gaskammer."

Gott ist bei den Leidenden, bei den Verängstigten, bei den Verfolgten, bei den Hungernden, den Verletzten, den Kranken, den Einsamen, den Verlassenen. Er ist bei denen im Luftschutzkeller und bei denen auf dem Krankenbett. Er ist bei denen, die Hilfe und Zuwendung, die Halt und Kraft und Liebe brauchen.

Und er ist zugleich derjenige, der Hilfe und Zuwendung, Halt und Kraft und Liebe gibt. Gott ist in den Ohnmächtigen, und er ist in den Ohnmächtigen mächtig.

Ich habe Ihnen für Ihre Goldene Konfirmation heute einen Satz aus dem 103. Psalm ausgewählt, Vers 2, der lautet: „Lobe den Herrn, meine Seele, und vergiss nicht, was er dir Gutes getan hat."

Wir sind ja heute dabei zurückzublicken - auf die Zeit vor 50 Jahren, auf die Zeit davor und die Zeit danach. Was bedeutet dieser Rückblick für Ihre Einstellung zum Leben und für Ihr Gottesverhältnis, die Sie das damalige Elend in vollem Bewusstsein durchlebt haben? Und was bedeutet dieser Rückblick für die sog. Nachgeborenen - zu denen zähle auch ich -, die das alles nur aus Büchern und Berichten kennen, und die Ähnliches allerdings tagtäglich in den Zeitungen lesen und auf dem Bildschirm miterleben?

Sie können dazu nachher selbst etwas sagen. Ich möchte meinerseits den Vers aus dem 103. Psalm unterstreichen: dass wir bei aller Erinnerung an Not und Elend nicht vergessen sollen, was Gott doch Gutes an uns getan hat.

Diejenigen, die sagen: „Die Welt ist schlecht", haben immer recht. Sie werden ihre Behauptung tausendfach belegen können. Und wenn sie sagen: „Der Mensch ist schlecht", dann werden ihnen auch dafür die Beweise nicht ausgehen. Aber unser christlicher Glaube hält dieser deprimierenden Sicht das „Dennoch" entgegen. Er fordert uns auf, die Spuren Gottes in unserem Leben zu suchen, die Schönheiten des Lebens, die Freundlichkeiten, die guten Worte, die Gesten der Liebe. Und wenn wir das Leben recht betrachten, dann sind wir auch damit mehr als reichlich gesegnet.

Die eine große Spur ist die, die derjenige hinterlassen hat, der vor 2000 Jahren in die menschliche Geschichte eingetreten ist. Wenn wir seinen Fußtapfen folgen, dann gehen wir zwar auch durch die vielfältigen Nöte dieser Welt, aber doch immer gehalten und getragen von dem „Ja" Gottes zu seiner Schöpfung und all seinen Kreaturen.

Das Lob Gottes darf unter uns niemals verstummen. Wir werden es in manchen Zeiten singen aus vollem freien Herzen, weil es uns einfach gut geht. Wir werden es zu anderen Zeiten singen wie ein trotziges Lied - als Ausdruck dafür, dass wir uns nicht unterkriegen lassen. Wir singen das Lob Gottes aus Dankbarkeit und in der Hoffnung, dass sich einmal zur Vollkommenheit entfalten möge, was in diese Schöpfung als die gute Saat Gottes hineingegeben ist.

Das Neue Testament drückt diese Hoffnung mit dem Bild der Wiederkehr Christi aus. Christus ist gen Himmel gefahren. Aber er wird wiederkommen. Was er angefangen hat vor 2000 Jahren, das wird er dereinst vollenden. Und in der Zwischenzeit ist es - nicht zuletzt auch - unsere Aufgabe, sein Werk nach besten Kräften fortzusetzen. So sind wir alle miteinander auf dem Weg durch die Zeit, durch gute Zeiten und durch schlechte Zeiten.

Derjenige, der diese Kirche nach dem Krieg wieder aufgebaut hat, hat dieser Holzkonstruktion die Form eines Zeltes gegeben. Das kann doch zeichenhaft zum Ausdruck bringen: Am Ziel sind wir noch nicht. Wir sind noch auf dem Weg.

Aber noch ein Weiteres hat der Architekt mit dieser Konstruktion zum Ausdruck zu bringen vermocht: Wir sind unter dem Dach dieses Zeltes geborgen. So ziehen wir durch die Geschichte: Von Gott kommen wir her, auf ihn gehen wir zu, in seiner Liebe sind wir geborgen zeit unseres Lebens und in Ewigkeit.

Woher kommen wir, wer sind wir, was wird aus uns?
2. Juni 1996
Trinitatis
2. Korinther 13,11-13

Manch einer weiß schon nicht, warum wir Pfingsten feiern. Aber nun frage ich Sie: „Warum feiern wir Trinitatis? Was hat es mit dem heutigen Fest der Dreieinigkeit auf sich?" Da fällt selbst kirchlichen Insidern eine Antwort schwer.

Unter einer Triangel kann man sich noch etwas vorstellen. Die ist einfach gebaut: ein Metallstab so zurechtgebogen, dass es ein Dreieck ergibt. Wenn man die einzelnen Seiten anschlägt, egal welche von den dreien, ergibt das immer den einen selben Ton. Das ist einfach, das ist schlicht, das ist nicht weiter kompliziert.

Aber „Trinitatis" - mit drei hat es zu tun, tri = drei, das ist klar, aber dann? Was wir vielleicht auch noch wissen, ist, dass es irgendwie um diese drei geht: Gott, den Vater, zum einen, um Jesus Christus zum zweiten und um den Heiligen Geist zum dritten. Entsprechend ist unser Glaubensbekenntnis aufgebaut - in diesem Dreierschritt: Ich glaube an Gott, den Vater, dann: Ich glaube an Jesus Christus, und: Ich glaube an den Heiligen Geist.

Dass diese Drei nicht nur drei sind, sondern eins, fordert unseren Verstand vielleicht schon über die Maßen. Wie können die drei zugleich eins sein? Vielleicht lässt sich das einigermaßen nachvollziehen, wenn wir bedenken, dass dies auch für jeden Menschen gilt: Wir sind eine Person, aber doch zugleich auch drei.

Nehmen wir als Beispiel irgendeinen Vater. Dieser Mensch ist Vater. Er ist zugleich aber auch Kind seiner Eltern. Und wenn er eines Tages stirbt, was bleibt dann von ihm? Ganz davon ist er dann auch nicht. Beim Anblick seines Kindes wird vielleicht der eine oder andere sagen: „Ganz der Vater!" In seinem Kind lebt der Vater in der einen oder anderen Weise fort - in dem Aussehen des Kindes vielleicht, aber nicht nur darin, auch in dem, was das Kind tut, was es sagt, wie es redet, wie es denkt. Irgendwie wirkt der Vater, für eine Mutter gilt das natürlich gleichermaßen, auch nach seinem Tod weiter - geistig, wie ein guter Geist, vielleicht auch wie ein nicht so guter Geist.

Wir könnten also sagen: Herr X ist in einer Person dreierlei: Vater, Sohn und irgendwann Geist. So könnten wir die Dreieinigkeit Gottes verstehen. Gott ist Vater, nämlich der Vater Jesu Christi. Er ist zugleich Sohn, nämlich in der Gestalt Jesu Christi, und er ist Geist - nämlich als die nach Kreuzigung, Auferstehung und Himmelfahrt bis heute weiterwirkende Kraft. So stark ist diese Kraft immerhin heute noch, dass sie uns heute Morgen aus dem Bett und hierher in die Kirche getrieben hat.

So ein bisschen können wir uns das mit der Trinität, mit der Dreiheit „Vater, Sohn und Heiliger Geist" also zurechtlegen.

Es bleibt vielleicht trotzdem ein schwieriges Thema. Das sehen wir schon daran, dass die Moslems beispielsweise uns vorhalten, wir hätten drei Götter: den Schöpfergott, dann Gott in Menschengestalt, Jesus Christus, und einen Gott, den wir Heiligen Geist nennen. Aber so ist das nicht gemeint. Wir haben nur einen Gott. Wir meinen nur die drei Aspekte dieses einen Gottes.

Zu Trinitatis geht es um Gott. Wer, was, wie ist Gott? Es geht um unser Gottesbild. Als Christen haben wir ein spezielles Gottesbild. Wir sprechen von Gott in dieser dreifachen Gestalt oder mit diesen drei Namen: Vater, Sohn, Heiliger Geist.

Ich möchte das noch mal ganz allgemein sagen: Wenn wir von Gott reden, dann reden wir von unserem ganzen Dasein, von der Ganzheit unserer Existenz. Diese Ganzheit des Daseins lässt sich auch gerade mit drei Begriffen gut erfassen: Vergangenheit, Gegenwart, Zukunft. Aus diesen drei zeitlichen Kategorien besteht unser Dasein. Das sind zwar abstrakte Begriffe, sie können für uns aber zu ganz persönlichen Fragen werden, nämlich: „Woher komme ich? Wer bin ich?" Und: „Was wird aus mir?" Das sind philosophische Fragen ersten Grades. Oder hier in der Kirche sollte ich besser sagen: Das sind theologische Fragen ersten Grades. Theologie ist das Reden von Gott. Und diese drei Fragen beantworte ich, indem ich auf den Begriff Gott oder die Vorstellung von Gott zurückgreife.

Zum ersten: „Wo komme ich her?" Aus dem Mutterleib, das ist wohl wahr. Aber die Antwort ist doch zu vordergründig. Wir sind das Verschmelzungsprodukt aus einer von Millionen von Samenzellen mit einer von ebenfalls vielen Eizellen. Wir könnten insofern sagen: „Wir sind ein Zufallsprodukt der Natur." Aber so neutral wollen wir uns nicht definieren. Wir formulieren es persönlicher. Wir sagen: „Wir sind Geschöpfe Gottes. Wir sind Geschöpfe dessen, der dieses Dasein letztendlich eingerichtet hat." Ja, wir gehen in unserer Formulierung sogar so weit, dass wir sagen: „Wir sind Kinder dieses Schöpfers, wir sind Kinder Gottes." Das ist die sehr persönliche Formulierung eines Tatbestandes, den andere lieber nur mit Begriffen der Wissenschaft formulieren wollen. Aber wenn wir fragen: „Wo kommen wir her?", interessiert uns in der Regel weniger unser Ursprung im naturwissenschaftlichen Sinne. Die Frage richtet sich vielmehr auf unseren Ursprung im persönlichen Sinn. Unser christlicher Glaube hält dafür eine sehr schöne Antwort bereit. Er sagt uns nämlich: „Wir sind aus Liebe geboren. Der Schöpfer allen Lebens ist ein liebender Gott." Unser Leben verstehen wir als ein Geschenk, als eine wunderbare Gabe dieses liebenden Gottes.

Man kann das auch alles anders sehen, aber so ist unser Gottesverständnis. So verstehen wir unsere Herkunft. Das war also die Antwort auf die erste der drei Fragen: „Wo komme ich her?" Das war der Blick in die Vergangenheit.

Dann zum zweiten der Blick in die Gegenwart: „Wer bin ich?" Darauf könnten wir auch wieder ganz neutral naturwissenschaftlich antworten. Die Antwort könnte z. B. lauten: „Wir sind alle nur hauptsächlich Wasser - mit ein paar festen Bestandteilen vermischt." Aber das war es wohl nicht, was wir wissen wollten. „Wer bin ich?" Darauf hätten wir gern eine etwas persönlichere Antwort. Diese persönliche Antwort wird uns durch Jesus Christus zuteil. Er hat uns nämlich angenommen wie ein guter Freund. Er akzeptiert uns mit unseren Schwächen und Fehlern, er will unser Bestes, er steht uns bei. Aus dieser Beziehung heraus sollen wir uns verstehen dürfen. Und aus dieser Beziehung heraus können wir antworten: „Wir sind gemocht, wir sind geliebt." Das ist eine ganz wunderbare Antwort.

Wir sind uns manchmal wirklich unsicher, wer wir eigentlich sind. Wenn uns jemand von oben bis unten geringschätzig ansieht, werden wir unsicher. Wenn wir als Schülerin eine fünf in der Arbeit bekommen haben, wenn uns die Firma in die Arbeitslosigkeit entlässt, wenn wir für ein Missgeschick ausgelacht oder für ein Fehlverhalten heftig kritisiert werden, dann können wir schon ziemlich unsicher werden. Oder wenn wir etwas getan haben, wodurch wir uns über uns selbst schämen, kann das zur existentiellen Frage für uns werden. Da hilft dann nicht die Antwort, dass wir Wasser und ein paar feste Bestandteile wären. Die Antwort unseres Glaubens auf die Frage: „Wer bin ich?", lautet: „Wir sind geliebte Geschöpfe Gottes, Freunde Jesus Christi. Er hat uns für wert befunden, sein Leben für uns hinzugeben. Wir sind etwas wert, und zwar deutlich mehr als ein Liter Wasser. Wir sind auch mehr wert, als die Versicherungssumme unserer Lebensversicherung. Wir sind unendlich viel wert. Wir sind unbezahlbar." Das ist die Antwort auf die zweite Frage, die Antwort auf die Frage nach unserer gegenwärtigen Existenz.

Und dann schließlich die Frage nach dem Wohin. „Was wird aus uns? Was bleibt?" Bei der Bestattung auf dem Friedhof zitieren wir aus dem Alten Testament: „Erde zu Erde, Asche zu Asche, Staub zum Staube." Das ist die eine Sicht der Dinge: Im materiellen Sinne bleibt von uns nicht viel - körperlich betrachtet. Da bleiben nur ein paar Krümel. Unser Glaube aber sagt uns: „Wir bleiben aufgehoben in einer Gemeinschaft, die alle Grenzen überschreitet, auch die Grenze des Todes." Wir lösen uns nicht im Quasi-Nichts auf, wir bleiben in der Liebe Gottes auf immer geborgen. Jesus Christus hat die Dauerhaftigkeit der gemeinschaftlichen Verbundenheit zu Himmelfahrt formuliert, als er sagte: „Ich bleibe bei euch alle Tage bis an der Welt Ende." Den Zuspruch dieser ewigen Gemeinschaft feiern wir übrigens immer wieder im Abendmahl.

Trinitatis, das heutige Fest der Dreieinigkeit Gottes, hat also letztlich zu tun mit den drei Grundfragen unserer Existenz: „Wo kommen wir her, wer sind wir, was wird aus uns?" Die trinitarische Antwort lautet: „Wir sind aus der Liebe Gottes geboren, wir sind Freunde Jesu Christi, und wir bleiben geborgen in der Gemeinschaft des Heiligen Geistes." Vergangenheit, Gegenwart und Zukunft sind dreierlei, und doch auch eins. Denn jeder Augenblick, und sei er noch so kurz, besteht aus diesen dreien. Das Ganze unseres Daseins ist aufgehoben in dem einen Gott der Liebe und des Friedens.

Was uns zugesagt und verheißen ist, ist zugleich unser Auftrag, nämlich: die Schöpfung Gottes zu schützen und zu bewahren und insbesondere den Mitmenschen als das geliebte Kind Gottes zu behandeln, die Freundschaft Jesu im zwischenmenschlichen Miteinander zu gestalten - und dies in einer dauerhaften und alle Grenzen überschreitenden Gemeinschaft.

Sich in die anderen hineinversetzen
16. Juni 1996
2. Sonntag nach Trinitatis
Partnerschaft St. Markus – Uyole, Tansania
1. Korinther 9,16-23

Der Predigttext für den heutigen Sonntag enthält eine Passage, die wie geschaffen erscheint für das besondere Anliegen dieses Gottesdienstes - das Gedenken an unsere Partnerschaft mit der Gemeinde Uyole in Tansania.

Es ist ein Abschnitt, der uns Hilfreiches zu sagen hat für die Begegnung von Menschen unterschiedlicher Kulturen, unterschiedlicher Sprache.

Paulus, von dem dieser Text stammt, ist ja der Mann, der Grenzen überschritten hat - und zwar in mehrfacher Hinsicht. Paulus hat den Glauben an Christus hinausgetragen aus dem kleinen Israel. Er hat den Glauben an Christus hinausgetragen in die weite Welt, in das Gebiet der heutigen Türkei, nach Griechenland, nach Italien. Aber nicht nur das. Er hat nicht nur Landesgrenzen und Sprachgrenzen überwunden. Er hat auch kulturelle und religiöse Grenzen überwunden. Er hat den Glauben an Christus hinausgetragen aus dem Lebensbereich derjenigen, die in den Traditionen des jüdischen Glaubens aufgewachsen waren, und ist zu denen gegangen, die an griechische Götter glaubten, und zu denen, die an römische Götter glaubten.

Paulus hat sich in vielfacher Weise auseinandergesetzt mit Andersdenkenden, mit Anderslebenden, mit Menschen anderer Meinung, anderer Kultur, anderer Tradition. Diese Auseinandersetzung hat auch in ihm selbst stattgefunden. Denn er hatte eine innere Wandlung vollzogen. Als strenggläubiger Jude war er aufgewachsen. Er hatte die ersten Christen zunächst verfolgt, bis ihm dann die Augen aufgegangen waren. Es war ihm, so formuliert es der legendenhafte Bericht über seine Bekehrung, „wie Schuppen von den Augen gefallen". Er erkannte, dass Christus für alle Menschen gekommen war, dass er die Liebe Gottes für alle Menschen verkörpert hatte.

So hatte Paulus zunächst die Toleranz mit sich selbst lernen müssen, mit seiner eigenen Vergangenheit, seiner ganz anderen vorherigen Denkungs- und Glaubensart. Vielleicht hat ihm das geholfen, andere Menschen zu verstehen, die zunächst ebenfalls mit Christus nichts im Sinn hatten oder Christus ganz einfach anders verstanden, anders auslegten und den Glauben an Christus anders praktizierten.

Es ist Paulus gelungen, Menschen in anderen Ländern für den Glauben an Christus zu gewinnen - nicht gewaltsam, sondern durch Überzeugungsarbeit. So ist der Glaube schließlich auch bis zu uns nach Deutschland und ebenso bis nach Tansania gekommen, wiederum in ganz verschiedene Kulturen.

Was Paulus sich bei der Begegnung mit den Menschen anderer Kulturen gedacht hat, können wir seinen Briefen entnehmen. Er ist ja immer weitergereist und hat dann Kontakt gehalten durch Briefe. Durch diese Briefe haben wir heute überhaupt noch Einblick in sein Denken.

In unserem Predigtabschnitt schildert Paulus, wie er vorgegangen ist, um Menschen für sein Anliegen, nämlich den Glauben an Jesus Christus, zu werben: „Den Juden bin ich ein Jude geworden, damit ich die Juden gewinne. Denen, die unter dem Gesetz sind, bin ich wie einer unter dem Gesetz geworden, damit ich die, die unter dem Gesetz sind, gewinne. Denen, die ohne Gesetz sind, bin ich wie einer ohne Gesetz geworden, damit ich die, die ohne Gesetz sind, gewinne. Den Schwachen bin ich ein Schwacher geworden, damit ich die Schwachen gewinne. Ich bin allen alles geworden, damit ich auf alle Weise einige rette."

„Allen bin ich alles geworden" - dies klingt nun fast nach totaler Anpassung, nach Selbstaufgabe. Das klingt fast nach „Das Fähnchen nach dem Winde drehen" und nach „Es allen recht machen wollen" und nach „Den anderen nach dem Munde reden".

Wer Paulus kennt, weiß aber, dass Paulus seine Sache niemals aufgegeben und verraten hat. Paulus hat sich mit Erfolg um das bemüht, was uns allen als Aufgabe aufgetragen ist: dass wir uns zunächst in den anderen hineinversetzen, dass wir den anderen aus seiner Situation heraus zu verstehen versuchen, und dass wir von der Verstehensbasis des anderen ausgehend einen Dialog beginnen, ein Gespräch über das, was uns zu sagen wichtig ist.

Wenn Paulus mit Juden redete, dann knüpfte er an ihre religiösen Traditionen an, an ihr Verständnis von Gott, an ihre Erfahrungen und an ihre Hoffnungen. Und wenn er mit Nichtjuden sprach, setzte er bei deren Verständnis ein. Ein solches Vorgehen ist ein Gebot jeder ernsthaften Kommunikation.

Ein solches Vorgehen hat nichts mit Selbstverleugnung zu tun, sondern mit Respekt vor der Position des anderen. Zu diesem Respekt zählt es dann auch, mit der eigenen Einstellung nicht hinter dem Berg zu halten. Der andere soll schon genau wissen, was wir denken, wie wir empfinden, was uns wichtig ist und worauf wir hinaus wollen. Erst dann kann sich der andere mit unserer Position auseinandersetzen.

Zu dieser Art der Kommunikation gehört es dann auch, dem anderen zuzubilligen, dass er als Ergebnis des gemeinsamen Gesprächs zu anderen Schlussfolgerungen kommt und andere Konsequenzen zieht. Paulus hat dargelegt, was für ihn der Glaube an Christus bedeutet. Menschen haben den Glauben an Christus angenommen. Sie haben ihm dann sehr unterschiedliche Ausdrucksformen gegeben - in ihren Zusammenkünften, in ihren Gottesdiensten, in ihrem täglichen Leben.

In Tansania z. B. wird ganz anders Gottesdienst gefeiert als bei uns. Vielleicht erinnern sich einige von Ihnen noch an den Videofilm über einen Gottesdienst in Uyole, den hatten wir vor einigen Jahren mal im Gemeindehaus gezeigt, nachdem eine Kirchenvorsteherin von St. Markus in Uyole zu Besuch gewesen war. Das war ein voller Gottesdienst mit viel Musik und viel Rhythmus gewesen. Da wurde, wie wir sagen würden, im Gottesdienst getanzt, und es wurde geklatscht. Das sind wir nicht gewohnt, außer im Kindergottesdienst. Da geht es durchaus auch mit viel Bewegung zu. Im 10-Uhr-Gottesdienst hatten wir das mit Unterstützung unserer Kantorei auch mal ganz zaghaft versucht - das Tanzen. Das liegt uns aber nicht so richtig im Blut - und entspricht auch nicht unseren Traditionen. So gibt es eben eine unterschiedliche Art, Gottesdienst zu feiern und den Glauben an Gott, den Glauben an Christus zum Ausdruck zu bringen. In der Gnadenkirche bei den Messehallen können Sie sonntags um 13 Uhr einen Gottesdienst auf afrikanische Art erleben - mit viel Musik und afrikanischem Rhythmus. Oder wenn Sie einmal in unsere Kirche kommen, wenn die mazedonisch-orthodoxen Christen hier ihren Gottesdienst feiern, dann ist das auch ganz anders als bei uns. Es wird zum Beispiel viel gesungen, aber es singt nur der Geistliche, und der Gesang ist ganz und gar nicht rhythmisch.

Gottesdienst kann in sehr unterschiedlicher Form gefeiert werden. Mir ist es wichtig, dies an unserem Partnerschaftstag zu betonen und zu unterstreichen, dass die unterschiedlichen Form ihre je eigene Berechtigung haben. In den unterschiedlichen kulturellen Kontexten wachsen unterschiedliche Gottesdienstformen. Wo sich Menschen verändern, wo sich die Gesellschaft verändert, wo sich das Denken und Empfinden verändert, da kann es dann auch sein, dass sich die Formen des Gottesdienstes ändern, damit sie dem gegenwärtigen Stand der kulturellen Entwicklung entsprechen.

Viele Menschen draußen können mit unseren gegenwärtigen Gottesdienstformen nicht mehr viel anfangen, würden aber vielleicht gern Gottesdienst feiern, wenn dies in den angemessenen Formen geschehen könnte. Da sollten wir keine Scheu haben, das eine oder andere auszuprobieren. Wir haben diese Scheu ja auch nicht. Wir probieren das eine und das andere aus. Im Sinne des Paulus ist es wichtig, dass wir hinhören und hinschauen, um die anderen zu verstehen und in eine ernsthafte Kommunikation einzutreten.

Bei Menschen aus einer anderen Kultur, aus einer anderen gottesdienstlichen Tradition zu Gast zu sein, kann uns eine Anschauung dafür geben, was außerhalb unserer eigenen Art sonst noch alles möglich ist. Es müsste mal wieder jemand nach Tansania fahren. Im Kindergottesdienst werden wir einen Gast aus Afrika dabei haben.

Die Kirche Jesu Christi existiert und feiert in vielen Sprachen und vielen unterschiedlichen Formen. Dennoch gehören wir zusammen und sind untereinander verbunden durch den einen Geist und das gemeinsame Anliegen: Gott zu loben und preisen für seine Güte und Barmherzigkeit.

Besinnt Euch eines Besseren!
23. Juni 1996
3. Sonntag nach Trinitatis
Hesekiel 18,1-4.21-24.30-32

Die nächste Generation wird unsere Fehler auszubaden haben. Und wir müssen die Suppe auslöffeln, die uns die vorangegangene Generation eingebrockt hat. Die Israeliten haben ihre eigene Redewendung gehabt, um diese Erfahrung auszudrücken, dass die einen etwas tun, und die anderen die Folgen zu tragen haben. Wir haben das Sprichwort der Israeliten eben gehört: „Die Väter haben saure Trauben gegessen, aber den Kindern sind die Zähne davon stumpf geworden."

In diesem Sprichwort schwingt Bitterkeit mit. Hesekiel wird es in seiner Umgebung oft zu hören bekommen haben. Denn es war eine bittere Situation, in der er leben musste, und mit ihm viele Tausende seiner Landsleute. Aus ihrer Heimat waren sie vertrieben worden, verschleppt, deportiert ins Exil nach Babylon, die Intelligenz des Volkes, alle, die leitende Positionen innegehabt hatten, Priester eingeschlossen, und solche, die als Handwerker in der Waffenproduktion tätig gewesen waren. Sie waren aus Jerusalem und ganz Juda abgezogen und außer Landes gebracht worden; denn von Juda aus sollte keine Erhebung gegen die babylonischen Besatzer mehr möglich sein.

Aus der Fremde blickten die Deportierten sehnsüchtig zurück in die Heimat. Sie werden sich immer wieder gefragt haben: „Warum hatte es so kommen müssen?" Sie werden nach den Ursachen und nach der Schuld gefragt haben. Vielleicht hat sich manch einer an die eigene Brust geschlagen und ein Stück Mitverantwortung bei sich selbst gefunden. Aber es waren da viele, die sich als unschuldige Opfer lang angelegter Fehlentwicklungen sahen, als Opfer einer Schaukelpolitik zwischen Babylon und Ägypten, Opfer von Maßnahmen, die schon vor ihrer Zeit von anderen ergriffen worden waren. Sie mögen mit dieser Auffassung zu einem guten Teil Recht gehabt haben.

Denn das wird sich fast immer irgendwie nachweisen lassen,

dass andere die Schuld haben an der gegenwärtigen Misere.

Wir sind - natürlich, könnte man sagen - in vielfacher Hinsicht die Opfer der Fehler und Versäumnisse vergangener Generationen. Allerdings - und auch das muss gesagt werden -, wir sind zugleich in vielfacher Weise die Nutznießer der Leistungen, der Erfolge vergangener Generationen.

Was wir sind und was wir haben, das sind und haben wir nicht aus uns selbst heraus. Wir knüpfen - biologisch und gesellschaftlich - an die Vergangenheit an. Wir haben von unseren Eltern vieles genetisch übernommen - im Guten wie im Schlechten, eine musikalische Hochbegabung einerseits, eine Erbkrankheit vielleicht andererseits. Als ganzes Volk ist die technische Entwicklung auf uns gekommen - zugleich als Segen und als Fluch. Der technische Fortschritt hat uns vielerlei Umweltprobleme beschert, aber zugleich auch vielerlei Bequemlichkeiten.

Jedenfalls leben wir nicht aus uns selbst heraus. Wir leben zunächst einmal von dem, was wir vorfinden, und dann kommt Schritt für Schritt unser eigener Beitrag hinzu.

Es wäre in der Tat etwas sonderbar, wenn wir uns durch die Vergangenheit nur belastet fühlten. Wenn wir Gott nur anklagen würden und ihm vorhalten würden: „Was hast du uns angetan mit all diesen Umweltproblemen, die uns unsere Vorgänger eingebrockt haben!" Und wenn wir nicht gleichzeitig Gott danken würden für all die Bequemlichkeiten: dass wir Wäsche und Geschirr nicht mehr nur mit der Hand zu waschen brauchen, dass wir nicht mehr mit der Kutsche von Ort zu Ort reisen müssen, dass wir in ferne Länder fliegen können, dass es einen Zahnarzt gibt und noch etliche weitere medizinische Hilfen usw.

Wenn wir uns beklagen wollen, wozu es sicher Grund genug gäbe, dann sollten wir uns aber auch bedanken, wozu es auch sehr viel Grund gäbe.

In diesem Sinne versucht Hesekiel seinen Landleuten eine andere Sicht der Dinge nahezulegen. Seine Landsleute haben nur die Belastungen des Exils vor Augen, den Verlust der Heimat, das Leben in der Fremde. Sie empfinden ihr Dasein als Strafe für die Fehler anderer und sie klagen Gott an, der dies nicht verhindert hat. Sie fühlen sich von Gott bestraft - als Unschuldige.

So ist Gott nicht, sagt ihnen Hesekiel. Gott will nicht den Unschuldigen für die Fehler anderer bestrafen. Er will nicht einmal denjenigen bestrafen, der Fehler gemacht hat. Er will überhaupt nicht strafen. Er möchte vergeben. Und das tut er auch, wenn der Einzelne umkehrt und das Fehlverhalten bereut, das er selbst zu verantworten hat.

Gott sieht den einzelnen an, sagt Hesekiel. Jeder trägt eine Verantwortung für sein eigenes Verhalten. Und nur für sein eigenes Verhalten kann der Mensch zur Verantwortung gezogen werden. Darum möge sich jeder selbst prüfen und nach seinem Anteil fragen, nach dem, was sich jeder einzelne selbst im Guten wie im Schlechten als eigenes Verhalten zurechnen lassen muss.

Auf uns und die bereits erwähnten Umweltprobleme bezogen, heißt dies doch: Wir finden eine Situation vor. Und nun kommt es darauf an, wie wir damit umgehen, wie wir mit den Problemen und den technischen Möglichkeiten umgehen. Setzen wir Fehlentwicklungen einfach fort, aus Bequemlichkeit vielleicht oder aus Gewinnsucht oder aus Gleichgültigkeit - oder unternehmen wir Anstrengungen, um den als falsch erkannten Weg zu korrigieren? Allein danach können wir selbst beurteilt werden.

Freilich dürfen wir dann nicht aus unserem Ergehen ableiten, ob wir nun belohnt oder bestraft worden sind. Wenn es uns gut geht, dann dürfen wir darin nicht den Lohn Gottes sehen, und wenn es uns schlecht ergeht, dürfen wir das nicht auslegen als eine Strafe Gottes und uns fragen: „Womit haben wir das verdient?!"

Denn diese Erfahrungen machen wir ja auch oft genug, dass es dem Ungerechten gut geht, und dass der Gerechte zu leiden hat. Hierüber hat sich der fromme Hiob im Alten Testament ausgiebig beklagt. Aus unserem Ergehen dürfen wir keine Schlussfolgerungen ziehen. Und so argumentiert auch Hesekiel nicht.

Hesekiel versucht, seine Landsleute dazu zu bewegen, von ihrer augenblicklichen Lebenssituation, die ja eine Leidenssituation war, einmal abzusehen. Ihre gegenwärtigen Belastungen sollen sie nicht als eine Strafe Gottes verstehen. Für ihr Gottesverhältnis soll ein anderer Gedanke leitend sein: der nämlich, dass Gott ein gütiger und barmherziger Gott ist, der dem Einzelnen jederzeit die Chance zur Umkehr gibt, der sich freut über jeden Versuch der Besserung, der sich über die Umkehr des Sünders freut wie die Witwe, die den verlorenen Groschen, oder wie der Schäfer, der sein verlorenes Schaf wiedergefunden hat.

Wie die Vergebung Gottes konkret aussieht, wie der Lohn für unsere Umkehr, für unsere Besserung aussieht, das ist eine andere Sache. Wir sollen und dürfen nicht damit rechnen, dass wir gleich mit Wohlergehen belohnt werden. Das mögen Kinder von ihren Eltern erwarten, dass sie für ihre Besserung mit einer Süßigkeit belohnt werden. Aber wir müssen es uns wohl genug sein lassen mit dem Glauben daran, dass Gott es wohl ansieht, wenn wir uns darum bemühen, unser Leben in seinem Sinne zu führen.

Ich bin überzeugt davon, dass unser gutes Bemühen auch Spuren hinterlassen wird. Die gute Saat wird in der einen oder anderen Weise aufgehen. Die gute Saat, die Gott mit Jesus Christus in unserer Welt ausgestreut hat, ist auch aufgegangen. Jesus Christus selbst hat viel leiden müssen. Er selbst hat die Früchte seiner Schuldlosigkeit und seines gottwohlgefälligen Lebenswandels nicht ernten können. Aber es ist doch viel Gutes daraus erwachsen, dass er da gewesen ist, und dass er die Liebe zu den Mitmenschen gelebt hat. In vielen Menschen hat er Gutes bewirkt, und viele haben in seiner Nachfolge versucht, ein Leben in seinem Sinne zu führen.

Wenn wir uns um ein Leben im Sinne des Willens Gottes

bemühen, dürfen wir dabei nicht in erster Linie auf unseren eigenen Lohn schielen. Das wäre auch irgendwie unanständig. Wenn wir uns um Besserung bemühen, dann hat das seinen Wert in sich. Und was daraus erwächst, das wollen wir dem lieben Gott überlassen. Er ist es, der wachsen und gedeihen lässt.

Wir wollen einfach darauf vertrauen, dass er uns ganz persönlich ansieht, und dass er uns nicht fremde Schuld vorhält, sondern nur unsere eigene, und dass sein Anliegen nicht unsere Bestrafung sondern die Vergebung ist. Wie Hesekiel sagt: „Gott hat Gefallen daran, dass sich der Sünder bekehre."

Das ist ja auch das Anliegen des Neuen Testaments, uns dazu zu ermutigen und zu motivieren, dass wir umkehren, dass wir uns bessern - im Vertrauen darauf, dass Gott uns jederzeit gnädig ist -, und aus Dankbarkeit für die Liebe, die uns zuteil geworden ist.

Was und wem soll ich denn nun glauben?
25. August 1996
12. Sonntag nach Trinitatis
1. Korinther 3,9-15

Nach den Sommerferien ist die neue Konfirmandengruppe zusammengekommen, knapp vierzig Mädchen und Jungen. Einige der Neuen sind heute unter uns. „Herzlich willkommen!"

Zu Beginn einer neuen Konfirmandengruppe ist Grundlagenarbeit zu verrichten. Es gibt zunehmend junge Leute, die in ihren Kinderjahren von Kirche und dem christlichen Glauben so gut wie nichts mitbekommen haben. Dass dieses Gestell, auf dem ich stehe, eine Kanzel ist, wissen die wenigsten Zwölfjährigen. Dass von hier oben eine Rede gehalten wird, die man Predigt nennt, ist auch nicht sehr bekannt. Und dass sich dieses Ding da vorn Altar nennt, muss auch erst neu gelernt werden.

Das sind jetzt ein paar Äußerlichkeiten. Aber bei den Inhalten wird das nicht anders aussehen. Noch haben wir nicht gefragt, warum wir Weihnachten feiern. Die richtige Antwort werden wir nicht mehr bei jedem voraussetzen können.

Ich sage das jetzt nicht mit einem Vorwurf im Hinterkopf. Ich stelle das nur fest. Das ist eben die Situation in einer Großstadt und in einer Gemeinde wie der unsrigen, in der z. B. nur noch jeder Dritte Mitglied der Kirche ist.

Es ist im Konfirmandenunterricht Grundlagenarbeit zu leisten. Noch befinden wir uns nicht in der Situation, in der sich Paulus damals befunden hat. Paulus stand ja ganz am Anfang. Als er nach Griechenland kam, traf er noch auf keinen Menschen, der etwas mit dem Namen Jesus Christus anzufangen wusste. Er musste in dieser Hinsicht also bei Null anfangen.

Allerdings, bei einem Teil der Menschen, den Juden nämlich, konnte er immerhin die Kenntnis des Alten Testaments voraussetzen. Das ist wiederum deutlich mehr, als wir voraussetzen können. Paulus hatte es mit religiös vorgebildeten und mit religiösen Praktiken vertrauten Menschen zu tun. Für unseren Nachwuchs ist Religion etwas ziemlich Unbekanntes und ganz und gar nicht Vertrautes.

Grundlagenarbeit ist eine große Herausforderung. Unsereins muss sich Gedanken machen: Wie bringen wir das, was in diesem Buch steht, an die jungen Leute, sodass sie es verstehen, ernst nehmen, und dass es ihnen für ihr Leben auch hilfreich ist? Oder, um Euch direkt anzusprechen: Wie können wir Euch den christlichen Glauben verstehbar und nachvollziehbar und akzeptabel nahebringen? Wir, das sind im Augenblick Sieghard Wilm, unser Vikar, und ich, und demnächst auch wieder unsere Diakonin Hilte Rosenboom.

Das, was wir grundlegend zu vermitteln haben, ist gar nicht so einfach zu definieren. Manche denken vielleicht: „Das steht da doch drin in der Bibel, worum es im christlichen Glauben geht; das kann doch nicht so schwer sein!" Ganz so einfach ist es aber leider nicht.

Sobald wir beginnen, Inhalte des Glaubens zu vermitteln, werden wir eine Erfahrung machen, die auch Paulus gemacht hat, eine Erfahrung, die auch durch den heutigen Predigttext durchscheint: dass man nämlich über die Inhalte des christlichen Glaubens durchaus unterschiedlicher Meinung sein kann.

Was eigentlich die wesentlichen christlichen Inhalte sind, kann durchaus sehr verschieden ausgelegt werden. Die Frage z. B., ob der christliche Glaube vor allem mit dem diesseitigen Leben oder vor allem mit dem jenseitigen Leben zu tun hat, ist durchaus eine strittige Frage. Mir sagte mal ein Kollege: „Das eigentliche Leben fängt erst nach dem Tode, nach dem leiblichen Tode an." Unser jetziges Leben sei nur eine Vorbereitung auf das spätere, das ewige Leben.

So kann ich das z. B. nicht sehen. Ich möchte lieber betonen, dass sowohl Altes wie Neues Testament uns Wesentliches zu sagen haben für unser Leben hier und jetzt. Wenn nun die von mir mitausgebildeten Konfirmandinnen und Konfirmanden dann eines Tages auf den besagten Kollegen treffen und in eine Diskussion mit ihm geraten sollten, dann könnte es sein, dass sie hin- und hergerissen werden und vor der schwierigen Frage stehen: „Wer hat denn nun recht? Wem sollen wir glauben?"

Damit hätten wir dann die Situation, die Paulus hier beschreibt.

Paulus hatte den Menschen in der griechischen Hafenstadt Korinth dargelegt, was für ihn der Glaube an Christus bedeutete. Das waren keine Konfirmandinnen und Konfirmanden gewesen, sondern bereits ausgewachsene Menschen, aber das ist jetzt egal. Jedenfalls war es folgendermaßen: Als Paulus weitergereist war - er zog von Ort zu Ort und gründete immer wieder neue Gemeinden -, hörte er, dass die Leute in Korinth von anderen Predigern auf ganz andere Gedanken gebracht wurden, als er sie den Korinthern vermittelt hatte, sodass die Korinther in der Tat vor der Frage standen: „Wem sollen wir nun glauben, Paulus oder Apollos oder Kephas?"

Was nun die Unterschiede in der Lehre von Paulus und den anderen waren, möchte ich im Augenblick mal dahingestellt sein lassen. Interessant ist, dass Paulus sehr kämpferisch für seine eigene Position eintritt. Immerhin überlässt er die Entscheidung, wer denn nun Recht habe, letztlich Gott selbst, wenn er sagt: „Der Tag des Gerichts wird's klar machen."

Von sich selbst sagt er: „Ich habe doch den Grund gelegt." Und von den anderen sagt er: „Die bauen nun auf dieser Grundlage." Und er warnt, jeder möge mit Vorsicht bedenken, was er auf der von ihm gelegten Grundlage aufbaue: ob man mit Gold, Silber, Edelsteinen, Holz, Heu oder Stroh baue. Mit dieser poetischen Formulierung wollte Paulus sagen, jeder möge doch darauf achten, ob das, was da gelehrt wird, Bestand haben kann oder wie Heu und Stroh und Holz beim nächsten Feuer schon niedergebrannt sein kann.

Es ist schon eine wichtige Frage auch für uns heute: Wie gehen wir mit unterschiedlichen Auslegungen dessen um, was christlicher Glaube ist? Wollen wir den Anspruch stellen, wir hätten die Wahrheit exklusiv auf unserer Seite? Wollen wir es überhaupt irgendjemandem zubilligen, verbindlich und autoritativ festzulegen, wie die Auslegung des christlichen Glaubens auszusehen hat? Oder sollen wir alles in gleicher Weise gelten lassen? Ich weiß nicht, wie Sie darüber denken - und wie Ihr darüber denkt.

Ich meine, es muss sich jeder selbst erarbeiten, was der christliche Glaube für ihn bedeutet. Und mit diesem seinem eigenen persönlichen Ergebnis kann er anderen gegenübertreten und in einen Dialog eintreten. Ein solcher Dialog müsste dann die Position des anderen respektieren. Man muss sich dann nicht auf eine gemeinsame Position einigen. Inhaltliche Kompromisse können manchmal furchtbar langweilig sein. Das sind dann Inhalte, die keiner mehr ganz für voll nimmt. Nein, wichtig ist, dass jeder ernsthaft hinter seiner Position steht und diese glaubwürdig vertritt und glaubwürdig verkörpert. Dann haben wir vielleicht verschiedene Positionen, aber eben echte Positionen. Das wäre dann wie in einem Garten mit vielen verschiedenen Blumen; das macht doch die Schönheit des Gartens aus: die Vielfalt. Das sind alles Produkte der Schöpfung Gottes. Wie langweilig wäre es, wenn alle Blumen gleich aussähen!

Natürlich vertragen sich manche Positionen nicht miteinander. Das ist im Garten auch so. Man kann nicht beliebige Blumen nebeneinander pflanzen. Bei manchen Kombinationen gehen die Blumen ein, weil sie so direkt nebeneinander nicht lebensfähig sind. Dann darf man sie eben nicht zusammen anpflanzen. Dann pflanzt man die eine Sorte in die eine Ecke des Gartens und die andere weit genug entfernt in eine andere Ecke. So können dann beide Sorten gedeihen und ihre je eigene Schönheit zur Geltung bringen.

Und so könnten wir das auch mit den unterschiedlichen theologischen Positionen handhaben. Da, wo Positionen unverträglich sind, sollte man den nötigen Abstand voneinander halten. Das ist besser, als aneinander zugrunde zu gehen oder gar sich gegenseitig zunichtezumachen.

Ich komme noch einmal auf den Konfirmandenunterricht zurück. Für uns als Unterrichtende ist es gewiss wichtig, dass wir deutlich werden lassen, was unsere eigene Position ist. Wir müssen aber auch andere Positionen gelten lassen und sogar im Unterricht vorstellen. Jeder Konfirmand muss dann versuchen, sich eine eigene Position zu erarbeiten. Das ist dann gar nicht immer so einfach. Dieser Vorgang ist dann auch nicht mit dem

Tag der Konfirmation abgeschlossen. Im Grunde ist das ein lebenslanger Prozess.

Wir als die etwas Älteren werden vielleicht an uns selbst erlebt haben, dass sich unser Glaube im Laufe unseres Lebens durchaus etwas gewandelt hat. Da ist ständig Bewegung drin. Das ist auch sachgemäß.

Kirche - das ist nicht einer da oben, und alle anderen müssen folgen. Kirche, das sind wir alle, die wir uns auf der Suche nach Antworten auf die Fragen des Lebens um die Inhalte dieses Buches mühen. Diese Kirche, in der wir hier versammelt sind, besteht aus Steinen. Kirche ist aber auch die lebendige Gemeinschaft von Menschen, und wir alle sind Bausteine dieser Gemeinschaft.

Diese Kirche sah vor dem Krieg anders aus. Als sie wiederaufgebaut wurde, geschah dies in einem Stil, wie es der damalige Architekt angesichts der wirtschaftlichen und geistigen Lage jener Zeit kurz nach dem Krieg angemessen und sinnvoll fand. Kirchliche Gebäude sehen sehr unterschiedlich aus - Kirchen aus verschiedenen Zeiten, aber auch Kirchen, die zeitgleich gebaut wurden. So ist es auch mit den Menschen, den lebendigen Steinen der Gemeinschaft Kirche und den von ihnen vertretenen Inhalten des christlichen Glaubens. Die Vielfalt in den Erscheinungsformen auf dieser gemeinsamen Grundlage hat ihre Berechtigung.

Ermahnungen haben auch ihr Recht
8. September 1996
14. Sonntag nach Trinitatis
1. Thessalonicher 5,14-24

Der Apostel Paulus hat zwei Briefe an die Gemeinde in Thessalonich in Griechenland geschrieben. Beide Briefe schließt er mit einigen Ermahnungen hinsichtlich des Lebenswandels und der Lebenseinstellung der Gemeindeglieder. Seine Ausführungen klingen vielleicht etwas moralisierend, aber auch solche Ermahnungen mussten wohl sein - und müssen vielleicht auch heute sein.

Wir haben hier eine kleine Liste von Verhaltensanweisungen vor uns, die Paulus den Gemeindegliedern und ihren Leitern aus der Ferne per Brief erteilt; er selbst war ja weitergereist. Er hatte die Gemeinde gegründet. Dann war er weitergezogen, um an anderer Stelle eine weitere Gemeinde zu gründen. Er erteilt diese Ermahnungen auch mit Hinblick auf die Wiederkehr Christi. Eines Tages wird Jesus Christus wieder erscheinen. Dann soll er doch alle, die an ihn glauben, untadelig vorfinden.

Mich erinnert diese kleine Liste ein wenig an die Ermahnungen, die meine Frau mir und unseren beiden Kindern hinterlassen hatte, als sie Anfang dieser Woche auf Klassenreise ging und wir drei nun zu Hause allein zurechtkommen mussten. Da lagen dann einige Zettel mit Hinweisen und Aufträgen. Da stand zwar nicht gerade drauf: „Betet jeden Tag." Es waren mehr praktische Hinweise, die allerdings verhindert sollten, dass in dieser Woche bei uns zu Hause das Chaos ausbrechen würde.

Und dann waren da natürlich einige Ermahnungen, die meine Frau nicht aufgeschrieben, uns aber mündlich erteilt hatte: dass wir eben aufeinander achten sollten, dass keiner seine Termine vernachlässige sollte, die Kinder ihre Hausaufgaben machen und rechtzeitig ins Bett gehen sollten, dass sie es mit dem Fernsehen nicht übertreiben sollten, dass wir regelmäßig essen sollten, dass niemand aus Nachlässigkeit aus dem Ruder geraten, wir uns gegenseitig nicht auf den Geist gehen sollten und keiner die Situation ausnutzen sollte, dass die ordnende Hand mal eine Woche nicht da sein würde. Und natürlich sollten wir darauf achten, dass niemand zu Schaden kommen würde.

Und dann auch der Hinweis auf die Rückkehr: „Wenn ich am Freitag wiederkomme, möchte ich zu Hause alles ordentlich vorfinden." Das Wohnzimmer, die Küche, das Badezimmer sollen sauber sein, der Garten aufgeräumt und wir sollten alle guter Stimmung sein. Es sollte schön sein, wenn wir uns wiedersehen, und das sollte dann auch ein Anlass zur Freude und zum Feiern sein.

So ist das. Wer sich für seine Lieben verantwortlich fühlt, der wird seinen Lieben in seiner Abwesenheit solche Hinweise und Ermahnungen hinterlassen. So ist das, und so ist das nötig in der Familie im Kleinen und ebenso in der Gemeinde im Großen. Paulus hat sich für seine Gemeindeglieder in Thessalonich in diesem Sinne verantwortlich gefühlt.

Ich möchte jetzt mal auf zwei mehr philosophische Ermahnungen von Paulus zu sprechen kommen. Er sagt: „Seid dankbar in allen Dingen." Und dann sagt er: „Prüft alles, und das Gute behaltet."

Zunächst zur Dankbarkeit. In der Evangelienlesung haben wir dazu eine kleine Geschichte gehört, die von den zehn Aussätzigen. Jesus heilt zehn Männer von ihrem Aussatz, von ihrer Leprakrankheit. Einer von den zehn kehrt zu Jesus zurück und bedankt sich bei ihm. Nur einer von den zehn; für die anderen neun war das Thema ihrer Krankheit mit der Heilung offenbar erledigt. Sie waren dann gleich zur Tagesordnung übergegangen.

Wenn wir uns selbst kritisch prüfen, werden wir uns vielleicht dessen bewusst werden, dass auch wir vieles wie selbstverständlich hinnehmen, was des Dankes wert ist.

Unsere Kinder, als sie noch kleiner waren - heute ist das nicht mehr so nötig -, haben wir tausendmal gefragt: „Wie heißt denn das Zauberwort?" „Bitte", heißt das Zauberwort, wenn man etwas haben möchte, und „Danke", wenn man etwas erhalten hat. Mancher mag sagen: Das sind doch nur Formalitäten. Aber hinter dieser Form des Bittens und Dankens steht doch eine tiefe Einsicht, der auf dem Wege dieser Form immer wieder Ausdruck gegeben werden soll: dass das, was wir haben möchten und was wir dann empfangen, eben nichts Selbstverständliches ist.

In unserer Gesellschaft gibt es allerdings einige Merkmale, die dieser Einsicht, dass nichts selbstverständlich ist, etwas im Wege stehen. Da ist zum einen unsere Rechtsordnung, die ja insgesamt ein Segen ist. Aber die Tatsache, dass jedem Menschen schriftlich Rechte zugesprochen sind, führt eben auch dazu, dass jeder meint, Rechte und Ansprüche zu haben. Statt zu bitten, fordern wir. Und wenn wir unser Recht durchgesetzt haben, dann will das Dankeschön dazu auch nicht mehr recht passen.

Wenn sich Arbeitgeber und Gewerkschafter zusammensetzen, werden Forderungen ausgetauscht. Wenn dann das Ergebnis vorliegt, müssten die Verhandlungspartner eigentlich gemeinsam einen Gottesdienst feiern, um sich zu vergegenwärtigen, dass bei all den Ansprüchen und Forderungen, die sie sich mit vielen Argumenten gegenseitig vorgehalten haben, es doch ein großes Geschenk bleibt, dass da überhaupt Verhandlungsmasse ist, dass da überhaupt Arbeit ist, dass da Arbeitskraft ist, dass da Geld ist, über dessen Verteilung man sich streiten kann.

Damit bin ich schon bei dem anderen Merkmal, bei der wirtschaftlichen Konstruktion unserer Gesellschaft. Vieles, was wir haben wollen, können wir kaufen. Wir müssen nicht etwas erbitten, wir kaufen es und bezahlen es. Wenn ich ins Geschäft gehe, nehme ich die Packung Spaghetti und bezahle dafür. Da muss ich nicht bitten und nicht danken; das ist ein ganz neutraler Vorgang. Allerdings können wir auch hier bei näherer Betrachtung froh und dankbar sein, dass es überhaupt etwas zu kaufen gibt, dass wir überhaupt Geld haben, dass wir überhaupt Arbeit haben, mit der wir Geld verdienen können, oder, sofern wir keine Arbeit haben, dass wir einen Sozialstaat haben, durch den wir dann doch noch Geld für das Nötigste empfangen.

Hinter dieser Packung Spaghetti und hinter den paar Groschen, die ich da auf den Tisch lege, steht jeweils eine lange Geschichte, in der kein einzelner Schritt selbstverständlich ist. Wir brauchen uns nur auf unserem Erdball umzublicken, um zu sehen, dass es an vielen Orten - auch mit Geld - schlicht nichts Essbares zu kaufen gibt. Die Älteren unter Ihnen haben in unserem eigenen Land miterlebt, wie schon eine schlichte Kartoffel eine Kostbarkeit sein konnte.

Damit bin ich bei einem dritten Merkmal unserer Gesellschaft, dem wirtschaftlichen Wohlstand. Natürlich ist es nicht mehr so, wie es war. Der Wohlstand ist zunehmend ungleicher verteilt. Aber die Tatsache, dass im Grunde alles da ist, was man so im Leben braucht, lässt manchen vergessen, dass dies im Grunde ein Sonderfall und Glücksfall unserer menschlichen Geschichte und unserer örtlichen Gegebenheiten ist.

Trotz unserer Rechtsordnung, trotz unserer Wirtschaftsordnung, trotz des relativen Wohlstands haben wir Grund zum Bitten und zum Danken - wie eh und je. Als ich kürzlich, vielleicht darf ich das mal eben erzählen, auf einem Schiff eine Trauung hielt und schließlich das Abendessen dran war, stand der Vater des Bräutigams auf und sprach vor den 60 Gästen und dem reichlich gedeckten Tisch ein Tischgebet. Das Essen war sicherlich teuer bezahlt, aber auf dem Wege des Tischgebets drang für einen Augenblick in das Bewusstsein der erstaunten Gäste, dass diese Mahlzeit dennoch letztlich ein wunderbares Geschenk unseres Schöpfers ist.

Paulus ermahnte die Gemeindeglieder in Thessalonich: „Seid dankbar in allen Dingen." Es ist gut, wenn auch wir uns diese Mahnung zu Herzen nehmen. Danken - das sollte immer und überall Ausdruck unseres Verhältnisses zu allen Dingen unseres Daseins sein.

Es gibt natürlich manche, die fragen: „Warum und wofür soll ich danken - so schlecht, wie es mir geht?!" Diese Frage ist ernst zu nehmen. Ich möchte diese Frage verbinden mit der anderen Mahnung, die Paulus hier ausgesprochen hat: „Prüft aber alles, und das Gute behaltet." Paulus hat es mit dieser Mahnung gut gemeint - in dem Sinne zum Beispiel, um das mal kurz zu sagen: „Wenn ihr euch zu entscheiden habt zwischen Gut und Böse, dann entscheidet euch für das Gute."

Die Frage, die aber angesichts seiner Mahnung doch zu stellen ist, ist diese: Wie gehen wir mit dem Mangelhaften um? Wie gehen wir mit dem um, was nicht so gut ist - in unserem Leben, an unserem Mitmenschen, in und an uns selbst?

Um noch einmal auf ein weiteres Merkmal unserer Gesellschaft zurückzukommen. Wir haben in allen möglichen Lebensbereichen die große Auswahl. Die Kaufhäuser sind dafür ein Beispiel, die Fernsehprogramme sind ein weiteres. Was die Wahlmöglichkeiten anbetrifft, sind wir enorm verwöhnt. Und wir kriegen das Beste vom Besten ins Haus. Um die Fernsehprogramme zu nehmen: Wenn wir bedenken, was da allein für Geld und Phantasie und Können investiert wird, um einen Fernsehspot von 30 Sekunden zu gestalten, da ist dann z. B. klar, dass jede selbstgestaltete Gemeindeveranstaltung von der Qualität her weit dahinter zurückbleiben muss. Dieses in unserer Gesellschaft vorhandene und nutzbare Superangebot an Qualität hat unsere Ansprüche enorm gesteigert.

Wie aber gehen wir mit den Mängeln, mit dem Unvollkommenen um? Es hatte mal vor einiger Zeit ein Elternpaar diesen Satz von Paulus „Prüft aber alles, und das Gute behaltet" als Taufspruch ausgewählt. Die Eltern hatten bei der Auswahl dieses Satzes ähnliche Gedanken wie Paulus gehabt. Das war o.k. Ich habe mir dann aber mal vorgestellt, wie dieser Satz auf die Geburt eines Kindes passen würde: Das Kind wird geboren, die Eltern betrachten es und prüfen es - und kommen zu dem Schluss: „Ist nicht gut genug für uns, nehmen wir nicht." Das geht ja nicht. Selbst wenn dieses Kind offensichtliche Mängel haben sollte, können wir da die Empfehlung von Paulus nicht anwenden.

Es gehört eben auch zu unserem Leben, und zwar ganz wesentlich, dass wir das Unvollkommene, das Unfertige, das Unschöne, auch das Ungute annehmen. Wir selbst als menschliche

Wesen sind ja auch in vielem sehr unvollkommen. Wir sind nur lebensfähig, wenn wir wegen unserer Mängel nicht aussortiert werden, sondern wenn wir trotz allem angenommen werden. Das ist das Evangelium, die frohe Botschaft des Neuen Testaments, dieses „Ja zum Menschen" in all seiner Schwachheit und Fehlerhaftigkeit, auch seiner Sündhaftigkeit - und dieses „Ja zum Leben" mit all seinen Mängeln. Es ist die Liebe, die „Ja" sagt zu dem Unvollkommenen, und die dem, was nicht vollkommen ist, eine große Würde gibt. Und es ist die Dankbarkeit, die auch im Mangel noch das große Geschenk erblickt. Dies gilt nicht zuletzt für all unsere zwischenmenschlichen Beziehungen.

Wenn unser Leben eines Tages ans Ende gelangt ist und wir kraftlos und mit Schmerzen auf dem Bett liegen und einer uns zum Abschied die Hand hält, dann wird auch das bei allem Mangel noch ein ganz wunderbarer Grund zum Danken sein.

Was hat sich durch Christus verändert?
22. September 1996
16. Sonntag nach Trinitatis
„Kanzeltausch" mit Eben-Ezer (ev.-method. Gem.)
Hebräer 10,35-36

„Werft euer Vertrauen nicht weg, welches eine große Belohnung hat. Geduld aber habt ihr nötig, damit ihr den Willen Gottes tut und das Verheißene empfangt."

Es ist mir eine Freude und Ehre, heute wieder bei Ihnen zu Gast sein zu dürfen. Zuletzt stand ich an dieser Stelle am 16. September 1990. Das ist also immerhin schon 6 Jahre her. Solange sollte es bis zum nächsten „Kanzeltausch" - oder besser gesagt „Predigertausch" nicht dauern. Unsere Kirchen liegen ja nahe beieinander - und das, wie ich vermute, nicht nur räumlich. Ich nehme an, dass wir auch inhaltlich, was also unsere Auslegung der biblischen Texte und unser Verständnis von Gottesdienst und christlicher Lebensführung anbetrifft, gar nicht so weit auseinander sind. Unterschiede gibt es eh, auch innerhalb derselben Konfession und religiösen Gruppierung, auch innerhalb ein und derselben Gemeinde, auch unter lutherischen Kolleginnen und Kollegen. Es ist ja auch so, dass selbst die biblischen Autoren, die wir zum einen als eine Einheit betrachten - deshalb sind sie ja in dem einen Buch, in der Bibel, vereint -, dass also selbst die biblischen Autoren unterschiedliche theologische Konzeptionen verfolgt haben. Wenn wir die vier Evangelisten und dazu vielleicht noch Paulus und auch noch den Schreiber des Hebräerbriefes an einem Tisch hätten zu einer Talkshow zum Thema - sagen wir: „Jesus Christus - wer war er, was hat er uns zu sagen?", dann würde das vermutlich eine heiße Diskussion werden mit durchaus kontroversen Positionen.

In Laufe der Kirchengeschichte hat es das Bemühen gegeben, die Auslegung der Bibel, die gottesdienstliche Praxis und überhaupt das Verständnis dessen, was christlich ist, auf eine

Linie zu bringen. Dadurch haben wir inzwischen ein die Konfessionen übergreifendes – fast - gleichlautendes Glaubensbekenntnis. Aber das ist eine ziemlich mühselig formulierte Vereinheitlichung. Die Wirklichkeit ist und bleibt bunt und vielfältig. Das gilt auch in religiösen und in christlichen Dingen. Und ich meine, das ist auch in Ordnung. Wichtig ist, dass wir einander respektieren in unseren Unterschiedlichkeiten und dass wir nicht aufhören, daran zu glauben, dass wir noch voneinander lernen können.

Unter dieser Voraussetzung können wir einander bereichern und einander helfen, unser je eigenes Verständnis von dem zu finden, was biblische Texte uns zu sagen haben, und was der Wille Gottes in unserer Welt und für uns persönlich ist.

In unserer pluralistischen und toleranten Gesellschaft ist die Herausforderung an uns, uns über unsere eigene theologische Position klar zu werden, vielleicht nicht besonders groß. Es tut eben nicht weh, ob wir so oder so denken und uns so oder so verhalten. Erlaubt ist ja fast alles, und jedem wird zugebilligt, nach seiner eigenen Façon selig zu werden.

Das war in Laufe der Kirchengeschichte zeitweise natürlich vollkommen anders, auch in der jüngsten Kirchengeschichte, und ist auch heute in manchen Weltgegenden ganz anders.

Der Predigttext des heutigen Sonntags aus dem Hebräerbrief z. B. nimmt auf eine Situation Bezug, in der es nicht egal war, wie man religiös eingestellt war. Es war sogar eine Frage von Leben und Tod, ob man sich zu Jesus von Nazareth als dem Christus bekannte oder nicht. Das war eben die Situation der ersten Gemeinden.

Die ersten christlichen Gemeinden waren in mehrfacher Hinsicht bedroht. Zum einen hatten sie als quasi Sektierer innerhalb des jüdischen Religionsverbands einen schweren Stand. Die ersten Christen waren Juden - Jesus selbst war ja auch Jude gewesen. Ich weiß nicht, ob das jedem bewusst ist. Und seine Jünger, seine ersten Anhänger, meinten, in ihm den Messias, den Christus, den innerhalb der jüdischen Religion erwarteten endzeitlichen Retter und Erlöser zu erkennen. Die Anhänger Jesu waren mit ihrer Interpretation der Person Jesu allerdings in der Minderheit. Sie stießen auf Unverständnis vor allem bei den Meinungsbildnern der jüdischen Gesellschaft, bei den Hohepriestern und Schriftgelehrten. Darum ist Jesus umgebracht worden, und seine Anhänger waren Verfolgungen ausgesetzt. Stephanus beispielsweise wurde gesteinigt. Viele andere Christen erlitten ein ähnliches Schicksal.

Angesichts einer solchen Bedrohungssituation stellte sich für jeden einzelnen Anhänger des Christusglaubens die ganz dringende Frage: Wie wichtig ist mir eigentlich mein Glaube? Was habe ich eigentlich davon, dass ich an Jesus von Nazareth als den Christus glaube? Liege ich mit meinem Glauben eigentlich richtig? Haben vielleicht die anderen recht? Bin ich vielleicht im Irrtum? Nehme ich die Benachteiligungen und Gefährdungen vielleicht völlig unnötig auf mich?

In einer solchen Bedrohungssituation und angesichts solcher Fragen und Zweifel und Anfechtungen sagt der Schreiber des Hebräerbriefes seinen Adressaten: „Werft euer Vertrauen nicht weg. Das Vertrauen wird sich lohnen. Habt Geduld und tut den Willen Gottes. Ihr werdet empfangen, was euch verheißen ist."

Unser Briefeschreiber ruft also zu Geduld und Vertrauen auf. Er will Mut machen. Das mag seinen Adressaten gutgetan haben. Aber leicht war es gewiss nicht für jene ersten Christen, sich treu zu ihrer Gemeinde zu halten und zu ihrem Bekenntnis zu stehen. Es war nicht leicht wegen der äußeren Bedrohung. Es war aber auch nicht leicht wegen der inhaltlichen Zweifel.

Es ist eben Glaubenssache, wie ich Jesus Christus interpretiere. Und wo Glauben ist, da ist auch Zweifel. Die Juden sagen bis heute: Jesus von Nazareth kann nicht der Messias, der Christus gewesen sein. Denn die Welt ist durch ihn nicht besser geworden. „Was hat sich denn", so fragen sie, „durch Jesus, den angeblichen Christus, geändert? Wo ist denn die Liebe Gottes, die in ihm Mensch geworden sein soll, zur Wirkung gekommen? Die Welt ist doch weiterhin voller Unfrieden, voller Ungerechtigkeit, voller Not und Elend wie eh und je!?"

Was können wir darauf antworten? Die Vorhaltungen sind ja nicht abwegig. Es gehört schon eine besondere Einstellung dazu zu sagen: „Doch, es hat sich etwas geändert." Im Großen und Ganzen mag eine Veränderung zwar äußerlich nicht zu erkennen sein. Aber mit Jesus von Nazareth ist doch eine neue Sicht der Dinge in die Welt gekommen, eine neue Sicht der Menschen, eine neue Sicht des Lebens. Und dieses Neue hat seine Kraft entfaltet und hat sich fortgesetzt in vielen Menschen und hat sich als unzerstörbar erwiesen und wird sich fortsetzen, bis es vielleicht eines Tages auch zu äußerlich sichtbaren Veränderungen, vielleicht großflächigen Veränderungen kommen wird.

Dieses Neue besteht darin, dass wir in Jesus von Nazareth - bildlich gesprochen - die göttliche Saat der Liebe erkennen, die, einmal in diese Welt ausgestreut, sich unaufhaltsam weiter ausbreiten und Wurzeln schlagen und Früchte bringen wird. Dabei ist es für diejenigen, die Jesus so interpretieren, unerheblich, dass sich der göttliche Einsatz nur in so begrenzter Weise vollzogen hat, in einem einzelnen Menschen, noch dazu einem Menschen von äußerlich so schwächlicher Gestalt. Dieser eine Mensch der göttlichen Liebe ist für den Glaubenden bedeutsamer als die vielen anderen Menschen und geschichtlichen Gestalten, die den Unfrieden und die Zerstörung verkörpern.

Ich nehme an, dass Sie diese Grundeinstellung auch in sich tragen. Sie zeigt sich z. B. darin, dass wir die schönen Dinge des Lebens höher bewerten als all die schweren. Wenn wir den ganzen Tag lang viel Mühsal erlitten und Ärger gehabt haben, aber da ein Mensch war, der uns freundlich angelächelt hat, dann ist für uns dieses eine Lächeln doch viel gewichtiger und bedeutsamer als der ganze Frust des Tages.

Wir gewichten die Dinge des Lebens eben sehr unterschiedlich und haben ein besonderes Auge für das Gute und Schöne, für die Zeichen der Liebe. Selbst in den schweren Dingen des Lebens entdecken wir noch den göttlichen Trost. Selbst in dem Unschönen entdecken wir noch die Schönheit der Schöpfung.

Und selbst in dem Sünder entdecken wir noch das göttliche Geschöpf. Wir haben durch Jesus von Nazareth gelernt, die Dinge zu durchschauen, sie mit den Augen der Liebe zu betrachten. Das macht uns nicht blind, sondern das macht uns sehend. Wir sehen durch das vordergründig Belastende hindurch und entdecken in allem den göttlichen Ursprung und die göttliche Verheißung.

Es hat sich durch Jesus von Nazareth für uns also etwas verändert. Die Änderung liegt weniger in dem Zustand der Welt, das ist wohl wahr. Sie liegt mehr in unserem Inneren, in unserem Verhältnis zur Welt, zu den Dingen des Lebens, zum Menschen. Das ist etwa so, wie wenn wir einen Menschen gefunden haben, der uns gernhat und den wir gernhaben: Dann kann die Welt für uns plötzlich auch ganz anders aussehen, obwohl äußerlich alles beim Alten geblieben ist - in den Augen der anderen.

Das aber ist der Auslöser unseres Glaubens: dass wir uns als Geliebte verstehen, als die Geliebten Gottes, und wir in der Folge dessen die Welt mit den Augen der Geliebten und der Liebenden betrachten.

Die Liebe ist ein intensives Gefühl, und sie ist eine große Aufgabe. Als Aufgabe will sie mit Verstand, mit Geduld, mit Vertrauen, mit unermüdlicher Ausdauer wahrgenommen sein. Die Liebe begründet sich nicht aus den Zuständen der Welt. Sie hat ihre Grundlage nicht darin, dass alles gut und schön wäre, dass der Mensch gut und freundlich und gerecht und hilfsbereit wäre. Die Liebe begründet sich aus sich selbst heraus.

Jesus von Nazareth ist für uns zum Christus dadurch geworden, dass er den Menschen gegen allen Augenschein geliebt hat, dass er den Menschen trotz seiner eigentlich ziemlich erschreckenden Erfahrungen mit den Menschen unerschütterlich geliebt hat. Das ist das Göttliche in ihm.

Die Liebe hat eine verwandelnde Kraft. Sie kann Herzen verwandeln, sie kann Berge versetzen. Wie trostlos wäre unser Leben, wenn wir nicht mehr an die Kraft die Liebe zu glauben wagten!

„An irgendwas muss man doch glauben!"
29. September 1996
17. Sonntag nach Trinitatis
Konfirmandenbegrüßung
Matthäus 19,21

„An irgend etwas muss man doch glauben!" Und jetzt soll ich von hier oben herab mal eben sagen, was das mit Gott und dem Glauben auf sich hat?! So einfach geht das ja nun nicht!

Das haben wir doch eben an der Kiste, an dem Karton schon gut gesehen. Gott bleibt ein Geheimnis, und dieses Geheimnis werden wir in der Zeit unseres Lebens nicht lüften.

Jeder hat so seine Gedanken, jeder hat so seinen Glauben. Das ist auch in Ordnung so. Da kann ich nicht daherkommen und sagen, was man glauben soll.

Es gibt auch keine Anleitung zum Glauben nach dem Motto „So wird's gemacht!" Es hilft auch nicht unbedingt, die Bibel aufzuschlagen, und mal eben ein bisschen drin zu lesen. Man lernt den Glauben auch nicht so einfach durch den Konfirmandenunterricht. Und der Gottesdienstbesuch hilft auch nicht unbedingt weiter.

Das alles hilft möglicherweise nicht, aber vielleicht hilft es doch. Das ist jedenfalls völlig unverfügbar. Manch einer lernt's nie, der andere lernt's langsam, und bei dem Dritten ist der Glaube ganz plötzlich da.

So war es bei Antonius, der lebte vor etwa tausendsechshundert Jahren. Bei dem war der Glaube ganz plötzlich da. Er hatte so vor sich hingelebt in einer nicht gerade armen Familie. Er verlor früh seine Eltern und erbte so einiges an Landbesitz und einigem anderen. Dann war er mal in einem Gottesdienst, da wurde gerade eine Bibelstelle verlesen, und zwar aus dem Matthäusevangelium, Kapitel 19. Das ist ein Abschnitt, wo Jesus mit einem jungen reichen Mann redet. Zu dem sagt Jesus: „Wenn du vollkommen sein willst, so geh hin, verkaufe, was du hast, und gib's den Armen, so wirst du einen Schatz im Himmel haben."

Als Antonius in dem Gottesdienst diese Bibelstelle hörte, rastete es bei ihm ein. Andere würden vielleicht sagen: „Da rastete er aus." Er ging tatsächlich los und verschenkte all seinen Besitz an die Armen und lebte künftig selbst in Armut, ernährte sich nur von Brot und Salz, trank nur noch Wasser wohnte unter dem blauen Himmel und bettete sich auf einer bloßen Binsenmatte. Auf diese Weise versuchte er, ein gottwohlgefälliges Leben zu führen.

Diese eine Bibelstelle war für Antonius wie eine Erleuchtung gewesen. Schlagartig war ihm klar geworden: „Das ist es, was Gott von mir will. Und so möchte ich mein Leben führen. So kann mein Leben Sinn bekommen."

Die Erfahrung von Antonius war natürlich eine ganz persönliche, und seine Entscheidung war eine ganz persönliche. So wie Antonius reagiert ja nicht jeder auf die besagte Bibelstelle. Das würde ich auch nicht empfehlen. Aber man kann ja unterschiedlicher Meinung sein. Man kann über Antonius den Kopf schütteln. Man kann ihn auch bewundern. Manche haben ihn als Vorbild im Glauben angesehen und gefordert, so sollten eigentlich alle leben, die es mit Jesus Christus ernst meinen.

Dahinter steckt eine echte Frage: Gehört zum Christsein, zum ernsthaften Christsein, ein Leben in Armut? Für Antonius jedenfalls wurde der Verzicht auf jeglichen Besitz und auf alle Annehmlichkeiten des Lebens zum zentralen Inhalt seines Glaubens. Ein Leben im Wohlstand wäre für ihn ein sinnloses Leben gewesen. Die Armut, der Verzicht, die Askese wurde für ihn zum Sinn seines Lebens.

Andere Menschen sehen das natürlich ganz anders. Bei manchen kann man den Eindruck bekommen, sie sähen den Sinn ihres Lebens gerade darin, möglichst viel Geld anzuhäufen.

Ich will aber mal noch ein anderes Beispiel nennen, das gar nichts mit Geld zu tun hat. Wir saßen mal mit ein paar Leuten beim Kaffeetrinken zusammen und waren irgendwie auf die Frage gestoßen, was denn der Sinn des Lebens sein könnte. Darauf antwortete der eine mit der Bemerkung, der Sinn des Lebens wären für ihn seine Kinder. Seine Kinder - für sie lohnte es sich, sich morgens aus dem Bett zu quälen und sich den ganzen Tag abzurackern im Geschäft.

Ich vermute, so wie er sehen das nicht wenige Menschen. Kinder sind für viele der Sinn ihres Lebens. Wenn die Kinder dann groß sind und aus dem Haus gehen, dann bricht für manchen damit auch eine Sinnkrise aus. Dann muss das Leben noch einmal neu überdacht werden und ein neuer Lebenssinn gefunden werden.

Wir können uns nun mal ganz persönlich fragen: „Woran glauben wir? Was gibt unserem Leben Sinn?" Das ist ja übrigens mit Glauben gemeint - das, was meinem Leben Sinn gibt, das, was mir grundlegend wichtig ist, wonach ich mein Leben ausrichte.

Wenn ich zu jemandem sage: „Ich glaube an dich", dann will ich damit sagen: Du bist der Sinn meines Lebens, für dich tue ich alles (oder fast alles), ohne dich komme ich ins Schleudern, ohne dich verliert mein Leben seinen Sinn.

Vielleicht ist das bei einigen von Ihnen - den Erwachsenen so, dass Sie einen solchen Menschen haben, der den Sinn Ihres Lebens darstellt. Und bei euch, den Jüngeren, kommt das vielleicht noch. Noch lebt Ihr so vor euch her - dann begegnet euch eines Tages ein Mensch, von dem Ihr dann plötzlich das Gefühl habt: „Das ist er, das ist sie!" Und wo plötzlich alles Denken und Fühlen sich um diesen einen Menschen dreht, und Ihr das Gefühl habt: Ohne diesen Menschen geht es nicht mehr. Solche Gefühle können ganz dramatische Formen annehmen. Beispiele gibt es in der Literatur und im Leben genug. Da merkt man dann: Das, was unserem Leben Sinn gibt, das kann sich auf einen Punkt konzentrieren, auf einen Menschen, auf einen Gedanken, auf eine Erfahrung, auf eine Einsicht. Für den Außenstehenden wird das nicht unbedingt immer nachvollziehbar sein. Dieser Glaube an den einen Menschen, an die eine Sache ist eben etwas sehr Persönliches.

Und so ist das auch mit dem Glauben im Zusammenhang

mit christlichen Inhalten. Der Glaube ist immer eine ganz persönliche Lebensentscheidung. Die kann von Mensch zu Mensch sehr unterschiedlich aussehen.

Das Eigentliche des Glaubens besteht nicht darin, dass ich sage: Ich glaube daran, dass Jesus übers Wasser gelaufen ist, oder dass Maria Jungfrau war, als sie Jesus zur Welt gebracht hat, oder dass Jesus den Blinden tatsächlich mit Lehm wieder sehend gemacht hat. Das wäre ja nur Glauben im Sinne von: Etwas für wahr halten, was man nicht beweisen kann.

Es könnte aber doch zum Beispiel folgendermaßen sein: Jemand hört die Geschichte, wie Jesus übers Wasser läuft, und sagt sich: „Das ist ja eigentlich nicht möglich und so wird's wohl auch nicht gewesen sein, aber dennoch wird hier etwas Bedeutsames ausgesagt: dass im Leben tatsächlich manchmal das schier Unglaubliche Wirklichkeit wird."

Es kann sein, dass für diesen Menschen diese Geschichte eine grundlegende Bedeutung für sein Leben bekommt - in der Weise, dass er sich sagt: „Ich glaube daran und richte mein Leben danach aus, dass auch das Unmögliche Wirklichkeit werden kann." „Ich glaube daran", hat er vielleicht mal gesagt, „dass die Mauer fallen kann, die Menschen gewaltsam voneinander trennt." Und sie ist inzwischen gefallen. Wer hatte daran noch geglaubt?! „Und ich glaube daran", hat er vielleicht mal gesagt, „dass die Rassentrennung in Südafrika zum Ende kommen kann." Sie ist inzwischen zum Ende gekommen. Wer hatte daran noch geglaubt?! „Und ich glaube daran", sagt er vielleicht, „dass eine angeknackste Freundschaft doch noch wieder geheilt werden kann."

Auch das kann also ein wesentliches Merkmal unseres Glaubens sein, dass wir mit dem Unglaublichen rechnen, dass wir auch da noch Problemlösungen für möglich halten, wo wir selbst keine Lösung mehr sehen.

An Gott glauben - das kann auf so unterschiedliche Weise geschehen. Immer geht es dabei um die Frage: „Was ist mir besonders wichtig für mein Leben? Woran hängt mein Herz? Was macht mein Leben sinnvoll?"

Manchmal ist man vielleicht etwas desorientiert und weiß nicht so recht, was man eigentlich glauben soll, wonach man sein Leben eigentlich ausrichten soll, was eigentlich die guten und bedeutsamen Dinge des Lebens sind. Als Konfirmandinnen und Konfirmanden steht Ihr ja auch noch relativ am Anfang des Lebens und seid noch dabei, Euch eine Meinung zum Leben zu bilden.

Der Konfirmandenunterricht kann bei Eurer Suche nach dem Sinn des Leben und nach den Werten des Lebens eine Hilfe sein. Denn die Bibel ist voller wertvoller Anregungen; da steckt die Lebenserfahrung vieler Generationen drin. Und es geht darin eben um eine Gestalt, die den Sinn des Lebens geradezu in der eigenen Person verkörpert. Jesus Christus steht für die Liebe zum Menschen und die Liebe zum Leben. Der Glaube an die Liebe, das ist eigentlich das Wesen unseres christlichen Glaubens. So sehe ich das. Man kann das sicherlich auch anders sehen. Antonius fand das mit der Armut besonders wichtig. Und wenn Ihr Euch etwas näher mit den biblischen Texten und dieser einen Gestalt insbesondere, Jesus Christus, beschäftigt, dann werdet Ihr zu Euren eigenen Entscheidungen kommen.

„An irgendwas muss man ja glauben" – ja. Mit „Müssen" hat das vielleicht gar nichts zu tun, man glaubt einfach an irgend etwas. Jeder glaubt an irgendwas. Jeder hat etwas, was ihm ganz wichtig ist. Und das sollte am besten nicht irgendwas sein und einem auch nicht still und heimlich von anderen untergeschoben werden.

Es ist wichtig, dass wir uns dessen bewusst werden und uns ganz bewusst entscheiden, was uns wichtig ist und wonach wir unser Leben ausrichten wollen. Im Konfirmandenunterricht wollen wir Euch ein wenig bei diesem Bewusstseinsprozess und bei der Orientierung und der Entscheidung helfen. Wir hoffen, dass Ihr da gut mitmacht. Dann habt Ihr was davon - für Euer Leben.

Brief aus Fleisch und Blut
20. Oktober 1996
20. Sonntag nach Trinitatis
2. Korinther 3,3-9

Kürzlich lag ich am Strand und beobachtete eine junge Frau; sie hatte gerade ihr Kind gestillt. Nachdem das Kleine sein Bäuerchen gemacht hatte, setzte sie sich bequem auf ihren Liegestuhl, die Rückenlehne hoch, die Beine angezogen und gegen die Oberschenkel gelegt, vis-a-vis ihr kleines Kind. Die Sonne schien. Das kretische Meer rauschte, im Hintergrund die Berge, und vor sich hatte die Mutter ihr Kind. Mit ihrem rechten Zeigefinger streichelte sie einen der kleinen Füße. Sie sah dabei ihr Kind an, sie sah es an und wollte nicht aufhören, es zu betrachten.

Es war, als würde sie in diesem Kind lesen, als hätte ihr jedes der kleinen Körperteile etwas zu sagen, die kleinen weichen Haare, die winzigen Ohren, die Augen mit ihrer noch unbestimmten Farbe, die stupsige Nase, die Fettpölsterchen an den Armen und den Beinen, die kleinen Hände mit den gekrümmten Fingern, die Füße mit den winzigen Zehen. Die Mutter betrachtete jedes Teilchen mit Ruhe und Ausdauer, als wären es Buchstaben, die zu entziffern wären, als hätte sie mit diesem Kind eine Botschaft vor sich, einen Brief aus Fleisch und Blut. Wer diese Frau beobachtete, konnte sehen, dass es eine frohe Botschaft sein musste. Denn auf dem Gesicht der Frau lag ein Frieden, die Ruhe eines vollkommenen Glücks. Es war, als empfände sie dieses kleine irdische Wesen wie einen Gruß aus einer anderen Welt.

Es ergab sich so, dass ich diese Frau mehrfach am Strand beobachten konnte. Sie hatte noch drei weitere kleine Kinder. Und wenn ihr Mann auch ganz offensichtlich ein sehr liebevoller und hilfsbereiter Vater war, so konnte man doch sehen, dass es im Laufe des Tages immer wieder stressige Phasen gab mit Streit unter den Kindern, mit Problemen der Sicherheit am Wasser und den ganz normalen Erschwernissen eines Daseins am sandigen Strand. Die Aufmerksamkeit und die Geduld der Frau und ihre Bereitschaft, alles irgendwie zum Guten zu regeln, waren voll gefordert. Das Zuschauen allein war schon anstrengend. Aber die Mutter dieser Kinder schien von einer enormen Kraft erfüllt zu sein.

Ich sah sie dann noch einmal, wie sie in einem ruhigen Moment ihr Kleinstes wieder vor sich hatte, gegen die Oberschenkel gelehnt, wie sie es wieder betrachtete, wie sie wieder in dem Kind las. Und ich meinte zu erkennen, dass die Kraft, die die Mutter für die vielen Anforderungen des Tages aufbrachte, von dem Kind ausging. Es war wohl, so vermute ich, die Dankbarkeit für dieses Kind, das dankbare Staunen über dieses kleine Wunderwerk der Schöpfung, das der Frau so viel Kraft gab und sie wie selbstverständlich die mit dem Kind und den Kindern verbundenen Aufgaben wahrnehmen ließ.

Ich habe Ihnen diese kleine Strandbeobachtung jetzt etwas ausführlich erzählt, weil mich der Apostel Paulus durch ein schönes Bild in unserem heutigen Predigtabschnitt an diese Strandszene erinnert hat. Er sagt in seinem 2. Brief an die Korinther zu den Gemeindegliedern in der griechischen Hafenstadt Korinth: „Ihr seid ein Brief Christi."

„Ihr seid ein Brief Christi" - diese Worte müssen wir uns einmal auf der Zunge zergehen lassen. Und dann müssen wir uns einmal vorzustellen versuchen, was mit diesen bildhaften Worten ausgesagt ist: Ihr seid ein Brief Christi. Das heißt doch: Wer euch betrachtet, wer euch beobachtet, der nimmt etwas wahr, was über euch hinausweist. Ihr seid mit eurer Erscheinung, mit eurem Auftreten, mit eurem Handeln, eurem Reden, mit eurem ganzen Dasein eine Botschaft. Wer euch beobachtet, bekommt etwas mitgeteilt von einem Dritten wie in einem Brief, allerdings nicht in Schriftform, sondern in der Form konkreter, leibhaftiger, menschlicher Begegnung.

Wir haben bei dem Kind und der Mutter gesehen, wie das gemeint sein kann. Ihr Kind hatte ihr etwas zu sagen, hatte ihr viel zu sagen, auch wenn es noch gar nicht reden konnte. Als sie ihr Kind beobachtet hat, hat sie in ihrem Kind gelesen wie in einem Brief, wie in einem langen Brief. Sie hat gelesen vom Wunder der Schöpfung, vom Geheimnis des Lebens, von Schenken und Beschenktwerden, von Hingabe und Liebe, von Zartheit und Zerbrechlichkeit, von Hilfsbedürftigkeit und Gefährdung, von Verantwortung, von Hoffnung und Mut, von Vertrauen und von Kraft. Natürlich konnte sie in ihrem Kind nur lesen, weil ihr Herz für die Botschaft des Kindes offen war und sie den Schlüssel des Verstehens in sich trug. Die Liebe zu ihrem Kind war der Dechiffriercode, der sie dazu befähigte, die äußere Erscheinung ihres Kindes wie eine Botschaft zu lesen.

Wie jenes Kind für die Mutter, so sollen auch die Jünger sich als leibhaftige Botschaften verstehen, als Botschaften Jesu Christi, die gelesen werden können wie ein Brief Christi, aber nicht Schwarz auf Weiß, sondern als Botschaft in Menschengestalt. Auch diese Botschaft kann freilich nur derjenige lesen und verstehen, der die innere Bereitschaft dazu besitzt.

Was Paulus über die Gemeindeglieder in Korinth sagt, das gilt übrigens von Jesus Christus selbst ebenso und zu allererst. Der Evangelist Johannes hat das auf die kurze Formel gebracht: „Das Wort ward Fleisch" - oder anders gesagt. Das Wort wurde Mensch. Damit wollte er sagen: Wer und was und wie Gott ist, und was Gott von uns will, das können wir an Jesus von Nazareth ablesen und durch diesen Menschen leibhaftig erfahren. Jesus Christus ist mit seiner ganzen Person wie ein Empfehlungsschreiben Gottes.

Nach dem Erdenleben Jesu kann diese leibhaftige Erfahrung weiterhin in denjenigen gemacht werden, die vom Geist Jesu Christi erfüllt sind. Als solche sollen sich nach Paulus die Gemeindeglieder in Korinth verstehen dürfen. Er, Paulus, hatte ihnen durch seine Missionstätigkeit den Geist Christi vermittelt. Nun waren sie wie ein Empfehlungsschreiben Jesu. Wer etwas über Gott erfahren wollte, wer wissen wollte, wie und wer und was Gott ist und was Gott von uns will, der sollte dies an den Gemeindegliedern in Korinth ablesen können.

Paulus macht da gewagte Aussagen. Aber es ist gut, dass er dieses Wagnis eingegangen ist. Die schwierige Frage, die hinter seinen Aussagen steht, ist die: „Wie können wir etwas über Gott erfahren? Wo ist die Quelle der Erkenntnis?" Die Antwort auf diese Frage kann sehr unterschiedlich ausfallen - und sie ist immer sehr unterschiedlich ausgefallen, auch schon zu biblischer Zeit.

Martin Luther hat den Blick der nach Gott fragenden Menschen auf die Bibel lenken wollen als der ausschließlichen verbindlichen Quelle. „Sola scriptura" sagte er, „allein die Schrift". Das war eine kämpferische Aussage, die aus seiner Auseinandersetzung mit der damaligen Kirche zu verstehen ist, die aber, wie ich meine, den Blick unglücklich verengt hat.

Die Menschen zur Zeit des Paulus hatten noch gar nicht die Bibel in unserem Sinne. Das Neue Testament war noch nicht geschrieben. Sie hatten nur die Schriften des Alten Testaments mit Mose und den Geboten. Und da sagt Paulus: Wer den Blick der nach Gott Fragenden exklusiv auf diese Schriften lenken will, der verengt den Blick. Was Mose als den Willen Gottes auf steinernen Tafeln präsentiert hat, das ist nicht alles. Nicht nur auf steinerne Tafeln hat Gott geschrieben, sondern auch auf fleischerne Tafeln. Wer etwas von Gott wissen will, darf nicht nur in den Geboten lesen - und ich füge nun hinzu: Der darf nicht nur in diesem Buch, in der Bibel, lesen, der muss auch in den Menschen lesen. Paulus hat das - etwas überspitzt - so formuliert: „Der Buchstabe tötet, aber der Geist macht lebendig. Der Geist Gottes weht, wo er will." Er begegnet uns natürlich auch aus den Buchstaben der Bibel, auch aus den geschriebenen Geboten. Aber eben nicht nur da, er begegnet uns in lebendigen Menschen ebenso und in seiner ganzen lebendigen Schöpfung.

Als die Mutter so ausgiebig ihr Kind betrachtete, war dies wie Lesen in der Bibel, oder vielleicht sogar noch schöner, weil anschaulicher und persönlicher. Die Betrachtung ihres Kindes war eine Begegnung mit Gott, mit Gott, dem Schöpfer allen Lebens, dem Schöpfer dieses kleinen Wunders, das sie da als Geschenk und Aufgabe auf ihren Knien halten durfte.

Auch Begegnungen mit Menschen sind Begegnungen mit Gott. Menschen sind wie Briefe Gottes. In ihnen zu lesen, ist nicht jedem gegeben. Es gehört eine Offenheit dazu, eine innere Bereitschaft, eine Liebe zum Menschen. Und diese wiederum ist eine Gnade Gottes.

Wenn Paulus die Gemeindeglieder in Korinth als Briefe Christi bezeichnet, dann nicht, weil sie besonders fromme und vollkommene Menschen gewesen wären. Im Gegenteil. Trotz ihrer menschlichen Schwächen sollten sie als Botschaften Christi und damit als Botschaften Gottes gelesen werden können. Gott begegnet uns auch in dem unvollkommenen Menschen. So erleben wir das auch an zahlreichen biblischen Gestalten, auch an Abraham, dem Urvater des Glaubens, auch an David, dem König und Vorfahren Jesu Christi, beispielsweise. Auch sie hatten allzu menschliche Schwächen.

Wenn wir auf der Suche nach Gott sind, dann werden wir viel Hilfreiches in diesem Buch finden. Wir können und sollen zusätzlich unseren Blick aber auch auf Menschen richten und in ihnen zu lesen versuchen, in lebendigen Menschen, und in allem, was geschaffen ist. Mit Gottes Hilfe werden wir auch da fündig werden.

Erlösung hier und jetzt
3. November 1996
22. Sonntag nach Trinitatis
1. Johannes 2,(7-11)12-17

Bibeltexte können manchmal arg missverstanden werden. Und bei denen, die Bibeltexte ernst nehmen, können Missverständnisse dann auch böse Konsequenzen haben. Gerade diese beiden letzten Sätze unseres Predigtabschnittes können - für sich genommen - ein ganzes Leben in eine ganz bestimmte Richtung drängen. Die Frage ist dann, ob das eine empfehlenswerte Richtung wäre. Diese beiden letzten Sätze, ich wiederhole sie noch einmal: „Alles, was in der Welt ist, des Fleisches Lust und der Augen Lust und hoffärtiges Leben, ist nicht vom Vater, sondern von der Welt. Und die Welt vergeht mit ihrer Lust; wer aber den Willen Gottes tut, der bleibt in Ewigkeit."

Diese beiden Sätze können sehr missverstanden werden - in dem Sinne etwa: „Gott ist gut, die Welt ist schlecht." Diese Schwarz-Weiß-Malerei drängt sich beim Lesen der Texte, die aus der Feder des Johannes stammen, des Öfteren auf. Denn Johannes formuliert seine theologischen Gedanken oftmals mit Hilfe von Gegensatzpaaren wie: „Gott ist Licht, die Welt ist Finsternis."

Aber das wäre ganz bös, wenn wir uns durch solche Texte dazu verleiten ließen, diese Welt, in der wir leben, so negativ zu sehen. Dann würde uns das Leben zum einen nicht mehr viel Freude bereiten. Zum anderen würden wir damit dem Anliegen des Johannes gewiss nicht gerecht. Denn Johannes kommt an anderer Stelle zu dem Schuss: „Also hat Gott die Welt geliebt, dass er seinen eingeborenen Sohn gab ..."

Gott hat die Welt geliebt und Gott liebt die Welt. Das muss hier zunächst betont werden. Diese Welt ist Gottes Schöpfung und, wenn in ihr auch vieles nicht so abläuft, wie es sich der Schöpfer wohl gedacht haben mag, so bleibt diese Welt doch Gottes Schöpfung. Und sie steht unter der versöhnlichen Zusage, die die Sintflutgeschichte abschließt. Gott steht zu dieser

Welt, seiner Schöpfung, und wird sie erhalten. Der Regenbogen soll uns immer wieder an diese Zusage erinnern.

Diese Welt ist nicht vom Teufel. Und wenn in ihr auch schreckliche Dinge geschehen und viel Unheil von Menschenhand geschieht, so ist sie doch nicht gottverlassen. Das finden wir im Neuen Testament bekräftigt. Eben derselbe Theologe, Johannes nämlich, hat das genial so dargestellt: Das Schöpferwort Gottes nimmt menschliche Gestalt an und erscheint in dieser problemgeladenen Welt, nicht um hier zu richten, sondern um diese Welt und die in ihr lebenden Geschöpfe von ihren Nöten zu erlösen. Ein Geschehen aus Liebe zur Welt, aus Liebe zum Menschen.

Ein weiteres Missverständnis kann sich aus unserem Predigtabschnitt ergeben. Da ist so abfällig von des Fleisches Lust und der Augen Lust die Rede. Wenn wir diese Worte als eines der Beispiele für eine Verteufelung der Sexualität in der Bibel nehmen wollten, dann würden wir wiederum danebenliegen. Hier soll uns nicht die Freude und nicht die Lust genommen werden, weder an der Sexualität noch an den vielen anderen schönen Dingen des Lebens. Die Lebensfreude im weitesten Sinne ist bibelgemäß. „Freut euch des Lebens!", diese Aufforderung dürfen wir auch im Namen des Johannes weitersagen.

Aber in seinem Sinne müssten wir dann hinzufügen: Verhaltet euch dabei nicht verantwortungslos. Denkt dabei nicht nur an euch, sondern auch an euren Mitmenschen. Diese Mahnung: Rücksicht auf den Mitmenschen zu nehmen, kehrt bei Johannes immer wieder. Und an dieser Stelle mangelt es bekanntlich in unserer Gesellschaft sehr. Unsere ganze weltweite menschliche Gemeinschaft hat bitter darunter zu leiden, dass oftmals nur die eigenen Wünsche, Interessen, Bedürfnisse gesehen und durchgesetzt werden, und eben vielfach zum Schaden des Nächsten, zum Schaden unserer Umwelt, zum Schaden der Schöpfung, des uns anvertrauten Lebensraumes.

Wenn wir dem Schreiber unseres Textes gerecht werden wollen, dann müssen wir bedenken, dass er ein Feindbild vor

Augen gehabt hat. Sein Text ist nicht ganz emotionslos geschrieben. Sein Text ist polemisch. Er wendet sich gegen eine damals offenbar weit verbreitete Lehre, die besagte, dass Jesus Christus nur ein Geistwesen gewesen sei, und gar kein richtiger Mensch.

Das aber ist Johannes gerade wichtig: dass Jesus Christus ein Mensch war wie wir aus Fleisch und Blut und dass sein Leiden und Sterben echt war.

Und davon geht wohl auch die stärkste Überzeugung aus. Wenn ein echter Mensch dieses Leben mit seinen Höhen und Tiefen durchlebt hat, und dann sagt: „Bei allen Problemen, bei allem Elend, das ich erlebt und erlitten habe - in dieser Welt und mit diesen Menschen -, sage ich dennoch Ja zum Leben und Ja zum Menschen im Namen Gottes!", das überzeugt. Dieser Jesus von Nazareth muss in dieser Weise als Mensch einen nachhaltigen Eindruck hinterlassen haben, sodass Zeitgenossen in ihm den Erlöser, den Christus erkannt haben.

Wir haben heute die Texte, die schriftliche Überlieferung dessen, was damals geschehen ist und was damals gedacht und geglaubt wurde. Aber auch wir heute brauchen es, dass wir an irgendeiner Stelle die leibhaftige Erfahrung machen, dass da etwas dran ist am christlichen Glauben, dass es die Liebe zum Menschen wirklich gibt, zum Menschen auch in seiner unansehnlichen Gestalt, und dass es auch da die Liebe zum Leben gibt, wo das Leben beschädigt ist. Um solche leibhaftige Erfahrung machen zu können, brauchen wir die Begegnung mit Menschen, die diese Liebe verkörpern und leben.

Solche Begegnungen sind auch nichts Außergewöhnliches. Es gibt Menschen unter uns, neben uns, die nach leidvollen Erfahrungen doch wieder Freude am Leben finden und Freude am Leben ausstrahlen, die Unrecht erlitten haben und dennoch die Hand zur Versöhnung ausstrecken, und Menschen, die aus Enttäuschungen gestärkt hervorgehen und einem weiterhin Vertrauen schenken. Es gibt solche Menschen, und vielleicht zählen wir selbst zu ihnen - hin und wieder. In manchen Lebensphasen, in manchen Momenten, sind wir selbst auch stark und können etwas weitervermitteln von der Kraft des christlichen Glaubens. In anderen Phasen und Momenten mag uns das eben nicht gelingen.

Der Schreiber unseres Textes wendet sich also gegen die Vorstellung, bei Jesus Christus habe es sich nur um ein Geistwesen gehandelt. Für ihn war Jesus Christus zwar gottgesandt, aber doch ein Mensch aus Fleisch und Blut. Und - und das ist das zweite, was er betonen will: Auch die Erlösung, die Vergebung ist nicht nur ein himmlisches Schauspiel, sondern vollzieht sich konkret und gegenwärtig durch den leibhaftigen Christus.

Für Johannes war der Jesus von Nazareth in seiner leibhaftigen Gestalt das konkrete Angebot Gottes zur Vergebung. Da ging nun Gott in Menschengestalt umher. Wer ihn erkannte, wer ihn ernst nahm, wer sein Leben neu ausrichtete an ihm, der war erlöst, dem war vergeben - hier und jetzt.

Für Johannes war die Erlösung etwas Gegenwärtiges, nicht etwas, was sich in einer jenseitigen Welt und erst in einer fernen Zukunft vollziehen würde. Johannes meinte nicht, wie andere, dass man noch warten müsse, und dass die Erlösung erst im Zuge eines künftigen Umbruchs unserer Lebensverhältnisse stattfinden würde.

Hier und jetzt, in der konkreten Begegnung mit dem gottgesandten Jesus von Nazareth vollzog sich für ihn der Wandel. Das Angebot Gottes galt für ihn sofort. Der Gottgesandte war in seiner Person die Offenbarung Gottes, das Angebot Gottes, das sofort angenommen und realisiert werden konnte.

Wir haben das von Johannes übernommen: Die frohe Botschaft ist nicht etwas nur Zukünftiges, sondern etwas Gegenwärtiges. In jedem Abendmahl - auch in diesem Gottesdienst - feiern wir die Erlösung als gegenwärtiges Geschehen.

Es ist zwar so - und wird wohl so noch lange bleiben, dass die Zustände in unserer Welt in vieler Hinsicht nicht so sind, wie sie sein sollten, und dass auch wir selbst in vieler Hinsicht nicht so sind, wie wir sein sollten. Aber die leibhaftige Begegnung mit Christus, auch in der Gestalt von Brot und Wein, macht uns frei, hier und jetzt. Sie ist wie eine erneute Geburt, ein frischer Anfang im Guten.

Diese Begegnung mit Christus ist ein zweiseitiger Vorgang. Da streckt sich uns die Hand Gottes liebevoll zur Versöhnung entgegen. Wir brauchen sie nur zu ergreifen. Die uns in Christus entgegengestreckte Hand Gottes zu ergreifen, das heißt: sein Leben an seinem Willen orientieren, Liebe üben, in Verantwortung leben. Das heißt nicht, sich die Freuden des Lebens zu versagen. Das heißt nicht freudlos leben, und das heißt nicht lustlos leben. Es heißt in Verantwortung leben vor Gott, vor seiner Schöpfung, vor dem Menschen, vor dem Leben - und damit gleich zu beginnen - hier und jetzt.

Wer viel empfängt, wird viel verlieren
24. November 1996
Totensonntag / Ewigkeitssonntag
(Letzter Sonntag des Kirchenjahres)
Psalm 126,5

„Die mit Freuden ernten, werden mit Tränen säen" - auch so herum macht der Text der Motette Sinn: Die Ernte des Lebens geben wir unter Tränen dahin. Was wir im Leben empfangen haben - das wieder herzugeben, fällt uns schwer. Das Leben selbst - diese großartige, wunderbare Gabe Gottes - wieder loszulassen, das ist schwer. Was wir an Gutem gehabt haben, aufgeben zu müssen, und gerade von geliebten Menschen Abschied nehmen zu müssen, das ist schmerzhaft.

Wäre es besser gewesen, gar nicht geboren zu werden, um allem Leiden und dem Tod zu entgehen? Wäre es besser gewesen, gar nicht zu leben, um sich jegliche Mühsal zu ersparen? Wäre es besser gewesen, gar nicht zu lieben, um den Schmerz des Verlustes zu vermeiden?

Wer ins Leben gelangt, wird sterben. Wer viel empfängt, wird um so mehr verlieren. Wer liebt, macht sich verletzlich.

Unser Leben ist endlich, unser Leben ist vergänglich. Wir leben in einer gefährdeten Existenz, wir leben in zerbrechlichen Beziehungen.

Aber der Tod ist kein Argument gegen das Leben. Das Leiden ist kein Argument gegen die Schönheit des Lebens. Die Vergänglichkeit ist kein Argument gegen das Engagement. Der Schmerz des Verlustes ist kein Argument gegen die Liebe.

Wir messen den Wert des Lebens nicht an der Anzahl der Jahre. Jeder Tag zählt. Jeder Tag enthält das Leben in seiner ganzen Fülle. Jeder Tag ist mehr, als wir erwarten dürfen.

Wir bemessen den Wert des Lebens nicht nach der Bilanz des Schönen und Schweren. Jeder einzelne Augenblick des Glücks, jedes einzelne gute Wort, jede helfende Hand, jede liebevolle Geste gibt dem Leben seine Schönheit und zählt unendlich viel mehr als alle Beschwernisse des Lebens.

Selbst die Enttäuschung spiegelt noch die Hoffnung, der Zerfall erinnert noch an das Heile, und jede Träne beweint verlorenes und erhofftes Glück.

Wir haben in den zurückliegenden zwölf Monaten von lieben Menschen Abschied genommen, vor allem von Menschen im hohen Alter, aber auch von Menschen in der Blüte ihres Lebens und von Kindern, die gerade die ersten Schritte des Lebens selbstständig gehen konnten.

Wir haben von Menschen Abschied genommen, die lebenssatt und müde waren, die das Ende ihres Lebens herbeisehnten, weil ihnen die Lasten des Alters zu schwer wurden. Wir haben von Menschen Abschied genommen, die lange krank waren, die sich hoffnungslos quälten. Für sie kam der Tod als Erlösung.

Wir haben von Menschen Abschied genommen, die sich lange auf das Sterben haben vorbereiten können. Und wir haben von Menschen Abschied genommen, die aus dem Leben herausgerissen wurden, plötzlich und unerwartet - und für alle, die ihnen nahestanden, unfassbar.

Wir haben von Menschen Abschied genommen, die niemanden mehr hatten, die wir zur letzten Ruhe geleiteten ohne Angehörige, ohne Bekannte, ohne Freunde. Und wir haben von Menschen Abschied genommen inmitten einer großen Trauergemeinde.

Immer haben wir ein paar Worte zum Abschied gesagt, haben ein wenig zurückgeblickt auf die abgeschlossene Lebenszeit. Es ist manchmal nicht viel gewesen, was wir haben zusammentragen können. Aber gelegentlich konnten wir auswählen aus der Fülle der Lebensdaten.

Immer haben wir Abschied genommen mit Worten des Dankes. Wir haben Gott, dem Schöpfer, für das Geschenk des Lebens gedankt. Wir haben gedankt für jeden menschlichen Beistand, für alle guten Erfahrungen und auch für den Trost und die Bewahrung in schweren Tagen.

Kein Mensch hat sich selbst geschaffen; wir sind Geschöpfe Gottes. Und niemand lebt aus sich selbst heraus. Was wir sind, sind wir zunächst durch andere.

Gedankt haben wir auch für das, was wir als die Zurückbleibenden durch die Menschen empfangen haben, von denen wir haben Abschied nehmen müssen. Wenn wir auch einen Menschen haben loslassen müssen, er bleibt doch weiter in uns, in unserem Denken und Fühlen, in unserem Herzen, in dem, was wir gelernt haben und was wir können, in unserer Wesensart - und einfach als Teil unserer Biographie.

Mancher Verlust hat eine Wunde geschlagen, weil der andere so sehr Teil unserer selbst war. Da braucht es Zeit, bis sich die Schmerzen lindern und die Wunde verheilt.

Wir haben auch geklagt: als die Schmerzen übergroß waren, als der Tod zu schrecklich war. Das muss sich unser Gott gefallen lassen: dass wir ihn anklagen, wenn das Leiden maßlos ist. An wen sonst sollten wir uns wenden?!

Das Leben bleibt ein Geheimnis - ein manchmal dunkles Geheimnis. Aber wir gehen in der Dunkelheit nicht verloren. Wir lassen uns ein Licht anzünden, wir lassen uns an die Hand nehmen. Wir vertrauen dem guten Wort.

Auch dies haben wir in den Tagen des Abschied getan, wo uns die Zeit dafür blieb: dass wir am Krankenbett eine Kerze anzündeten, dass wir unserem geliebten Menschen die Hand hielten und ihm ein tröstendes Wort sagten.

Wir können nicht festhalten, wir müssen loslassen. Was wir empfangen haben, haben wir auf Zeit empfangen. Und die Menschen, denen wir in Liebe verbunden sind, haben wir nur auf Zeit. Die Wärme der körperlichen Nähe haben wir nur auf Zeit. Aber wir bleiben in Liebe verbunden. Wir stellen uns ein Foto auf den Nachtschrank, wir blättern in den Erinnerungen, wir gehen zum Grab, wir gedenken des Todestages.

Wo sind unsere Lieben? Sie sind in uns und um uns, sie begleiten uns auf unserem weiteren Lebensweg - und sie sind dort, wo sie vor ihrer Lebenszeit waren. Sie sind geborgen in der Liebe Gottes für alle Zeit.

Wir haben es nicht leicht mit unserem zerbrechlichen Dasein. Wir tragen in uns eine Sehnsucht nach dem Heilen, nach

Frieden, nach Geborgenheit, nach Ruhe. Diese Sehnsucht können wir uns nicht selbst erfüllen:

„Gott wird abwischen alle Tränen von unseren Augen. Der Tod wird nicht mehr sein, noch Leid, noch Geschrei, noch Schmerz wird mehr sein. Siehe, ich mache alle neu. Ich bin das A und das O, der Anfang und das Ende, spricht Gott, der Herr."

Diesem liebenden Gott vertrauen wir uns an.

Alt, aber nicht hoffnungslos
29. Dezember 1996
1. Sonntag nach dem Christfest
Lukas 2,25-38

Um zwei alte Menschen und ein kleines, neugeborenes Kind geht es in diesem Predigtabschnitt. Wie alt Simeon ist, wird nicht gesagt, aber er ist auf das Sterben eingestellt. Von Hanna heißt es: Sie war bereits seit 84 Jahren Witwe, und sieben Jahre war sie verheiratet gewesen. Sie muss danach also gut über 100 Jahre alt gewesen sein.

Für diese beiden alten Menschen hat sich mit der Geburt Jesu eine Sehnsucht erfüllt. Sie haben gewartet. Sie haben eine Hoffnung gehabt. Ihrer beider Hoffnung ist nun in Erfüllung gegangen. Nun können sie getrost dem Tod entgegengehen.

Was mir an diesen beiden Personen bemerkenswert erscheint, ist, dass sie überhaupt noch - in ihrem Alter - eine Hoffnung in sich getragen haben. Erleben wir es nicht oft genug - vielleicht auch an uns selbst -, wie Sehnsüchte mit zunehmendem Alter verkümmern und einer hoffnungslosen Nüchternheit weichen? In meiner Weihnachtspost fand ich - in diesem Sinne - Gedanken von Albert Schweitzer, und zwar folgende:

„Wenn wir Menschen das würden,
was wir mit 14 Jahren sind,
wie ganz anders wäre die Welt!
Was wir gewöhnlich als Reife
an einem Menschen zu sehen bekommen,
ist eine resignierte Vernünftigkeit.
Er glaubte an den Sieg der Wahrheit;
jetzt nicht mehr.
Er eiferte für Gerechtigkeit,
jetzt nicht mehr.
Er konnte sich begeistern, jetzt nicht mehr.
Das große Geheimnis ist,
als unverbrauchter Mensch
durch das Leben zu gehen."

So weit Albert Schweitzer.

Unverbraucht durchs Leben gehen: Ist es nicht so, dass neben unseren körperlichen Kräften auch unsere seelischen Kräfte im Laufe der Jahre aufgebraucht werden, aufgezehrt werden durch allerlei enttäuschende Erfahrungen, sodass am Ende das übrig bleibt, was Albert Schweitzer „resignierte Vernünftigkeit" nennt?!

Hoffentlich ist es bei uns nicht so. Wenn wir uns aber auf diesem inneren Rückzug beobachten, dann sollten wir ganz schnell und eifrig nach den Möglichkeiten einer Wiederbelebung unserer Hoffnungen suchen. Denn ohne Hoffnung verkümmert unser Leben. Wenn wir nichts mehr vom Leben erwarten, dann haben wir unser Leben schon fast aufgegeben.

Die beiden Alten, Simeon und Hanna, hatten sich ihre Erwartungen bewahrt bis in ihr hohes Alter hinein. In dem Neugeborenen, Jesus, fanden sie ihre Sehnsüchte erfüllt. Ihr Leben war damit an das ersehnte Ziel gelangt. Mehr konnten sie nicht erwarten. Und so waren sie bereit, in Frieden Abschied zu nehmen.

Im Zusammenhang mit Simeon und Hanna stellte sich nun noch die Frage: Welches waren die Inhalte der Hoffnungen von Simeon und Hanna? Worauf hatten sie konkret gehofft? Inwiefern sahen sie ihre Hoffnungen in dem Jesuskind erfüllt? Und daran anschließend an uns selbst gewandt: Tragen wir Hoffnungen in uns, die sich auf das Jesuskind beziehen?

Zunächst zu Simeon und Hanna: Sie können stellvertretend für all diejenigen im Volk Israel stehen, die auf den Messias hofften, auf den seit Jahrhunderten erwarteten Retter und Befreier Israels. Christus ist die Übersetzung für Messias. Solche Messiaserwartung gab es nachweislich in Israel auch zur Zeit der Geburt Jesu. Nicht ganz klar ist, wie verbreitet sie war. Unterschiedlich war gewiss der Inhalt der Messiaserwartung. Die einen mochten mehr auf einen politischen Befreier gehofft haben - und eine politische Befreiung hatte Israel immer wieder nötig. Zur Zeit Jesu beispielsweise war Israel von den Römern besetzt. Andere mochten mehr auf einen endzeitlichen Erlöser gehofft haben, der überhaupt den Nöten des Lebens grundsätzlich ein Ende bereiten würde. Und wiederum andere hatten wohl auf einen Erlöser im mehr innerlichen Sinne gehofft, auf einen, der die äußeren Lebensverhältnisse zwar unverändert lassen, aber den Menschen von seinen seelischen Problemen entlasten würde.

Die Weissagungen aus dem Propheten Jesaja, die wir in den Weihnachtsgottesdiensten verlesen, muten recht politisch an. Da wird ein Kind angekündigt, „dessen Herrschaft groß werden wird, und des Friedens kein Ende auf dem Thron Davids und in seinem Königreich, dass er's stärke und stütze durch Recht und Gerechtigkeit von nun an bis in Ewigkeit." Das klingt doch nach einem politischen Befreier. An der Reaktion des Herodes können wir ablesen, dass durchaus mit dem Auftreten eines mächtigen Herrschers gerechnet wurde, der dem bisherigen den Garaus machen würde. Darum wollte Herodes den aufkommenden vermeintlichen Konkurrenten schon gleich nach der Geburt aus dem Wege schaffen lassen.

Simeon hatte auf den Messias gewartet, auf den Christus des Herrn, wie unser Text sagt. Christus des Herrn, Christus Gottes, dieser Zusatz will vielleicht sagen, dass nicht ein politischer Retter, ein mächtiger König gemeint ist, sondern ein gottgesandter Mensch mit anderen Kräften als denen der weltlichen Macht. Wir sollen die Erwartungen des Simeon - wie auch die Hannas - wohl im Sinne des Evangelisten Lukas auslegen. Lukas sieht in Jesus vor allem den Heiland der Sünder, denjenigen also, der sich der Randgruppen der Gesellschaft zugewandt hat, der den Gestrauchelten mit Vergebung und den Armen, Schwachen und Kranken mit Barmherzigkeit begegnet ist. Darüber hinaus misst Lukas Jesus eine universale - über Israel hinausgehende Bedeutung bei: Sein gutes Werk will Jesus nicht nur am Volk Israel, sondern an der ganzen Welt ausrichten.

Wenn wir in diesem Sinne die Erwartungen von Simeon und Hanna interpretieren, dann hatten sie also darauf gehofft, dass sich Gott einmal ganz anschaulich in die Gestalt eines Menschen als des „wahrhaft Menschlichen" im besten Sinne des

Wortes erweisen würde.

In dieser Weise erleben Simeon und Hanna das Jesuskind: In ihm nehmen sie Gott in menschlicher Gestalt wahr, und zwar als einen Menschen, der die reine Menschlichkeit verkörpert. Das Göttliche dieses Menschen ist seine Menschlichkeit im besten Sinne des Wortes. Lukas beschreibt dann im weiteren Verlauf seines Evangeliums das Wirken Jesu in diesem Sinne: als die Hingabe an den gefallenen und hilfsbedürftigen Menschen - um des Menschen willen. Jesus hat Menschen aufgerichtet. Er hat auch Widerspruch hervorgerufen. Denn die Überschreitung sozialer Grenzen und die freie Handhabung des Gesetzes zugunsten seiner menschlichen Ziele haben nicht alle gutgeheißen.

An uns selbst gewandt können wir nun fragen, wie es mit unseren Hoffnungen aussieht und wieweit wir solche mit Jesus, dem Christus des Herrn, verbinden. Ist uns die Menschlichkeit im Sinne des Lukas ein Anliegen? Nehmen wir Unmenschlichkeit wahr - auch diejenige, unter der wir nicht selbst direkt leiden? Rüttelt uns das Unrecht, das anderen angetan wird, auf? Leiden wir an dem Unfrieden in der Welt? Bereitet uns die Armut anderer Schmerzen? Macht uns der Hunger, den so viele erleiden, betroffen? Beunruhigt es uns, dass so viele Menschen infolge irgendwelcher Notlagen, auch durch eigenes Verschulden, in Verruf und an den Rand der Gesellschaft geraten? Und hoffen wir auf eine Überwindung all dieser Übel?

Ich gehe davon aus, dass uns all die genannten Nöte nicht gleichgültig sind, dass wir aber dennoch möglicherweise zweierlei an uns beobachten können: zum einen, dass unser psychisches Aufnahmevermögen für die Nöte anderer begrenzt ist, dass wir nicht immer neu in gleicher Weise betroffen sein können durch das Übermaß an Not, mit dem wir z. B. durch die Medien tagtäglich konfrontiert werden. Zum anderen, dass Albert Schweitzer recht hat mit seiner Beobachtung: Unser inneres Engagement, das wir vielleicht einmal gehabt haben, ist einer resignierten Vernünftigkeit gewichen. Wir haben unsere Hoffnungen auf Veränderung auf das Maß des Machbaren - und dies ist klein genug - reduziert.

Wo erleben wir in diesen Tagen begeistertes Engagement für eine Sache der Menschlichkeit? Vielleicht vereinzelt bei Projekten, die gerade das Interesse der Medien gefunden haben? Es kann punktuell viel guter Wille mobilisiert werden - in Bezug auf eine konkrete begrenzte Aktion. Das zeigt immerhin, dass doch Hoffnungen auf Menschlichkeit in uns schlummern, und dass wir Kräfte der aktiven Anteilnahme in uns entfalten können, wenn sie nur mobilisiert werden.

Wenn wir den Verlust an Hoffnung in uns spüren, mag die Besinnung auf das in Bethlehem geborene Kind hilfreich sein. Viele schöpfen aus dieser Besinnung neue Kraft. Das Kind von Bethlehem steht gerade für die augenscheinliche Ohnmacht angesichts einer erdrückenden Übermacht von Weltproblemen. An ihm lässt sich ablesen, wie sich vermeintliche Ohnmacht in große Kraft verwandeln kann: durch Konzentration auf das Menschenmögliche, auf das vor der Hand liegende, auf das Nächstliegende, auf den Nächsten. Jesus Christus hat den Blinden von Jericho geheilt, er hat den Zöllner Zachäus besucht, er hat der einen Ehebrecherin vergeben.

Er hat nicht selbst allen Leidenden seiner Zeit gleichzeitig helfen können. Aber er hat sich durch diese Unmöglichkeit nicht dazu verleiten lassen, resigniert die Hände in den Schoß zu legen. Er hat sich mit seinen Kräften den einzelnen Menschen vollständig zugewandt, die ihm begegneten. Den Rest hat er Gott überlassen. Und dieser hat es zuwege gebracht, dass viele Menschen in die Nachfolge Jesu Christi eingetreten sind und das Werk der Gnade und Barmherzigkeit in aller Welt fortgesetzt haben.

Wenn wir Gott sein Teil zu überlassen bereit sind und nicht meinen, wir müssten selbst alle Lasten der Welt auf uns nehmen - wenn wir uns also auf unsere ganz persönlichen Möglichkeiten konzentrieren, dann werden wir die innere Freiheit zur Hoffnung zurückgewinnen. Dann werden wir uns mit mehr Kraft und Begeisterung für das einsetzen, wonach unsere Sehnsucht verlangt.

Auch in dieser Weise kann Christus unser Erlöser sein: dass er uns von unseren niederdrückenden Allmachtsvorstellungen befreit, dass er uns hilft, Gott Gott sein zu lassen, und mehr vom Leben zu erhoffen, als wir uns selbst geben können. Dass er uns Mut macht, weiterhin auch das zu erhoffen, wozu wir zwar beitragen können, was wir aber nicht selbst machen können: eine gute und schöne und friedliche und menschliche Welt.

Hochbegabt, sozial und menschlich
5. Januar 1997
2. Sonntag nach dem Christfest
Lukas 2,41-52

Wir haben den Predigtabschnitt für den heutigen Sonntag als Evangelienlesung gehört. Es geht um den zwölfjährigen Jesus, wie er da im Tempel sitzt und mit den Gelehrten diskutiert.

Diese Szene passt recht gut in ein Thema hinein, das seit einiger Zeit in unserer öffentlichen Diskussion hin und her bewegt wird - das Thema „hochbegabte Kinder". Es gibt ja tatsächlich Kinder mit außergewöhnlichen Begabungen. Solche Kinder haben es nicht gerade leicht, weder mit ihren Mitmenschen noch mit sich selbst. Es handelt sich um Kinder, die in einem frühen Alter bereits das können, was andere Kinder erst in einem späten Alter erlernen, wenn überhaupt. Solche Kinder erregen Erstaunen und Bewunderung, aber auch Neid und Ablehnung. Sie fallen aus dem Rahmen des Üblichen heraus. Sie sind - das kann man positiv oder negativ deuten - nicht normal, nicht mit normalen Maßstäben zu messen. Das bedeutet für sie selbst und ihre Umwelt eine nicht unerhebliche Verunsicherung. Denn es gibt für sie keine vorgegebenen Bahnen, keine Standards des Umgangs, z. B. auch kaum Schulen, in denen ihre Fähigkeiten angemessen entwickelt werden.

Der zwölfjährige Jesus erscheint in unserem Predigtabschnitt als hochbegabtes Kind. „Alle, die ihm zuhörten, wunderten sich über seinen Verstand und seine Antworten", heißt es hier im Text. Es sind die Gelehrten, mit denen er diskutiert, und wir können annehmen, dass es sich um Dinge des religiösen Lebens handelt, über die da im Tempel diskutiert wurde. Da wir wissen, wie die Lebensgeschichte Jesu weitergeht, können wir sagen: Noch sind die Gelehrten erstaunt und verwundert - noch bewundern sie das Wunderkind. Bald aber werden sie sich ärgern und zornig werden; denn dieses Kind sprengt nicht nur mit seiner Intelligenz den Rahmen des Gewohnten, es wird bald auch die religiösen und gesellschaftlichen Konventionen hinterfragen und an den Festen der überkommenen Ordnung rütteln. Das werden die Meinungsbildner und Führungskräfte der Gesellschaft dann nicht mehr bewundernswert finden. Das wird vielmehr ihren Widerstand herausfordern. Sie werden den Querdenker als Unruhestifter auszuschalten versuchen.

Diejenigen, die schon von vornherein nicht begeistern waren von der unkonventionellen Art Jesu, das waren seine Eltern. Für sie stellte sich sein Verhalten als Ungehorsam dar. Sie sahen sich in ihrer elterlichen Verantwortung betroffen und missachtet.

Maria und Josef waren mit ihrem Kind nach Jerusalem gekommen, um dort das Passafest zu begehen. Sie hatte sozusagen eine Wallfahrt unternommen, wie sie das alljährlich zu tun pflegten. Dann hatten sie sich zusammen mit vielen anderen Pilgern auf den Rückweg nach Nazareth gemacht. Erst unterwegs merkten sie, dass sich ihr halbwüchsiger Sohn Jesus nicht unter den zahlreichen Kindern der Rückkehrer befand.

Sie kehrten also wieder um und machten sich auf die Suche. Sie fanden ihren Sohn im Jerusalemer Tempel im Kreis der Gelehrten. Die Eltern waren nicht begeistert. Sie teilten nicht die Bewunderung der Übrigen, zumal sie bei den Diskussionen ja auch gar nicht dabei gewesen waren. Sie machten vielmehr ihrem aufgestauten Ärger Luft. Maria sagt entsetzt zu Jesus: „Mein Sohn, warum hast du uns das angetan? Siehe, dein Vater und ich haben dich mit Schmerzen gesucht."

Maria und Josef sind einfache Menschen gewesen. Sie zählten nicht zu den Gebildeten. Für sie war das Verhalten Jesu fremd. Bildung und Wissen waren für sie eh eine andere Welt. Sie hatten ihre Lebensstands und ihre Verhaltensmuster, die ihresgleichen angemessen waren. Dazu gehörte, dass Kinder ihren Eltern gehorsam waren und nicht so eigenwillig eigene Wege gingen, wie sie das gerade von ihrem Sohn erlebt hatten. Die Diskutierfreudigkeit ihres Kindes, die intellektuelle Begeisterung und Befähigung hatten sie nicht zu schätzen und zu würdigen gewusst. Für sie war das einfach andersartig und fremd und so, wie es aus ihrer Sicht eigentlich nicht sein sollte.

Jesus wird es als Hochbegabter mit seinen in Anführungszeichen „normalen" Eltern nicht leicht gehabt haben. Es heißt hier aber lakonisch: „Und Jesus ging mit seinen Eltern hinab nach Nazareth und war ihnen untertan." Er hat sich also mit seinen Eltern arrangiert. Aber irgendwann kam dann seine Stunde.

Die Zeit seines öffentlichen Wirkens begann mit seiner Taufe, die übrigens in manchen kirchlichen Traditionen am morgigen Tag, dem Epiphanienfest, gefeiert wird. Jesus wurde als Erwachsener durch Johannes im Jordan getauft. Diese Taufe stand schon im Zeichen eines gesellschaftlichen Umbruchs, denn Johannes rief seine Mitmenschen zur Umkehr auf, zur Buße, zur Änderung ihres Sinnes und ihres Verhaltens.

Sein Täufling, Jesus von Nazareth, hat dann in der Tat eine gesellschaftliche Veränderung bewirkt durch einen unnachahmlichen persönlichen Einsatz, in dem sich hohe Intelligenz, ein hohes Maß an Menschlichkeit, ein großes Herz für die Armen und Randständigen der Gesellschaft und eine unerschütterliche Gutmütigkeit miteinander verbanden.

Es mag für den Werdegang Jesu bedeutsam gewesen sein, dass er in bescheidenen Verhältnissen aufgewachsen war. So konnte er von Kindheit an am eigenen Leib erfahren, dass die jüdische Religion seiner Zeit die einfache Bevölkerung ins religiöse Abseits drängte. Denn um religiös angesehen zu sein, musste man die umfangreichen religiösen Vorschriften und Rituale kennen und dann noch in der Lage sein, sie einzuhalten. Allein die Reinlichkeitsvorschriften zu kennen und zu beachten, war für den einfachen Bürger gewiss nicht leicht. So gab es unter den Zeitgenossen Jesu eben diejenigen, die sich religiös gut auskannten und alles ganz genau wussten und die mit dem Finger auf die anderen zeigen konnten, die religiös nicht mithalten konnten.

Jesus hat sich mit Intelligenz und Beherztheit zugunsten der Benachteiligten über Vorschriften der jüdischen Religion hinweggesetzt, nicht etwa, indem er sie für ungültig erklärt hätte.

Vielmehr legte er sie neu aus und nahm ihnen damit ihre gesellschaftsspaltende Wirkung. „Der Mensch ist nicht um des Sabbat willen da, sondern der Sabbat ist um des Menschen willen da." Dies ist einer der schönen Sätze, mit denen Jesus den Menschen in den Mittelpunkt stellt und den gesetzlichen Vorschriften ihre dienende Funktion zuweist.

Da alle rechtlichen Vorschriften nach damaligem Verständnis göttlichen Ursprung hatten, war es schon ein mutiges Unterfangen, sich auf die Auslegung der Gesetze einzulassen. Dieses Recht hatte sich eine Anzahl von Gelehrten vorbehalten, die es nicht hinnehmen konnten, dass einer aus der Provinz sich ihres Vorrechtes anmaßte.

Jesus hat es gut gemeint. Er war voller friedlicher und versöhnlicher Absichten. Er hat in seiner Person das verkörpert, was die Engel auf dem Feld von Bethlehem bei seiner Geburt verkündet hatten: den Frieden für alle Menschen. Aber es haben doch viele an seiner Person Anstoß genommen. Von seinen Eltern angefangen bis hin zu den Gelehrtesten und Mächtigsten der Gesellschaft.

Wer das Gute will und das Gute tut, wird damit auch viel Unruhe und Ungutes bewirken. Das ist unvermeidlich. Jesus ist am Ende am Kreuz gestorben. Aber er ist trotz des Unverständnisses und der schieren Unverbesserlichkeit seiner Mitmenschen nicht in Resignation oder Zynismus verfallen. Er hat unbeirrbar an seiner Mission festgehalten. Und als Mission hat er sein Leben verstanden. Und so haben es die anderen, die ihm anhingen, verstanden: als eine göttliche Mission zugunsten wahrer Menschlichkeit. „Gott ist menschlich", „göttlich ist, was wahrhaft menschlich ist" - das hatte er in seiner Person vermitteln wollen. Und in dem Sinne ist er auch von einigen verstanden worden.

Wir können uns heute an dieser guten und frohen und schönen Botschaft erfreuen. Und gut ist es auch, wenn wir davon etwas weitersagen und erfahrbar werden lassen.

Der Jahreswechsel ist der Zeitpunkt der guten Vorsätze. Wie wäre es mit dem Vorsatz, der Menschlichkeit Gottes in unserer

Gesellschaft zum Zuge zu verhelfen durch unser persönliches Wirken und durch unser Miteinander in der Kirchengemeinde. Wir haben ja auch einen neuen Kirchenvorstand; heute werden wir ihn noch vervollständigen. Auch das ist ein neuer Anfang, ein neuer Impuls, die Chance zur Besinnung, zur Korrektur vielleicht, und zu neuen Wegen. Wir werden von manchem Gewohnten Abschied nehmen müssen. Wir brauchen viel Phantasie für die Zukunft, viel Energie, Geduld und Durchhaltevermögen. Mit Gottes Hilfe wird Neues wachsen.

Die Zukunft der Gemeinde?
19. Januar 1997
Letzter Sonntag nach Epiphanias
Einführung des Kirchenvorstands
2. Korinther 4,6-10

Der Text aus dem 2. Brief des Apostels Paulus an die Korinther enthält einige sehr grundsätzliche Aussagen; darum nehme ich ihn gerne für den heutigen besonderen Anlass dieses Gottesdienstes. Wir führen heute den neuen Kirchenvorstand ein. Da blicken wir zurück, da schauen wir voraus - da fragen wir uns: „Wo stehen wir, was wollen wir, was ist uns wichtig?" Und wir stellen diese Fragen in einer Zeit des Umbruchs. Die bisherige Organisationsform von Kirche in Deutschland steht in Frage, auch das soziale Miteinander in unserem Land steht vor neuen Herausforderungen, und die inhaltliche Frage: „Woran glauben wir, was trägt uns, was sind die Leitbilder unseres Lebens?", drängt auf klarer formulierte Antworten.

Unsere augenblickliche allgemeine Situation ist ein wenig wie „Tappen im Dunkeln". Es fehlt an Orientierung, wir erkennen nicht recht, wo es langgeht, und uns ist ein wenig bange. In diese Situation hinein zitiert Paulus das Schöpfungswort: „Licht soll aus der Finsternis hervorleuchten." „Es werde Licht!", mit diesem Wort können wir vielleicht unser aller Wunsch angesichts unserer augenblicklichen Befindlichkeit zusammenfassen. Wir würden gern etwas klarer sehen und mit etwas mehr Zuversicht, mit mehr Sicherheit und mit klareren Zielen in die Zukunft gehen, auch in die nun anbrechende Amtsperiode des neuen Kirchenvorstands.

Wir werden die gewünschte Klarheit nicht allein aus eigener Kraft erlangen. Das zu erwarten, wäre vermessen. Falls es so kommen sollte, dass wir am Ende der sechs Jahre des neuen Kirchenvorstands klarer sehen, dann werden wir unserem Gott dankbar sein können, dass er uns ein Licht hat aufgehen lassen. Aber bei allem Unverfügbaren tragen wir natürlich eine eigene Verantwortung, und das uns Menschenmögliche sollen wir nach bestem Wissen und Gewissen tun. Wenn Sie als Kirchenvorsteherinnen und Kirchenvorsteher nachher bei der Verpflichtung auf ihr neues Amt antworten, werden Sie dies tun mit den Worten: „Ja, mit Gottes Hilfe." In dieser Antwort ist beides enthalten: Zum einen die Bereitschaft, sich persönlich mit den eigenen Gaben, so gut es geht, einzusetzen, zum anderen auch die Einsicht in die eigenen Grenzen. In vieler Hinsicht wird uns in unserer konkreten Arbeit gelegentlich nichts anderes übrig bleiben, als die Hände zu falten und zu sagen: „Lieber Gott, nun hilf du, zeige du uns, wo es langgehen soll, vollende du im Guten, was wir mit unseren begrenzten Kräften angefangen haben."

Und wir werden vielleicht auch mal bitten müssen: „Hilf uns, Gott, aus diesen Verwirrungen heraus, rücke unsere Irrtümer wieder zurecht, nimm den Frust von uns und gib uns neuen Mut."

Gerade in dieser Hinsicht macht uns der heutige Predigtabschnitt Mut. Die ersten Christen haben es ja auch nicht leicht gehabt. Sie haben es hinsichtlich des Gemeindeaufbaus sogar unendlich viel schwerer gehabt als wir. Sie standen ja zur Zeit, als Paulus seine Briefe schrieb, in den fünfziger und sechziger Jahren des ersten Jahrhunderts, noch ganz am Anfang. Ihre Konzepte waren noch sehr unklar und strittig. Sie waren außerdem auch noch massiv bedroht, auch körperlich bedroht. Und da tröstet Paulus seine christlichen Zeitgenossen: „Wir sind von allen Seiten bedrängt, aber wir ängstigen uns nicht. Uns ist bange, aber wir verzagen nicht."

Resignation ist nicht Sache des Christen, will Paulus sagen. Ängstlichkeit und Verzagtheit werden über uns nicht die Oberhand gewinnen, denn wir haben eine Quelle der Kraft, der Zuversicht und Hoffnung, die uns immer wieder herausreißt und uns voranbringt.

So, wie einst Gott durch sein Schöpferwort aus der Finsternis Licht hat werden lassen, so hat er in unsere dunklen Herzen einen hellen Schein gegeben. Er hat sein Wort Fleisch werden lassen in einer menschlichen Gestalt, in Jesus Christus. Der ist zwar unscheinbar in seiner äußerlichen Erscheinung, aber doch so kraftvoll wie das Licht, das die Finsternis vertreibt.

Wenn wir im christlichen Sinne leben und arbeiten wollen, ist es sinnvoll und hilfreich, diesen Jesus Christus in der Mitte unseres Denkens und Fühlens und Glaubens und unseres Handelns zu haben und von ihm her Orientierung zu suchen. Mit Jesus Christus meine ich den Gekreuzigten und Auferstandenen. Im Kreuz konzentriert sich die ganze Masse der Probleme, mit denen unser Dasein belastet ist, auch und vor allem die ganze Problematik, die der Mensch für sich selbst darstellt.

Die Auferstehung dagegen ist das große Dennoch, das „Ja Gottes zu diesem Dasein und zum Menschen" im Angesicht und trotz aller Probleme. Das Todeswerkzeug Kreuz hat sich von daher verwandelt in ein Symbol des Lebens. Das Leben ist stärker als der Tod, die Liebe ist stärker als der Hass, die Hoffnung ist stärker als jede betrübliche Erfahrung.

Von dieser Botschaft leben wir. Und diese Botschaft zu bezeugen ist unsere Aufgabe als Christen. Paulus sagt: „Wir tragen allezeit das Sterben Jesu an unserem Leib, damit auch das Leben Jesu an unserem Leib offenbar werde."

Jeder von uns geht in seinem Leben über Höhen und durch Tiefen. Auch in unserem Gefühlsleben, auch in unserer Einstellung zum Leben sind wir mal ganz stark und mal ganz schwach. Bewusstes Christsein bedeutet, sich nicht nur hin- und herreißen zu lassen von den Umständen, sondern sich Gedanken zu machen über das, was einem widerfährt, und sich gezielt um eine bewusste Haltung den Dingen des Leben gegenüber zu bemühen.

Als Christen dürfen wir der Resignation keinen Raum geben, und wir dürfen dem Zynismus keinen Raum geben. Wir sind zu einem liebevollen Umgang mit den Menschen berufen. Wir sind zur Dankbarkeit gegenüber der Gabe des Lebens berufen. Wir sind dazu berufen, aller Not und allem Elend unser geduldiges und beharrliches Bemühen um hilfreiche Lösungen entgegenzusetzen. Wir sind zur Vergebung, zur Versöhnung, zum Frieden berufen.

Dies alles kommt nicht nur von selbst. Unsere lutherische, vor allem auf Paulus beruhende Tradition hat zwar Recht, wenn sie unterstreicht, dass wir reich beschenkt worden sind, dass Jesus Christus ein Geschenk Gottes an uns ist, dass wir zunächst und vor allem von dem leben, was wir empfangen haben. Das ist sehr wahr. Aber dann muss auch gesagt werden, dass wir eine Aufgabe haben. Aus Dankbarkeit gegenüber dem, was uns geschenkt ist, werden wir unser Leben bewusst und gezielt so zu führen versuchen, dass wir mit unserem Leben demjenigen die Ehre geben, der es so gut mit uns meint.

Wir haben also eine Aufgabe, als Einzelne und als Gemeinschaft und als Gemeinde und als Kirche. Wir haben eine große gestalterische Aufgabe. Sie hat mit dem ganzen Leben zu tun - von der Geburt bis zum Tod, ja sogar mit dem, was jenseits von Geburt und Tod liegt. Die Gemeinde ist der Ort, wo alle Fragen des Lebens gestellt werden und wo Antworten gesucht werden. Die Gemeinde ist der Ort, wo Menschen aller Art und aller Generationen zusammenkommen und dazugehören - vom schreienden Neugeborenen bis zur über Hundertjährigen. Die Gemeinde ist der Ort, wo wir einander beistehen in unseren seelischen und körperlichen Problemen. Die Gemeinde ist auch der Ort, wo wir feiern, wo wir das Fest des Lebens feiern.

Das alles will organisiert sein und gut organisiert sein. An dieser Stelle trägt der Kirchenvorstand eine besondere Verantwortung.

Wir befinden uns in vielfacher Hinsicht in einer Situation des Umbruchs nicht nur wir innerhalb der Kirche, sondern unsere ganze Gesellschaft. Als Kirche sind wir Teil der Gesellschaft und als Gemeinde sind wir Teil des Stadtteils. Das sind wir zum großen Teil in Personalunion. Wir tun gut daran, offen und kommunikativ und einladend zu sein. Wir haben Wesentliches zu geben, und wir brauchen einander.

Wo werden wir in sechs Jahren stehen? Ich finde, wir haben ein Abenteuer vor uns. Es ist wie die Reise in ein neues Land. Die Zukunft ist immer offen und unbekannt; das ist auch gut so. Aber wo die Reise nun hingeht, das scheint mir besonders offen zu sein.

Wir sind jedenfalls alle mit aufgerufen, die Zukunft zu gestalten. Das ist unsere gemeinsame Aufgabe. Einige von uns werden das im Rahmen ihres kirchlichen Berufs tun, andere - und hoffentlich viele - unter uns werden sich ehrenamtlich engagieren und Erfahrungen aus anderen Berufs- und Lebensbereichen einbringen.

Gemeinsam werden wir etwas Neues gestalten - nach besten Kräften und mit Gottes Hilfe.

„Es musste wohl sein"
9. Februar 1997
Estomihi
(Sonntag vor der Passionszeit)
Markus 8,31-38

Jesus kündigt in diesem Text seinen bevorstehenden Leidensweg an: „Der Menschensohn muss viel leiden und verworfen werden von den Ältesten und Hohepriestern und Schriftgelehrten und getötet werden und nach drei Tagen auferstehen."

„Der Menschensohn muss leiden." Muss er das wirklich? „Das muss doch nicht sein!", wird sich Petrus gesagt haben. Und er nahm Jesus beiseite und redete auf ihn ein.

Ich kann mir vorstellen, dass für manche von Ihnen dies auch eine Frage ist: „Musste das sein - das Leiden und Sterben Jesu?" Ist das nicht eigentlich sogar eine ziemlich absonderliche, fragwürdige und abstoßende Sache: Gott lässt seinen Sohn leiden und sterben?!

Gewiss, das ist alles schrecklich und widersinnig. Und eigentlich hätte es nicht sein müssen. Aber es musste wohl doch sein.

Diese Widersinnigkeit ist uns ja leider auch aus unserem täglichen Leben allzu bekannt: Natürlich hätte das Kind an der gefährlichen Kreuzung nicht zu Tode kommen müssen. Aber, wie schon vorher immer warnend gesagt wurde: „Es muss erst etwas passieren." Und dann ist es passiert. Und dann wurde die Ampel installiert.

Natürlich hätte dieses schreckliche Ereignis nicht sein müssen. Aber offenbar hat es wohl doch sein müssen. Manchmal bedarf es des absoluten Leidensdrucks und eines schrecklichen Opfers, damit wir zur Besinnung kommen und das tun, was wir längst hätten tun sollen. Das ist so im ganz kleinen persönlichen Bereich. Und das ist so im großen gesellschaftlichen Bereich. Das ist so auch im Verhältnis der Völker zueinander. Es mussten erst Millionen sterben, um zu der Einsicht zu gelangen: „Nie wieder Krieg!" Natürlich hätte das nicht sein müssen. Aber es musste wohl doch so sein.

Warnungen und Mahnungen reichen nicht aus. Gesetze auch nicht. Drohungen auch nicht. Bestrafungen auch nicht. Belohnungen auch nicht. Das alles reicht nicht aus. Die biblischen Texte befassen sich sehr mit dem Wesen des Menschen. Sie schildern, welche Not der Schöpfer mit seinem Geschöpf Mensch hat, wie der Schöpfer alles versucht, aus seinem Geschöpf doch noch das zu machen, was er sich bei seinem Schöpfungsakt gedacht hatte: „Und siehe, es war sehr gut." Der Neubeginn nach der Sintflut brachte nicht den erwünschten Erfolg. Die zehn Gebote auch nicht, die Mahnungen der Propheten auch nicht. Ja, auch nicht die Strafen durch Not und Unglück brachten eine Besserung. Ich gebe das mal so wieder, wie die biblischen Autoren das sehen.

Und dann greift der Schöpfer zu einem Mittel, das wohl wirklich als der letzte Versuch zu beschreiben ist. Er begibt sich selbst unter seine Geschöpfe in der Gestalt eines Menschen und verhält sich so, wie er sich das von den Menschen erhofft hatte. Er hilft und tut Gutes und setzt sich seinen Geschöpfen aus. Und dann lässt er das geschehen, was geschehen musste. Ja, es hätte nicht geschehen müssen, aber es musste wohl doch sein: Dieser gute Mensch, dieses göttliche Geschöpf, dieser Mensch, wie er sein sollte, dieses wunderbare Wesen hatte unter den Menschen keine Überlebenschance. Jener Gott-Mensch war zu gut für diese Welt. Das wurde allen erst im Nachhinein deutlich. Da gingen einigen die Augen auf.

Angesichts des schrecklichen Geschehens begannen sie nachzudenken. Und sie begriffen, dass das, was da geschehen war, ihnen etwas zu sagen hatte. Dass in dem schrecklichen Geschehen eine Botschaft enthalten war, eine erschütternde, aber zugleich auch befreiende und erlösende Botschaft. Sie erkannten nämlich Folgendes: Nicht sie selbst waren diesmal das Opfer ihres Unverstandes, ihrer Gedankenlosigkeit, ihrer Gleichgültigkeit, ihrer Gemeinheiten und ihrer Gewalttätigkeit geworden. Sondern ein anderer hatte sich selbst zum Opfer werden lassen, Gott selbst, unser aller Schöpfer.

Diejenigen, die das schreckliche Geschehen in dieser Weise gedeutet haben, haben sich natürlich auch gefragt: „Warum? Warum hat Gott sich das angetan? Was will er uns sagen? Was sagt das über uns? Was sagt uns das über sein Verhältnis zu uns?"

Und sie sind zu dem Schluss gekommen: Es ist nicht, um unsere Schuld so gigantisch zu vergrößern, dass wir erdrückt werden. Es ist nicht, um unser schlechtes Gewissen so sehr ins Unermessliche zu steigern, dass wir allen Glauben an uns selbst verlieren. Nein, im Gegenteil! So widersinnig das erscheinen mag: Das, was geeignet gewesen wäre, uns zunichte zu machen - der Blick in den Spiegel des Kreuzes -, das war ein letzter dramatischer Versuch, uns aufzubauen. Gott hat sich in Jesus Christus selbst zum Opfer menschlichen Unwesens werden lassen, um den Menschen in seiner menschlichen und göttlichen Würde zu bestätigen und zu stärken.

Es ist der liebende Gott, der sich da hat zu Tode bringen lassen. Die befreiende Botschaft lautet: „Du, Mensch, bist von Gott geliebt. Gott verwirft dich nicht. Du darfst dich jeden Tag neu zur Umkehr entscheiden. Deine Zukunft ist offen. Sie führt ins Helle. Du kannst die liebende, helfende, führende Hand Gottes jederzeit ergreifen."

Gott hat uns seines Opfers für wert befunden. Das Leiden und Sterben Jesu Christi ist sein Liebesbeweis. Welch verschlungener, dramatischer, schrecklicher Umweg. Hätte er uns seine Liebe nicht direkter und einfacher und schöner erweisen können?

Hat er ja, unzählige Male; hat er ja schon immer gemacht - und tut er ja auch jetzt jeden Tag und immer wieder - mit jedem Sonnenstrahl, mit jeder schönen Blume, mit jedem freundlichen Wort, mit jeder liebevollen Geste, mit jedem neugeborenen Kind. Aber das andere musste wohl auch sein. Die wunderbaren Gaben des allmächtigen Schöpfers haben nicht ausgereicht, die Liebe Gottes zu seinem Geschöpf Mensch zu dokumentieren. Der überreiche Segen von oben hat als Beweis der Liebe Gottes nicht ausgereicht. Es musste noch ein Nachweis von unten, aus der Tiefe von Not und Schuld dazukommen. Gott hat sich niedrig gemacht und schwach und verletzlich, um auch als Opfer des Menschen dem Menschen zu sagen: „Du, Mensch, bist und bleibst meine geliebte Kreatur."

Wir können die Liebe Gottes annehmen, wir können sie verwerfen. Sie mag uns kalt lassen, sie mag uns erwärmen und uns stärken. Diese Freiheit der Wahl ist uns zugesprochen, wir bleiben verantwortlich. Darin bleibt unsere menschliche Würde erhalten.

Das Leiden: ein Liebesbeweis. Das hat nicht nur mit menschlicher Schuld zu tun und mit der Antwort Gottes auf unsere Verirrungen.

Das Leiden als Zeichen der Liebe - das ist auch geradezu ein Grundmerkmal unserer menschlichen Existenz. „Ich mag dich leiden!" Schon diese Wendung unserer täglichen Sprache drückt dies aus: Einander in Zuneigung verbunden sein, heißt auch, den anderen aushalten, bereit sein, das Leiden auf sich zunehmen, das mit einer zwischenmenschlichen Beziehung verbunden ist. Je weniger ich einen Menschen gern habe, desto schneller werde ich bei der nächsten Störung unserer Beziehung sagen: „Chou, das war's!"

Auch in diesem Sinne dürfen wir das Leiden Gottes in Christus verstehen: „Gott mag uns leiden, weil er uns mag."

Wir dürfen daraus nun auch eine ganz grundsätzliche Einsicht für unser eigenes Verhältnis zu unserem Dasein und zum Mitmenschen ableiten, nämlich: Es gibt die Liebe nicht ohne das Leiden. Und es gibt des Leben nicht ohne das Leiden.

Ohne die Bereitschaft zu leiden, kann das Leben gar nicht erst entstehen. Nur wenn Mann und Frau bereit sind, ganz erhebliche Risiken einzugehen, kann überhaupt erst ein Kind geboren werden. Nur wenn die Frau bereit ist, die Lasten und die Risiken der Schwangerschaft auf sich zu nehmen, kann ein Kind ins Leben kommen. Nur wenn die Eltern bereit sind, die Last der Sorgen, die Last der Verantwortung zu übernehmen, kann Leben entstehen.

Das Leben haben wir nur zum Preis des Leidens; das Leben

haben wir nur zum Preis unzähliger Mühen und zum Preis des Todes. Wollen wir deswegen auf das Leben verzichten? Das wäre jedenfalls nicht unsere christliche Art.

Auch die Liebe haben wir nur zum Preis des Leidens. Wer liebt, macht sich verletzlich. Aber nur wer die Risiken einer engen zwischenmenschlichen Beziehung einzugehen bereit ist, kann auch das Glück der Liebe erfahren. Wollen wir auf die Liebe verzichten aus Angst vor dem Leiden?

Es gibt ja auch gar kein Entrinnen. Denn wer sich schadlos halten will, der wird dennoch Schaden nehmen. Wer alle Risiken des Lebens und der Liebe vermeiden will und deshalb ganz still zu Haus in seinem Kämmerlein sitzt, der wird bald tot sein bei lebendigem Leib. „Wer sein Leben erhalten will, wird's verlieren", sagt das Jesuswort. „Wer nicht wagt, der nicht gewinnt", sagt der Volksmund. Das Leben und die Liebe vollziehen sich in Paradoxien: Wir empfangen, indem wir hingeben. Wir empfangen auch uns selbst, indem wir uns selbst hingeben. Wir verlieren Wesentliches, wenn wir uns alles selbst nehmen. Denn alles, was wir uns selbst nehmen, kann uns nicht mehr geschenkt werden. Leben ist geschenktes Leben. Und auch die Liebe gibt es nur als Geschenk.

Das Leiden Christi ist ein Geschenk Gottes an uns. Jesus von Nazareth musste leiden, um uns zum Christus, zum Erlöser zu werden. Es hätte wohl nicht sein müssen, aber es musste wohl doch sein. Möge es uns nützen!

Heilung durch Provokation der Abwehrkräfte
23. März 1997
Palmsonntag
(6. Sonntag der Passionszeit)
Johannes 12,12-19

Heute rufen sie „Hosianna!", morgen schreien sie: „Kreuzigt ihn!" Das ist - kurz gesagt - der Wandel vom heutigen Palmsonntag zum Karfreitag dieser Woche. Es ist keineswegs so, dass es heute die Guten sind, die Jesus bejubeln, und Freitag die Bösen, die Jesus zu Tode bringen. Die Grenze zwischen Zustimmung und Ablehnung verläuft nicht nur zwischen den Menschen, sondern auch in den Menschen, in jedem einzelnen, auch in jedem von uns. Wir sind in gewisser Weise gespaltene Persönlichkeiten. Wir sind innerlich zerrissen. Wir haben zwei Seiten in uns, die sich manchmal wie fremd gegenüberstehen können, die miteinander ringen und auch mal gegeneinander kämpfen. An einer Gestalt wie Jesus Christus wird uns dies schmerzlich deutlich. Aber diese bittere Einsicht ist ja nicht das Letzte. Wir tragen in uns die Sehnsucht nach dem heilen Ganzen. Und eben dies, „Heilung und Heil", begegnet uns in dieser einen Gestalt, in Jesus, dem Christus, dem Messias, dem Heiland.

Die Gespaltenheit ist ein Grundthema unseres Lebens. Aus ihr ergibt sich auch die Aufgabe unseres Lebens: zusammenzuführen, was zusammen gehört. Um dies einmal in biologischen Kategorien zu sagen: Wir sind bei der Geburt vom Mutterleib getrennt worden. Aus ursprünglich einer Person sind so zwei Personen geworden. Wieder in den Mutterleib hineinkriechen können wir nicht. Aber die Sehnsucht nach Einheit bleibt. Wir sind auch biologisch auf Einheit hin geschaffen. Erst durch die Vereinigung von Mann und Frau ergibt sich neues Leben. So gehört diese Gespaltenheit geradezu zur Dynamik unseres Lebens: Trennung und Vereinigung, Vereinigung und Trennung.

Und dies ist nicht nur der biologische Grundvorgang unseres Lebens, dies ist für uns als denkende und empfindende und mit

Bewusstsein ausgestattete Wesen auch ein erhebliches Problem - und eine große Aufgabe, nämlich Trennungen auszuhalten und zu akzeptieren, Trennungen aber auch zu überwinden, Getrenntes zusammenzuführen. Die Spannung zwischen beidem - nämlich Trennungen anzunehmen auf der einen Seite, und Trennungen zu überwinden auf der anderen Seite -, macht uns durchaus zu schaffen.

Die Gespaltenheit unserer Existenz ist oftmals als Strafe empfunden worden. Besonders eindrücklich ist dies beschrieben am Anfang unserer Bibel als der „Hinauswurf aus dem Paradies" nach dem Sündenfall. So sind wir nun nach biblischem Verständnis unterwegs, unstet und flüchtig, beständig auf der Suche nach der verlorenen Einheit. Diese neue Einheit ist uns in biblischen Bildern verheißen als das Himmelreich, das Reich Gottes. In Jesus Christus begegnet es uns - personifiziert - in der Gestalt eines Menschen.

An manchen Tagen sind wir mit Dankbarkeit erfüllt für das wunderbare Geschenk des Lebens. An anderen Tagen möchten wir mit Wut und Verzweiflung zum Himmel schreien. Wir haben ein gespaltenes Verhältnis zu unserem Dasein. Es kann gar nicht anders sein. „Ja" zu sagen zum Leben trotz seiner Zerrissenheit, und „Ja" zu sagen zum Menschen trotz seiner Gespaltenheit, das ist die Aufgabe unseres Lebens. Dazu sind wir berufen. Durch dieses Ja sind wir entstanden, für dieses Ja werden wir gestärkt durch Christus, und dieses Ja zu leben, gibt unserem Leben Sinn und Ziel.

Wir haben das Evangelium des heutigen Palmsonntags gehört, das zugleich der Predigttext ist. Jesus zieht in Jerusalem ein - auf einem Esel. So wird erkennbar, dass sich in ihm eine alttestamentliche Weissagung erfüllt: die Hoffnung der Israeliten auf einen Messias, einen Heiland, einen König, der den Leiden des Volkes ein für alle Mal ein Ende bereiten wird.

Jesus bekommt die Gespaltenheit seiner Gesellschaft zu spüren. Die einen bejubeln ihn. Es sind jene, die am Tag zuvor erlebt haben, dass er einen Toten wieder zum Leben erweckt hat, Lazarus in Bethanien. Der Evangelist Johannes sieht gerade in solchen spektakulären Aktionen die Bewunderung eines Teils der Bevölkerung begründet. Jesus erweist sich durch ungewöhnliche Aktionen als ein Mensch mit göttlichen Kräften: Er verwandelt Wasser in Wein, er macht einen Blinden sehend und erweckt sogar einen Toten wieder zum Leben. Das macht Eindruck. Und das hat manche von der Göttlichkeit Jesu überzeugt.

Andere aber nehmen diese spektakulären Aktionen ganz anders auf. Sie fühlen sich bedroht durch jenen Außenseiter, der die überkommene Ordnung und damit auch ihre gesellschaftlichen Positionen durcheinanderbringt. Es sind die Pharisäer, die den Jubel der Bevölkerung missmutig zur Kenntnis nehmen und nun überlegen, wie sie Jesus trotz seiner offenkundigen Popularität doch noch aus dem Verkehr ziehen können.

An Jesus scheiden sich die Geister. Die einen begeistert er, die anderen verschreckt er. Und, wie gesagt, diese unterschiedlichen Reaktionen lassen sich nicht nur einfach auf unterschiedliche Personen und Personengruppen verteilen. Es können auch dieselben Personen sein, die so unterschiedlich auf Jesus reagieren. Man könnte fast sagen: Das hängt von der Tagesverfassung ab. Wir erleben an uns selbst, dass wir den einen Tag voller Glaubenszuversicht, den anderen Tag dagegen voller Zweifel sind. An einem Tag mag uns Jesus wirklich der Christus sein, der uns inneren Frieden schenkt, der unsere inneren Spannungen auflöst, der uns befreit, der uns Kraft gibt, uns mit Zuversicht und Lebensfreude erfüllt. An anderen Tagen mag er uns fremd sein und erdrückend und uns belasten mit schlechtem Gewissen und Abwehrkräfte in uns auslösen.

Als Jesus in Jerusalem einzieht, begibt er sich in die Höhle des Löwen. Er begibt sich in die Enge der Stadt, noch dazu an einem großen Fest, wo viele Menschen beisammen sind. Anders als auf dem flachen Land in Galiläa, wo er sich in Augenblicken der Bedrohung immer schnell davonmachen konnte, muss es hier zur Konfrontation kommen. Jesus sucht die Konfrontation. So stellen es die Evangelisten da. Es soll zur Entscheidung kommen. Die Vertreter der politischen und religiösen Institutionen sollen sich bekennen. Und die Bevölkerung soll sich bekennen. Und auch die Jünger, die engsten Vertrauten Jesu, sollen sich bekennen.

Der Einzug Jesu in Jerusalem ist eine Provokation. Sie geht blutig aus. Sie ist für alle Beteiligten eine äußerste Herausforderung - und für einige auch eine Überforderung. Jesus verliert sein Leben am Kreuz. Aber auch Judas verliert sein Leben. Er nimmt sich selbst das Leben, weil er seine Schuld nicht verwinden kann. Petrus verstrickt sich in Lügen und wird zum Verleugner seines Herrn. Auch die übrigen Jünger erweisen sich alle als ganz normale schwache Menschen. Ein Held ist keiner von ihnen. Die Hohepriester machen sich an einem Unschuldigen schuldig. Pilatus versucht, seine Hände in Unschuld zu waschen. Und die Bevölkerung, die gerade noch Jesus zugejubelt hatte, lässt sich zum Aussprechen des Todesurteils verführen.

Wie kann aus dem provokanten Einzug Jesu in Jerusalem Heil entstehen? Ich möchte den Einzug Jesu in Jerusalem mit der Verabreichung eines Medikaments vergleichen. Der Arzt verabreicht uns ein Medikament - und zwar eines von der Sorte, das den Körper zunächst aufwühlt, das dem Körper durch diese Auseinandersetzung aber hilft, Abwehrkräfte zu entwickeln, d. h. doch aus sich selbst heraus die Kräfte zu mobilisieren, die den Körper gegen künftige Attacken schützen.

Das Vorgehen des Arztes hat etwas Paradoxes an sich, denn er versucht die Heilung auf dem Weg einer provozierten Krankheit. Gott, unser aller Arzt, hat uns Jesus Christus verabreicht. Was sich da in Jerusalem abspielt, ist die Auseinandersetzung mit diesem göttlichen Medikament. Alle Kräfte des großen Körpers der menschlichen Gemeinschaft werden mobilisiert, die guten und die bösen, die zerstörerischen und die heilenden. Am Ende ist das verabreichte Medikament besiegt, es hängt am Kreuz. Und wie sich dann zeigen wird, hat sich in dieser Auseinandersetzung eine neue heilende Kraft gebildet, die unsere menschliche Gemeinschaft stärkt.

Was sich da in Jerusalem abgespielt hat, war kein biologischer Vorgang. Mit dem, der da einzog, mussten sich die Menschen in ihren Köpfen und mit ihrem Herzen auseinandersetzen. Dieser Auseinandersetzung können auch wir uns nicht entziehen. Wenn wir diesen Jesus Christus an uns heran- und in uns hineinlassen, dann spielt sich möglicherweise auch in uns das ab, was dort in Jerusalem vor sich gegangen war.

Heilung ist oftmals eben nicht auf dem direkten Wege zu erlangen, sondern auf dem langen, verschlungenen und schmerzhaften Weg der Auseinandersetzung. Wir sollten deshalb Auseinandersetzungen nicht scheuen. Wenn wir da das richtige Maß finden, dann können sie zum Guten dienen.

Politisches Kalkül und göttlicher Plan
26. März 1997
Passionsandacht
„Pilatus"
Matthäus 27,11-26

Pilatus, Vertreter der staatlichen Macht, Vertreter der Besatzungsmacht. Pilatus, die oberste richterliche Instanz. Pilatus, der Politiker. Pilatus, der Ehemann.

Pilatus im Entscheidungszwang zwischen den Führern der Religion, dem Volk, seiner Frau, dem Kaiser und dem Christus. Politik ist die Kunst des Möglichen. Eine Lösung finden, die die Macht sichert, die die Ruhe im Land erhält, die alle, die etwas zu sagen haben, zufriedenstellt, die möglichst auch den Frieden im Privaten nicht gefährdet.

Ein fremder Konflikt war an Pilatus herangetragen. Was gingen ihn die Streitereien unter den Juden an?! Aber entscheiden musste er.

Die Bevölkerung war aufgewühlt, das war ein Fakt - und da war Handlungsbedarf. Die obersten religiösen Instanzen der Juden hatten ihr Urteil gefällt, ob im Sinne der Bevölkerung, ob gegen die Bevölkerung, das war für ihn nicht zu erkennen. Das Volk war gespalten, das war klar, aber auf welcher Seite war die Mehrheit?

Und diese sonderbare Gestalt, die alle Unruhe ausgelöst hatte? Eigentlich eine unscheinbare Person, mit einem kleinen Häuflein Getreuer. Von solchen Gruppen gab es einige im Land, die meinten, die Wahrheit gefunden zu haben, die meinten, die Welt verbessern zu müssen. Egal, solange sie keine Gewalt anwenden! Denn die gab's ja auch, die Zeloten. Wahrheit hin, Wahrheit her, das kann nicht Sache der Politik sein.

Eigentlich irgendwie beeindruckend - diese unscheinbare Person. Wäre wohl interessant gewesen, sich mit diesem Menschen mal zu unterhalten. Musste ja irgendwie was dran sein an ihm, wenn er die Gemüter so sehr erregte. Aber sich mal ein bisschen mit ihm unterhalten, war nicht drin. Die Zeit war nicht mehr da. Und außerdem: Er sagte ja nichts. „Hörst du nicht, wie hart sie dich verklagen?" Keine Antwort, nicht mal zur eigenen Verteidigung.

Jetzt mussten Prioritäten gesetzt werden. Die aufgeheizten Emotionen runterkochen - das ging nur mit einer schnellen Entscheidung. Ruhe im Land der Juden - das konnte der Kaiser in Rom von ihm als Statthalter erwarten.

Möglichst gute Zusammenarbeit mit den obersten Autoritäten des besetzten Landes. Soweit irgend möglich mussten die Hohepriester zufriedengestellt werden. Aber natürlich nur so weit, wie noch ein Konsens zwischen ihnen und dem Volk besteht. Wenn da landesinterne Konflikte bestehen, dann heißt es, auf der Hut sein. Da gilt es festzustellen, wer die Macht hat. Wichtig ist es schon, die Mehrheit der Bevölkerung nicht zu sehr zu provozieren.

Aber sich möglichst aus internen Konflikten heraushalten. Möglichst die Entscheidung auf die streitenden Parteien selbst verlagern. So sieht seine Frau das offenbar auch. Und ihr zu widersprechen, wäre auch nicht gut. Offenbar hat diese Gestalt, dieser sogenannte „Gerechte", auch sie irgendwie beeindruckt, wenn sie seinethalben schon Träume hat.

Also: Sich raushalten, andere entscheiden lassen und dabei die Führer und das Volk auf eine Linie bringen. Den Angeklagten selbst kann man eh vergessen. Er hat seine Chance gehabt. Er hat auf eine eigene Stellungnahme verzichtet.

Die Lösung war genial. Das war Politik erster Güte. Gewiss hat Pilatus auch ein wenig Glück gehabt. Jetzt kam ihm eine schon traditionelle Gewohnheit gut zupass: Aus Anlass des Festes ließ er traditionell einen Gefangenen frei - und wen, das konnte jeweils das Volk selbst entscheiden. So konnte er also wie selbstverständlich das Volk entscheiden lassen: „Welchen wollt ihr? Wen soll ich freilassen? Barrabas oder Jesus, von dem gesagt wird, er sei der Christus?"

Die Hohepriester hatten für eine Antwort in ihrem Sinne schon vorgearbeitet. Sie hatten das Volk überredet, um Barrabars zu bitten.

Also schreien die Leute: Barrabas! Und um die Entscheidung zum Ende zu bringen, Pilatus: „Was soll ich denn machen mit dem anderen, mit Jesus, von dem gesagt wird, er sei der Christus?" Sie schreien: „Lass ihn kreuzigen!"

Besser hätte die Sache gar nicht laufen können - für Pilatus. Das Volk hat entschieden - und dies im Einvernehmen mit ihren Obersten.

Das aber wollte er den Leuten noch einmal ganz deutlich vor Augen führen - für alle Fälle: dass es ihre Entscheidung war und nicht seine: Er ließ eine Schüssel Wasser kommen und wusch sich vor den Augen aller die Hände und sagte: „Dies war eure Entscheidung. Ich wasche meine Hände in Unschuld."

So musste für alle die Sache ganz klar sein. Und auch seiner Frau würde dieses Vorgehen gefallen.

Politik ist die Kunst des Möglichen. Ob diesem Menschen, diesem Jesus, dem angeblichen Christus, Gerechtigkeit widerfahren ist? Vielleicht hat Pilatus diese Frage zuhause im Kreis der Familie noch ein wenig hin und her bewegt. Über die Wahrheit kann die Politik jedenfalls nicht verfügen. Und auch Gerechtigkeit kann im Sinne der Politik nur das sein, was die Zustimmung der Mehrheit findet, was die Ruhe im Lande sichert und die Macht erhält. So wird Pilatus das - ganz irdisch - gesehen haben.

Der da hingerichtet wurde, hatte aber eine größere und schönere - eine himmlische - Botschaft. Sie schien der politischen Vernunft zum Opfer gefallen zu sein. Aber dies war nur vorübergehend. Pilatus meinte, Frieden geschaffen zu haben - auf die Weise, die seinem Amt entsprach. Aber der Friede Gottes ist höher als die politische Vernunft.

Stärkung gegen Fremdsteuerung
27. März 1997
Gründonnerstag
Lukas 23,34

Am Vorabend seiner Kreuzigung saß Jesus mit seinen 12 Jüngern beisammen zu einem Festmahl. Es war zur Zeit des Passahfestes, das die Juden noch heute feiern, um des Auszuges aus Ägypten zu gedenken. Sie erinnern sich: Die Israeliten lebten über viele Jahre als Fremde in Ägypten. Mose führte sie in einem langen, beschwerlichen, vierzig Jahre andauernden Marsch in die Freiheit, in ein neues Land, in ein neues Leben. Das Passahmahl ist ein Fest der Befreiung. Und so ist auch das Osterfest ein Fest der Befreiung. Der Befreiung geht die Gefangenschaft voraus, eine Zeit des Leidens. So war das bei den Israeliten in Ägypten, die durch Mose befreit wurden. Und so ist es auch mit uns, die wir durch Jesus die Freiheit erlangt haben. Unser Mose ist Jesus. Die Gefangenschaft, der Jesus ein Ende gesetzt hat, war allerdings keine politische, und die Befreiung, die er gebracht hat, war und ist auch keine politische. Jesus hat sein Werk, seine Befreiungstat, an unserem Menschsein vollbracht, an unserem Wesen als Menschen. Das wirft jetzt die Frage auf: Inwiefern sind wir Gefangene, und was bedeutet da die Befreiung?

Wenden wir uns einmal für einen Augenblick einem der Jünger Jesu zu - Judas, Judas, der Jesus verraten hat und der sich kurz darauf aus Scham über seine Untat das Leben genommen hat. Judas, einer der Jünger Jesu, einer der Freunde Jesu. Hat Judas das, was er tat, eigentlich aus freien Stücken getan? Wir könnten sagen: „Er hätte es ja nicht zu tun brauchen. Es war seine Entscheidung, und für seine Entscheidung muss er auch die Verantwortung übernehmen." Das ist zum einen richtig.

Und dennoch: War da nicht auch etwas Zwanghaftes in dem Verhalten des Judas? Hat er wirklich gewollt, was er getan hat? Die Tatsache, dass ihm seine Tat kurz darauf offenbar so sehr zu schaffen machte, dass er nicht mehr weiterleben wollte, zeigt doch, dass er von der Richtigkeit seiner Entscheidung nicht sehr überzeugt gewesen sein konnte. „Was habe ich da bloß getan?", wird er sich kurz nach Vollendung seiner Tat verzweifelt gefragt haben. „Wie konnte ich nur? War ich denn von Sinnen? War mir das Geld denn wirklich so wichtig? War ich denn vom Teufel besessen?"

So wird sich Judas vielleicht in der Tat gefühlt haben. So, als ob ein anderer in ihm sein Verhalten gesteuert hat, als ob er fremdgesteuert war, als ob er eine Zeit lang einem anderen ausgeliefert war, der ihn überredet, verführt, gezwungen hat - oder wie wollen wir es nennen? - zu tun, was er kurz darauf zutiefst bereute.

Hier zeigt sich die Art der Gefangenschaft, die, wie ich annehme, jedem Menschen, auch jedem von uns, zu schaffen macht. In uns sind Kräfte am Werke, denen wir uns manchmal schutzlos ausgeliefert fühlen, die uns gelegentlich zu sagen und zu tun veranlassen, was wir gar nicht sagen und tun wollen. Manchmal stehen wir uns selbst wie fremd gegenüber, wir wundern uns über uns selbst, wir sind erschrocken über uns selbst.

Das Problem, das Judas zu schaffen machte, ist das Problem eines jeden Menschen. Es ist auch unser Problem. Judas - das sind auch wir.

Und wie sieht die Befreiung Jesu aus? Jesus stärkt die Abwehrkräfte in uns, er stärkt die guten Gegenkräfte in uns - durch seine liebevolle, vergebende Zuwendung. An Judas hat er sein gutes Werk nicht mehr vollbringen können. Aber ich bin mir sicher: Was Jesus vom Kreuz herab sagte: „Herr, vergib ihnen, denn sie wissen nicht, was sie tun", das galt auch Judas.

Die Befreiung, die durch Jesus geschieht, besteht nicht in der Erschaffung einer neuen Welt, auch nicht in der Erschaffung eines neuen Menschen. Seine Befreiung besteht in der liebevollen Annahme des Menschen, auch des schuldig gewordenen Menschen. Seine liebevolle Zuwendung stärkt die guten Kräfte in uns und hilft uns, den Kräften Widerstand zu leisten, die uns in ihre Gewalt zu bringen versuchen.

Ein schönes Beispiel ist, wie ich finde, Zachäus, der Zöllner, der den Leuten stets zu viel Geld abnahm und sich so unrechtmäßig bereicherte. Jesus hält ihm keine Strafpredigt. Stattdessen besucht Jesus Zachäus zuhause und setzt sich mit ihm an einen Tisch und isst mit ihm - sehr zum Ärger der Pharisäer, die dafür kein Verständnis haben. Das Ergebnis ist aber beeindruckend: Zachäus gibt das Geld zurück - an die Armen, und zwar ein Vielfaches von dem, was er sich zu Unrecht angeeignet hatte.

Bei Zachäus ist Befreiung geschehen. Er ist durch Jesus befreit worden von seiner Habgier, von seiner Rücksichtslosigkeit. Die vergebende, liebevolle Annahme hat ihm den Weg aus seiner inneren Gefangenschaft heraus eröffnet.

Im Abendmahl feiern wir die Befreiungstat Jesu, die Befreiungstat Gottes an uns durch Jesus Christus. Wie Zachäus, so sind auch wir eingeladen, das liebevolle Angebot der Gemeinschaft anzunehmen.

Sehen mit den Augen und dem Herzen
6. April 1997
Quasimodogeniti
(1. Sonntag nach Ostern)
Johannes 20,19-29

Unser elfjähriger Sohn sagte wenige Tage nach Ostern, abends, als die Familie gemütlich beisammensaß - ich selbst war allerdings nicht zugegen: „Das mit der Auferstehung habe ich nicht verstanden." Was hat das mit der Auferstehung auf sich? Diese Frage, die ja nicht nur eine Kinderfrage ist, wurde dann am nächsten Morgen an mich weitergegeben. Und damit stand ich vor dem Problem: „Wie sag ich's meinem Kinde?"

Das mit der Auferstehung ist nicht so einfach. Der heutige Predigttext bringt dafür ein Beispiel. In dem - sprichwörtlichen - ungläubigen Thomas können sich viele Menschen wiederfinden, vielleicht auch einige von uns.

Thomas hatte nicht glauben können, was ihm die anderen Jünger erzählten: Sie hätten Jesus gesehen. Er sei ihnen erschienen in einem Raum, den sie aus Furcht vor den Juden verschlossen hatten. Das ist ja auch eine unglaubliche Geschichte.

Wie kann ein Mensch in einem verschlossenen Raum erscheinen? Das kann dann in der Tat nur eine Erscheinung sein - kein realer Mensch aus Fleisch und Blut wie Sie und ich. So muss es denn wohl auch gewesen sein. Der Auferstandene war nicht der Mensch aus Fleisch und Blut wie wir - und wie der Jesus von Nazareth, der ans Kreuz genagelt und ins Grab gelegt worden war. Die Evangelisten beschreiben den Auferstandenen als eine Erscheinung, die auch von ihrem Ansehen nicht als der Jesus von vorher zu erkennen war. Erst als die Gestalt, die da in dem verschlossenen Raum plötzlich aufgetaucht war, den Jüngern die Nägelmale zeigt, erkennen sie in dieser Gestalt Jesus und sind froh, ihn vor sich zu haben.

Auch Maria von Magdala, die den Leichnam Jesu am Sonntagmorgen hatte salben wollen und die das Grab leer vorgefunden hatte, meinte, einen Gärtner vor sich zu haben, als sie sich umdrehte und einen Menschen vor sich stehen sah. Es waren nicht die Tränen, die ihren Blick trübten, es war die Art der Gestalt, die eben nicht als der Jesus von vorher zu erkennen war. Erst als Jesus sie direkt anspricht und ihren Namen sagt: „Maria", durchzuckt es sie und sie erkennt, wen sie vor sich hat.

Ähnlich ergeht es übrigens auch den beiden Jüngern, die traurig von Jerusalem in ihr Dorf zurückkehren. Auf dem Weg nach Emmaus begegnet ihnen ein Mann, mit dem sie ins Gespräch kommen über all das, was in Jerusalem geschehen war. Sie halten diesen Mann für irgendeinen Fremden. Erst als er abends bei ihnen zuhause beim Abendessen das Brot bricht, gehen ihnen die Augen auf. Sie erkennen, der vermeintliche Fremde ist gar kein Fremder. Er ist der Jesus, mit dem sie gemeinsam durchs Land gezogen waren, auf den sie große Hoffnungen gesetzt und den sie bis eben noch betrauert hatten.

Der Auferstandene sieht also nicht so aus wie der Jesus von vorher. Und die Auferstehung ist folglich nicht die Rückkehr in das Leben vor dem Tod.

Über einen solchen Vorgang gibt es eine Geschichte bei Johannes. In seinen letzten Lebenstagen hatte Jesus, wie Johannes berichtet, den verstorbenen Lazarus wieder ins Leben zurückgeholt. Lazarus war gestorben und hatte schon vier Tage im Grab gelegen und hatte vor Verwesung schon übel gestunken. Diesen Leichnam verwandelt Jesus zurück in einen lebenden Menschen, und Lazarus führt sein Leben weiter wie vorher.

Dies hätte ja eigentlich die Sensation sein müssen. Und allen, denen es wichtig ist, dass Jesus leibhaftig gestorben und leibhaftig auferstanden ist, und denen es wichtig ist, dass sich gerade in dem Durchbrechen der Naturgesetze Jesus als der Sohn Gottes erweist, denen müsste eigentlich die Auferweckung des Lazarus ein noch stärkeres Argument sein als Jesu eigene Auferstehung.

Aber das Alte Testament kennt auch schon eine Totenauferweckung. Der Prophet Elias holt den Jungen einer armen Witwe wieder ins Leben zurück, und auch der führt dann sein Leben weiter wie vorher.

Was ich sagen möchte, ist dies: Die Auferstehung Jesu ist - nach den neutestamentlichen Berichten - nicht zu verstehen als eine Rückkehr in das vorherige Leben. Der Auferstandene ist nicht der Jesus von vorher. Seine Erscheinung ist anderer Art. Das Spektakuläre ist nicht, dass ein Vorgang, der normalerweise nicht rückgängig zu machen ist, hier doch rückgängig gemacht worden ist, dass also die Naturgesetze durchbrochen worden wären.

Das Bedeutsame an der Auferstehung ist vielmehr, dass Jesus für die Jünger am Kreuz nicht ein für alle Mal gestorben ist, sondern dass er unter ihnen lebendig bleibt, dass er mit ihnen im Gespräch bleibt, dass sie sich von ihm auch weiterhin angesprochen und von ihm beauftragt wissen. Sie sind Jesus weiterhin begegnet, Jesus war weiter unter ihnen lebendig - in anderer Form als zuvor, aber doch sehr kraftvoll.

Wenn wir uns fragen, wie das nun zu verstehen ist, dann mag uns ein Wort Jesu helfen, der sagte: „Wo zwei oder drei in meinem Namen versammelt sind, da bin ich mitten unter ihnen." Wir sind hier sogar mehr als zwei oder drei. Und wir sind im Namen Jesu versammelt. Mit ihm können wir also sagen: „Jesus ist mitten unter uns."

Schauen wir uns mal um, wo ist denn Jesus? Wir werden ihn nicht leibhaftig sehen. Und dennoch möchte ich bei der Behauptung bleiben: „Er ist mitten unter uns." Er ist es nicht in seiner historischen Gestalt. Er ist es in anderer Form. Er ist unter uns lebendig in den Worten der Bibel, die wir gehört haben, in dem, was wir in seinem Sinne über ihn denken und sagen, und in dem, was wir in seinem Namen tun. Und er ist gewiss auch gegenwärtig in unseren Mitmenschen, aus denen heraus er uns anspricht und uns bittet: „Hilf mir, besuch mich, mach mich gesund, tröste mich!" So, wie Matthäus den erhöhten Jesus sagen lässt: „Was ihr getan habt einem dieser Geringsten, das habt ihr mir getan."

Sie kennen vielleicht auch das Lied: „Jesus wohnt in unsrer Straße, ist ein alter Mann. Gestern bin ich ihm begegnet, und er sah mich an, und er kam mir sehr allein vor, und er sah mich an und sprach: Wer weiß denn schon, wer weiß denn schon, dass ich in dieser Straße wohn, gleich um die Ecke nebenan." Und dann geht es weiter: „Jesus wohnt in unsrer Straße, ist 'ne kranke Frau." Und dann: „Jesus wohnt in unsrer Straße, ist ein Schlüsselkind." Und dann: „Jesus wohnt in unsrer Straße, man hatte ihn gefasst. Gestern bin ich ihm begegnet nach zwei Jahren Knast, und da wurde er entlassen, und er sah mich an und sprach: Wer weiß denn schon, weiß denn schon, dass ich in dieser Straße wohn, gleich um die Ecke nebenan."

Ich finde, dies ist ein Osterlied. Hier ist von dem Auferstandenen die Rede. Der Auferstandene ist lebendig unter uns - in verschiedenen Formen. Er ist lebendig in allem, was wir in seinem Namen denken, sagen, fühlen und tun. Und er ist gegenwärtig in den Menschen um uns herum, aus denen er uns anspricht - mit der Bitte um Beistand. Aber er schickt uns durch Menschen auch seinen Beistand.

Natürlich haben diejenigen immer recht, die sagen: „Das stimmt ja alles nicht. Wenn da einer krank ist, dann ist das Hans Meier - oder wer auch immer. Und wenn mir einer hilft, dann hilft mir Else Müller, oder wie immer sie heißen mag. Und hier heute, wo wir von Jesus reden, ist er nicht dabei. Wo ist er denn? Er ist ja nicht zu sehen." Ja, das ist alles richtig. Aber das andere ist eben auch richtig.

Denn mit dem Sehen ist das so eine Sache. Das, was wir sehen, ist eine Sache, und das Verhältnis, das wir zu dem haben, was wir sehen, ist eine andere Sache. Wenn ich einen kranken Menschen sehe, ist das eine Sache. Dann sehe ich einen kranken Menschen. Wenn ich mich durch diesen Menschen aber innerlich anrühren lasse und seine Bitte höre, die er vielleicht gar nicht ausspricht, ist das eine weitere Sache, die schon weit über das bloße Sehen hinausgeht. Und wenn mich der kranke Mensch mit seiner stummen Bitte um Beistand dann noch an jemanden erinnert, dem die Heilung und das Heil von Menschen das Anliegen seines Lebens war, dann ist das noch eine weitere Sache, die noch einmal weiter über das hinausgeht, was ich mit meinen Augen wahrnehmen kann.

Der Glaube sieht eben mehr als das, was vordergründig vor Augen ist. Man könnte auch sagen: „Das Herz sieht mehr als die Augen." Und mit Sicherheit haben die Jünger in den Tagen nach der Grablegung Jesu nicht nur ihre Augen aufgesperrt. Sie haben auch ihre Herzen geöffnet. Sie haben mit ihrem Herzen und ihrem Glauben gesehen. Als Maria aus dem Mund des vermeintlichen Gärtners ihren Namen hörte, war der Jesus vor ihr lebendig, der zu einem so wichtigen Teil ihres Lebens geworden war. Und als die Emmausjünger den vermeintlichen Fremden das Brot brechen sahen, da war für sie alles wieder lebendig, was sie mit Jesus erlebt hatten.

Wir brauchen - ähnlich wie Thomas - Zeichen, um den Auferstandenen zu erkennen. Das ist wohl wahr. Und auch wir teilen z. B. im Abendmahl das Brot zeichenhaft miteinander im Namen Jesu. Aber das Zeichen ist nicht das Eigentliche. Das Zeichen gibt den äußeren Augen etwas, um unsere inneren Augen zu aktivieren, auf dass wir im Glauben wahrnehmen, dass Jesus Christus unter uns gegenwärtig ist, dass er weiterlebt und weiterwirkt, uns zu heilen und zu stärken, uns anzusprechen und uns in seinen Dienst zu nehmen.

Selig sind, die nicht nur das Äußere sehen, sondern im Glauben weiterschauen.

Wir können uns direkt an Gott wenden
4. Mai 1997
Rogate
(5. Sonntag nach Ostern)
Johannes 16,23b-28.33

Donnerstag ist Himmelfahrt. Himmelfahrt ist der Endpunkt des Erdenlebens Jesu. Weihnachten erscheint Jesus, Himmelfahrt entschwindet er. Zwischen diesen beiden Festen vollzieht sich - vom Ablauf des Kirchenjahres her betrachtet - das Leben Jesu. Weihnachten ist das Fest der Begrüßung, Himmelfahrt ist die Feier des Abschieds.

Heute, am Sonntag vor Himmelfahrt, geht es um die Vorbereitung auf den Abschied. Wir haben dazu den Predigttext als Lesung des Evangeliums gehört. Jesus bereitet seine Jünger auf den Abschied vor. Er macht dies in sehr seelsorgerlich-fürsorglicher Weise. Wenn wir uns einmal in die Situation der Jünger hineinversetzen, dann wird uns deutlich, dass dies auch bitter nötig war. Denn das endgültige Entschwinden Jesu bedeutete für die Jünger einen existentiellen Umbruch. Vielleicht erinnern Sie dieses eine Worte Jesu: „Ohne mich könnt ihr nichts tun." So müssen sich die Jünger auch gefühlt haben. Was konnten sie schon ohne ihn ausrichten? Was waren sie ohne ihn? Was würden sie ohne ihn künftig sein?

Abschied von einer Person, der wir innerlich verbunden sind, bedeutet Verunsicherung. Ganz besonders verunsichernd ist der Abschied von einer starken Persönlichkeit, die für uns die Lebensmitte, Sinn und Halt und Wegweisung des Lebens verkörpert hat.

Für die Jünger war Jesus zur zentralen Gestalt ihres Lebens geworden, zur menschlichen Mitte, zum Wegweiser. Auf ihn hatten sie gesetzt, an ihn hatten sie geglaubt, auf ihn hatten sie vertraut. „Er zeigt uns, wo es langgeht", das war das Empfinden gewesen.

Nun geht er. Sein Abschied steht bevor. Jesus nimmt seine seelsorgerliche Verantwortung wahr. Er bereitet seine Jünger auf seinen Abschied vor. Darum geht es in unserem etwas komplizierten Predigtabschnitt. Sein Anliegen: Er möchte das Selbstbewusstsein der Jünger stärken. Er möchte ihnen helfen, künftig ohne ihn, ohne seine leibliche Gegenwart, auszukommen.

Seine Abwesenheit hat für sie ja auch Folgen für ihr Gottesverhältnis. Er war für sie der Mittler gewesen, sozusagen der direkte Draht nach oben zwar, aber eben ein Mittler. Zwischen ihnen, den Jüngern, und Gott stand er, der Christus, der Gesandte Gottes, der Sohn Gottes. Der große, ferne, unbekannte Gott hatte für sie in ihm menschliche Züge angenommen. Und nun? Nun würde diese Verbindung wieder dahin sein.

Nun würden sie sich wieder selbst direkt, unmittelbar Gott zuwenden müssen im Gebet - ohne den Mittler, durch den zwischenzeitlich alle Fragen irgendwie gelöst schienen. Nun müssten sie selbstständig werden, selbstständig auch in ihrem Glauben.

Jesus bereitet sie auf die anstehende Selbstständigkeit vor. Er macht ihnen Mut, die auf sie zukommende Eigenverantwortung vertrauensvoll zu ergreifen: „Ich verlasse die Welt wieder und gehe zum Vater." – „Wenn ihr den Vater um etwas bitten werdet - in meinem Namen -, wird er's euch geben."

„Beruft euch auf mich, wenn ihr mit Gott redet", sagt Jesus seinen Jüngern. Das ist doch schon eine kleine Hilfestellung! Jesus will seine Jünger nicht gänzlich allein lassen und sie womöglich in eine vagabundierende Religiosität, in eine religiöse Ziellosigkeit abgleiten lassen. In ihr Gottesverhältnis sollen und dürfen sie ihn einbeziehen. Sie können sich auch künftig von all dem leiten lassen, was sie durch ihn erfahren und gelernt haben. Sie dürfen sich auf ihn berufen, aber sie werden jetzt selbst den Mund aufmachen und ihre Gebete direkt Gott vortragen müssen. „Keine Angst", so sagt er ihnen, „Gott wird euch wohlwollend anhören. Bittet, so werdet ihr empfangen. Denn Gott, der Vater, hat euch gern."

Wie notwendig und bedeutsam dieses seelsorgerliche Vorgehen Jesu ist, wird uns deutlich, wenn wir uns die Situation der Jünger noch einmal vor Augen führen. Jesus hatte sie aus allen traditionellen Bindungen herausgerufen, nicht nur aus dem Kontext ihrer familiären und beruflichen Sicherheit, sondern auch und vor allem aus den geltenden religiösen Konventionen, und das heißt auch aus dem, was zuvor im gesellschaftlichen Leben für sie verbindlich gewesen war.

Nachdem sie zu dem Glauben gelangt waren, dass in ihm der erwartete Messias gekommen war, hatten sie sich ganz seiner Leitung anvertraut. All die religiösen Autoritäten, die bis dahin für sie verbindlich gewesen waren - der Rat der Hohepriester, die Schriftgelehrten, die Pharisäer, die Sadduzäer -, außerdem die religiöse Praxis, die Reinlichkeitsvorschriften, die Opferriten und die vielen gesetzlichen Regelungen, die alle religiös begründet waren - das Sabbatgebot z. B. -, das ganze bisherige religiöse System also war für sie zweitrangig geworden. An erster Stelle war für sie verbindlich geworden, was Jesus sagte, tat und wollte.

Und da er in vieler Hinsicht zu den geltenden Werten und Normen und Regeln in Widerspruch gestanden hatte, waren sie auch Risiken eingegangen und hatten als seine Anhänger auch Gefährdungen auf sich genommen. Sie waren zudem ganz darauf angewiesen gewesen, dass er alles gut und richtig machen würde, zumal sie selbst sein Reden und Tun so genau nicht verstanden, wenn sie auch durchaus von dem Glauben erfüllt waren, dass er gottbegnadet war.

In dem Maße, in dem sie sich ihm anvertraut hatten, hatten sie ihre bisherigen Sicherheiten aufgegeben. Sie hatten sich auch auf ein neues Gottesverständnis eingelassen, das für sie im Einzelnen aber noch reichlich unklar war. Sie waren auf Jesus bezogen, auf ihn angewiesen, von seinen Erklärungen und Interpretationen abhängig. Er stellte für sie einen Bruch mit der Vergangenheit dar. Das Alte war für sie vergangen, auf das Neue gingen sie erst noch zu. Das Neue lag noch etwas nebelhaft vor ihnen; sie selbst hätten den Weg in die neue Zukunft noch nicht gehen können. Sie konnten nur vertrauensvoll Jesus folgen - und im Vertrauen auf ein gutes Ende die vielen Unsicherheiten und Gefährdungen und Benachteiligungen in Kauf nehmen, die die Verbindung mit ihm mit sich brachte.

Und dann also steht der Abschied Jesu bevor. Wir können wohl verstehen, dass Jesus sie schonend darauf vorbereitet. Sie werden selbstständig werden müssen. Wenn sie nicht zurückfallen wollen in ihre früheren Konventionen, in das, was einmal gewesen war, sondern an ihrem neuen Glauben festhalten wollen, dass Jesus der Messias ist, dass er von Gott gesandt ist, dann werden sie diesen Glauben künftig selbst vertreten und mit all seinen praktischen Konsequenzen im religiösen, zwischenmenschlichen und gesellschaftlichen Bereich selbst gestalten müssen.

Was später das „Priestertum aller Gläubigen" genannt worden ist, das empfiehlt Jesus hier seinen Jüngern an. Für sie ist das noch eine zunächst unvorstellbar große Aufgabe. Denn sie sollen an der Gestaltung von etwas Neuem eigenständig mitwirken, dessen Umrisse ihnen noch recht undeutlich sind. All ihre Unsicherheiten, ihre Ängste, Fragen und Wünsche sollen sie Gott selbst vortragen im Gebet. Und wenn sie dies tun, dann sollen sie sich dabei dessen bewusst sein, dass er, Jesus beim Vater ist, Gott - Vater und Sohn - sind eins. Diese Vorstellung soll ihnen helfen, Gott so zu sehen, wie sie ihn, Jesus, erlebt haben - als denjenigen, der die Menschen liebt, der barmherzig mit ihren Schwächen und Nöten ist und Schuld und Versagen verzeiht.

Eine solche unmittelbare Gottesbeziehung waren die Jünger nicht gewohnt. Ihre Umwelt würde dies als Anmaßung betrachten. Auf ihrem schweren Weg der eigenständigen Nachfolge Jesu würden sie sein tröstendes und stärkendes Wort brauchen, welches er ihnen gesagt hatte: „In der Welt habt ihr Angst; aber seid getrost, ich habe die Welt überwunden."

Jesus hat seine Mittlerrolle in der Vorbereitung seines Abschieds ausdrücklich abgelegt und denen, die ihm nachzufolgen bereit sind, eine eigene Mündigkeit in Sachen des Glaubens zugesprochen. Diese religiöse Mündigkeit wahrzunehmen, ist gar nicht so einfach. Sie setzt Mut und Initiative und Phantasie voraus.

Gott ist eben so groß und unfassbar, so geheimnisvoll und so unnahbar, dass die Existenz eines Mittlers durchaus wie eine Erleichterung erscheinen kann. Ich möchte das an einem weltlichen Beispiel deutlich machen. Stellen wir uns nur einmal vergleichsweise vor, ein einfacher Bankkunde im Zentrum von Frankfurt beklagt sich unten am Schalter über die Geschäftsbedingungen der Bank, und der Bankangestellte würde dem Kunden sagen: Nehmen sie doch den Fahrstuhl in den 35. Stock und tragen sie dort dem Chef ihre Klage persönlich vor. Ob es dem Bankkunden so recht wäre, sich gleich an die höchste Stelle zu wenden, ist fraglich. Eine mittlere Instanz wäre ihm vielleicht sympathischer, selbst wenn er davon ausgehen würde, dass seine Sache von ganz oben beschieden werden müsste.

Wir kennen zum anderen die Erfahrung, wie lästig es sein kann, nicht bis zum Entscheidungsträger vorgelassen zu werden, wie entwürdigend es ein kann, mit dem eigenen Anliegen schon im Vorzimmer abgewiesen zu werden. Wir hätten den Chef gern selbst gesprochen, aber wir kommen nicht an ihn heran.

Verzeihen Sie diese profanen Vergleiche. Worum es geht, ist dies: Jesus ermutigt seine Jünger zu einem direkten, unmittelbaren Gottesverhältnis. Er spricht ihnen die religiöse Mündigkeit zu, und er macht ihnen Mut, sie wahrzunehmen.

Was er den Jüngern sagte, dürfen wir in gleicher Weise auf uns beziehen. Zwischen uns und Gott ist eine vermittelnde Instanz nicht notwendig, wenn sich im Laufe der Kirchengeschichte auch immer wieder solche Instanzen aufgebaut haben.

Die Jünger mögen sich gefragt haben: „Wer sind wir denn, dass wir so direkt vor Gott hintreten und mit ihm reden könnten?" – „Wer sind wir denn?", das fragen wir uns selbst vielleicht auch.

Aber wir können und dürfen und sollen uns direkt an Gott wenden. Da gibt es keine Vorbedingungen und Auflagen: weder Leistung und Erfolg, sozialer Status, adrettes Aussehen, weiße Weste oder besondere Frömmigkeit. Wir dürfen uns an ihn wenden, so, wie wir sind. Dazu ermutigt Jesus seine Jünger bei seinem Abschied zu Himmelfahrt. Und dazu ermuntert er uns.

Dieses direkte Gespräch mit Gott wird uns dann leichter fallen, wenn wir ihn so betrachten, wie Jesus Christus ihn uns zu sehen gelehrt hat - als Gott, den liebenden Vater aller Menschen.

Ostern, Pfingsten und Himmelfahrt an einem Tag
18. Mai 1997
Pfingstsonntag
Johannes 14,23-27

Pfingsten ist, so könnte man sagen, das Gründungsfest der Kirche. Der hierzu passende traditionelle Text ist die Epistellesung aus der Apostelgeschichte, Kapitel 2. Da wird die wundersame Ausgießung des Heiligen Geistes auf die Jünger geschildert. Um das noch einmal zeitlich einzuordnen: Jesus war gestorben, dann auferstanden, dann gen Himmel gefahren. Und dann kommt es zur Ausgießung des Heiligen Geistes auf die Jünger. Mit diesem Geist ausgerüstet können die Jünger die Nachfolge Jesu antreten und Jesus als den Christus vor aller Welt verkünden und mit Taten bezeugen.

Der uns heute zur Predigt aufgegebene Text ist der Abschnitt aus dem Evangelium des Johannes. Mit diesem Text ist - mit Blick auf den heutigen Festtag - schwieriger umzugehen als mit dem Text von der Ausgießung des Heiligen Geistes, weil er nämlich nicht von der Situation ausgeht, die wir uns zu Pfingsten vorzustellen gewohnt sind.

Die Worte Jesu, die wir in der Evangelienlesung gehört haben, werden von Jesus noch vor seiner Gefangennahme, also noch vor seiner Kreuzigung gesprochen. Sie sind seinen Abschiedsreden an die Jünger entnommen.

Wenn wir uns fragen: Kommt im Evangelium des Johannes denn nicht auch einmal die Szene, die der der Ausgießung des Heiligen Geistes bei Lukas entspricht, dann können wir nur mit dem Bruchteil eines „Ja" antworten: Am Abend des 1. Ostertages nämlich erscheint der Auferstandene den Jüngern in einem verschlossenen Raum. Bei der Gelegenheit haucht er sie an und spricht zu ihnen: „Nehmt hin den Heiligen Geist." Und er fährt fort: „Welchen ihr die Sünden erlasst, denen sind sie erlassen; und welchen ihr sie behaltet, denen sind sie behalten."

Was sich also bei Lukas fünfzig Tage nach Ostern - in diesem zeitlichen Abstand von Ostern feiern wir das Pfingstfest -, was sich also bei Lukas fünfzig Tage nach Ostern abspielt, die Ausgießung des Heiligen Geistes, das spielt sich bei Johannes am selben Tag, am Ostersonntag ab. Und ebenfalls am selben Tag ergeht bei Johannes der Missionsbefehl an die Jünger, den wir aufgrund des Matthäusevangeliums mit Himmelfahrt zu verbinden gewohnt sind. So können wir also feststellen: Bei Johannes fallen - in diesem Sinne - Ostern und Pfingsten und Himmelfahrt auf einen Tag.

Dies soll uns nun nicht verwirren, geschweige denn an Pfingsten irre werden lassen. Aber es ist doch gut, sich vor Augen zu führen, dass sich das Pfingstereignis von verschiedenen biblischen Texten her betrachtet ganz unterschiedlich darstellt.

Wir sollen uns nun heute von dem Abschnitt aus den Abschiedsreden Jesu her etwas über Pfingsten sagen lassen. In diesen Abschiedsreden verheißt Jesus seinen Jüngern den Heiligen Geist, den Beistand, wie er ihn auch bezeichnet. Luther nennt ihn den Tröster. Für manchen mag die Vorstellung von einem Heiligen Geist, dem Geist der Wahrheit, wie Johannes ihn an anderer Stelle nennt, schwer nachvollziehbar sein. Was kann das bedeuten: Heiliger Geist?

Es mag für die Beantwortung dieser Frage hilfreich sein, sich zunächst einmal das Problem der Jünger zu vergegenwärtigen: Wenn Jesus nicht mehr da ist, wer soll dann an seine Stelle treten? Woher sollen sie dann die Kraft und den Mut nehmen, sich in seinem Sinne zu engagieren? Wer soll ihnen, den Jüngern, dann an seiner Stelle weiterhin den Weg weisen und ihnen sagen, welches der göttliche Wille ist? Wie sollten sie künftig - ohne Jesus - zwischen Heil und Unheil, zwischen Gut und Böse unterscheiden können?

Um solche Unterscheidungen war es ja während des ganzen Zusammenseins mit Jesus gegangen. Jesus hatte für die Jünger ein neues Wertesystem verkörpert. Jesus war für sie wie ein großes helles Licht gewesen, in dessen Schein sich die Konturen von Gut und Böse schärfer abzeichneten.

So jedenfalls beschreibt das vor allem der Evangelist Johannes in seinem Evangelium. Er spricht viel von Licht und Finsternis, von dem Gegensatz zwischen dem himmlischen Reich der Herrlichkeit und der gefallenen Welt, die er als böse und finster beschreibt. Dieser gegensätzliche Charakter zwischen dem göttlichen Reich oben und der finsteren Welt unten ist den Menschen, so Johannes, erst durch die Gegenwart Jesu offenbar geworden. Mit Jesus war sozusagen der Himmel in Person auf die Erde gekommen. Und dieser unmittelbare Kontrast hatte bei einigen doch zu einer Erkenntnis geführt. Zuvor hatten die Jünger gewissermaßen naiv in den Zwängen und nach den Spielregeln der Welt gelebt. Aber durch die Gegenwart Jesu waren ihnen die Augen aufgegangen. Sie sahen sich durch Jesus vor die Entscheidung gestellt zwischen dem Göttlichen einerseits und dem Weltlich-Finsteren andererseits.

Und in dieser Situation der Entscheidung, der Entscheidung des Glaubens an die in Jesus Christus offenbar gewordene Wahrheit über Gott und unsere Welt - in dieser Glaubensentscheidung vollzog sich für jeden Einzelnen Heil oder Unheil, vollzog sich das Gericht über sein Leben. So sieht das Johannes.

Die Jünger hatten - seit sie sich mit Jesus auf den Weg gemacht hatten - gelernt, ihr Leben durch ihre Erfahrungen mit Jesus zu interpretieren. Der Lernprozess war sicherlich nicht abgeschlossen und kann wohl auch für uns nie abgeschlossen sein. Woran sollten sie, die Jünger, sich künftig orientieren, wenn sie ohne Jesus sein würden, wo doch bisher alles an ihm gehangen hat, allein an ihm?

Wir müssen in diesem Zusammenhang noch bedenken, dass die Jünger nicht einmal - wie wir heute wenigstens - die Bibel zur Hand gehabt haben. Woran hätten sie sich orientieren können? Das Neue Testament mit der Darstellung und Auslegung der Worte und Taten Jesu war ja noch nicht geschrieben. Die Jünger brauchten also irgendwie anders einen Ersatz für die leibliche Gegenwart Jesu. Und dies sollte nun der Beistand sein, der Heilige Geist. Er sollte das Werk Jesu fortsetzen, die Jünger lehren und leiten, motivieren und stärken, so, wie es Jesus selbst getan hatte.

Es wird sich nun immer noch nicht jeder etwas unter diesem Heiligen Geist vorstellen können. Was wir uns wohl vorzustellen vermögen und durch unsere Erfahrung ja auch bestätigt finden, ist, dass Jesus nach seinem leiblichen Weggang nicht etwa wirkungslos geblieben ist. Er hat weitergewirkt, und zwar ganz intensiv weitergewirkt. Das ist äußerlich an der weltweiten christlichen Kirche ablesbar und daran, dass Menschen auch heute - ganz im Sinne des Johannes - im Lichte Jesu Christi ihr Leben interpretieren, dass also Jesus Christus auch heute noch für sie zur Offenbarung über ihr Leben wird, über das Göttliche und Widergöttliche in ihrem Leben, und dass sie sich so vor die Entscheidung gestellt sehen, und dass sie die Entscheidung für den in Christus zum Ausdruck kommenden göttlichen Willen als Heil erleben. In dieser Weise ist Jesus Christus über die zwei Jahrtausende hinweg wirksam geblieben und weiter wirksam. Das erleben wir, die wir hier versammelt sind, ja an uns selbst. Uns hat auch eine Kraft heute Morgen hierher getrieben. Das Neue Testament nennt diese Kraft den Heiligen Geist.

Da könnte nun einer sagen: Das liegt am Neuen Testament, daran also, dass wir über Jesus Christus etwas Schriftliches vorliegen haben. Das ist für uns sicherlich ganz wesentlich. Aber die Schrift als Schrift allein tut es nicht. Wir machen doch die Erfahrung: Es können zwei denselben Text lesen; dem einen sagt er etwas existentiell Wichtiges aus, dem anderen sagt er nichts. Dass Jesus Christus lebendig geblieben ist und immer wieder in Menschen wirksam wird, ist etwas von uns nicht Verfügbares. Genauso wie das Kommen Jesu Christi ein göttliches Geschenk war, so ist sein Weiterwirken unter uns ein Geschenk Gottes. Dieses erneute Geschenk Gottes nennt das Neue Testament den Heiligen Geist.

Wenn wir uns also noch einmal fragen: Was ist der Heilige Geist, so dürfen wir wohl sagen: Wir können ihn in seinem Wesen zwar nicht so genau beschreiben. Aber seine Realität erkennen wir an dem Ergebnis, das er hervorgebracht hat und weiter hervorbringt: dass Jesus Christus eben weiterhin für viele Menschen die göttliche Offenbarung über ihr Leben, über Gott und unsere Welt bedeutet. Viele dieser Menschen nehmen seine Offenbarung ja auch ernst genug, um daraus praktische Konsequenzen für ihr Leben zu ziehen. Man kann von einer Liebe zu Jesus Christus sprechen, die sich in dem Bemühen äußert, seinem Willen mit dem ganzen eigenen Leben zu entsprechen, so, wie es bei Johannes heißt: „Wer mich liebt, der wird mein Wort halten." Das Vermächtnis Jesu ist (nach dem Johannesevangelium) zusammengefasst im Liebesgebot: „Das ist mein Gebot, dass ihr euch untereinander liebt, wie ich euch liebe."

Natürlich gibt es keinen sicheren Weg, die in Jesus Christus geschehene Offenbarung Gottes präzise zu erfassen. Und wir werden uns auch kaum jemals sicher sein können, dass es gerade der Heilige Geist gewesen ist, der uns geleitet hat, und nicht ein anderer Geist. Es gibt für uns von daher auch keine sicher verfügbare Möglichkeit, uns das Heil anzueignen, das uns in Jesus Christus angeboten ist. Der Glaube bleibt ein Wagnis, und unsere nach unserem Glauben ausgerichtete Lebensführung bleibt ein Wagnis, das beständig das Risiko des Irrtums und des Scheiterns in sich trägt.

Dass wir einmal den Ort der Ruhe erreichen, in dem unsere Unwissenheit aufgehoben ist in der vollen Erkenntnis der Wahrheit, das bleibt einer von uns nicht herbeiführbaren Zukunft vorbehalten. Der Friede, der das Heil ausmacht, das uns durch Jesus Christus verheißen ist, dieser Friede ist gewiss nicht unter den Bedingungen unserer Welt zu erlangen. Manchmal erleben wir eine Ahnung von solchem Frieden, wenn wir uns in einem bestimmten Augenblick wünschen, so könnte es bis in alle Zeit weitergehen. Aber der Riss, der unser Leben durchzieht, der unsere Welt in mancher Hinsicht so, wie Johannes dies formuliert, so finster und böse macht, dieser Riss ist unter den gegebenen Bedingungen unserer Welt nicht heilbar.

„Meinen Frieden gebe ich euch, nicht gebe ich euch, wie die Welt gibt." Auch dies gehört zum Vermächtnis Jesu Christi: Der Friede, nach dem wir uns alle sehnen, der Friede, der in der Einheit von Gott und Welt, Schöpfer und Geschöpf besteht, ist ein Vermächtnis, das sich nicht zu unseren Lebzeiten erfüllen wird, ein Vermächtnis, das auch der Heilige Geist uns derzeit nicht einzulösen vermag. Aber wir haben eine Ahnung von diesem Frieden. Wer empfindsam dafür ist, der spürt, dass der ersehnte Frieden immerhin in Jesus Christus Gestalt angenommen hat. Er ist das Ziel unseres Lebens, das über unser Leben hinausweist. Möge der Heilige Geist uns auf dem Weg dorthin stärken und leiten.

Wer ist Jesus?
19. Mai 1997
Pfingstmontag
Matthäus 16,13-20

Wenn Sie mal irgendjemandem die Frage stellen: „Warum feiern wir Pfingsten?", wird die Antwort vielleicht Schweigen oder ein hilfloses Achselzucken sein. Weihnachten ist klar, Karfreitag vielleicht auch, Ostern, Himmelfahrt - aber Pfingsten?! Wenn Sie dann selbst die Antwort geben und sagen: „Ausgießung des Heiligen Geistes", dann wird Ihr Gegenüber wahrscheinlich auch nicht schlauer sein als vorher.

Griffiger wird die Bedeutung dieses Festes erst, wenn Sie hinzufügen: „Gründung der Kirche, Ausbreitung des Evangeliums in alle Welt." Darunter kann man sich schon etwas vorstellen.

Wir haben gestern die Stelle aus der Apostelgeschichte des Lukas gehört, die das sog. Pfingstwunder schildert. Da gab es plötzlich ein Tosen vom Himmel herab, ein gewaltiger Sturm brauste heran und auf jeden der Apostel setzte sich der Heilige Geist wie in Feuerzungen. Mit einem Male konnten die Jünger in fremden Sprachen reden. Die vielen Ausländer in Jerusalem, die Perser Ägypter, Kreter, Römer und was da sonst für Leute waren, staunten nicht schlecht, als sie sich plötzlich durch diese doch im Grunde einfachen Menschen in ihren eigenen Sprachen angesprochen fühlten. Einige waren vor Staunen entsetzt, andere machten sich lustig über die Apostel: „Die haben wohl zu viel getrunken", sagten sie.

Eine wundersame, schöne Geschichte, schön, finde ich, weil sie den weltweiten Auftrag, den ökumenischen Auftrag der Apostel so anschaulich zum Ausdruck bringt. „Geht hin und macht alle Völker zu meinen Jüngern. Tauft sie im Namen des Vaters, des Sohnes und des Heiligen Geistes und lehrt sie halten, was ich euch geboten habe." Diesen grenzüberschreitenden Auftrag hatte Jesus seinen Jüngern mit auf den Weg gegeben, kurz bevor er zu Himmelfahrt vor ihren Augen entschwunden war.

Wenn wir uns heute umblicken und feststellen können, dass die christliche Botschaft tatsächlich in aller Welt verbreitet ist, dass die Bibel das wohl am häufigsten übersetzte und am weitesten verbreitete Buch ist, dann muss das doch in der Tat wie ein Wunder erscheinen, dass da am Anfang diese paar einfachen Menschen waren, von ihrem Herrn und Meister verlassen, allerdings mit seinen Worten im Herzen, mit seinem Auftrag ausgerüstet und nun von einem guten Geist beseelt, der sie Dinge vollbringen lässt, die ihnen keiner zugetraut hätte.

Das ist schon ein Wunder, dass die Sache Christi mit dem Abschied Jesu nicht einfach untergegangen ist. Dass sie sich räumlich und zeitlich so weit ausgedehnt hat - das ist, finde ich, ein Wunder. Wir leben immer noch von diesem guten Geist, der die Apostel damals beflügelt hat. Wenn wir heute noch für die Sache Christi eintreten, was ja ganz und gar keine Selbstverständlichkeit ist, dann dürfen wir wohl vermuten, dass auch uns dieser Heilige Geist angehaucht hat.

Diese Geschichte mit dem Pfingstwunder in der Apostelgeschichte erscheint besonders schön, wenn wir gleichzeitig die alttestamentliche Überlieferung vom Turmbau zu Babel im Blick haben. Da wird uns berichtet, dass zunächst alle Menschen eine gemeinsame Sprache gehabt hätten. Erst infolge ihres Größenwahns, ihres Strebens, an Gott heranreichen zu wollen, wiederfuhr ihnen, als Strafe Gottes, so das Alte Testament, die Zertrennung in verschiedene Sprachgruppen.

Dass es so viele Sprachen in der Welt gibt, mag einem tatsächlich wie eine Strafe erscheinen. Denn eine Sprache fügt ja eine bestimmte Gruppe von Menschen zusammen und trennt sie scharf von anderen. Diese Trennung von Gruppen ist im Laufe unserer menschlichen Geschichte oft genug Ausgangspunkt großen Unheils gewesen - und ist es noch. Da ist es doch wie ein Segen, dass die Apostel durch ihre plötzliche Sprachbegabung diese unheilvolle Barriere überwinden können. Kraft des Heiligen Geistes und mit dem Ziel, eine frohe Botschaft zu verbreiten, überwinden sie die Grenzen zwischen den Sprachen, zwischen den Völkern. Das gibt dem Pfingstfest seine besondere Bedeutung.

Nun kann allerdings jeder sehen, dass wir uns trotz des Pfingstereignisses immer noch in den allergrößten Verständigungsschwierigkeiten befinden. Die babylonische Sprachenverwirrung hat noch nicht aufgehört. Ich meine damit nicht, dass man Deutsch. Englisch, Französisch usw. spricht. Das ist ja eigentlich sogar ganz schön, weil interessant. Ich meine vielmehr, dass wir auch theologisch verschiedene Sprachen sprechen und uns damit oftmals sehr schwer tun.

In Glaubensdingen sprechen wir verschiedene Sprachen. Zwar ist die biblische Botschaft auch bis in die letzten Winkel der Erde vorgedrungen. Es gibt kaum eine Sprache, in der die Bibel nicht zu haben wäre; dennoch befinden wir uns schon vor der Haustür, in unserem Land, in unserer Gemeinde in den größten Verständigungsschwierigkeiten. Christen verstehen und leben ihr Christsein sehr unterschiedlich.

Zum Glück führt das in unserer Gemeinde zu keinen nennenswerten Problemen, andernorts aber eben doch. Wenn wir allein die Diskussionen in der Nordelbischen Synode bedenken über die Lebensformen und wer und was nun heute eigentlich gesegnet werden darf! Da geht es hoch her. Unterschiedliche, auch gegensätzliche Argumente prallen aufeinander, und die Argumente sind der Bibel entnommen.

Es mag uns ein Trost sein, dass auch die Menschen, die Jesus persönlich gekannt haben, schon sehr unterschiedlicher Meinung waren, z. B. bezüglich der Frage, wer denn nun dieser Jesus von Nazareth sei. Und das ist ja wirklich eine grundlegende theologische Frage. In dem Evangelientext, der der Predigttext für heute ist, stellt Jesus selbst diese Frage: „Wer bin ich - was sagen die Leute?" Und die Antwort lautet: „Einige sagen, du seist die Wiedererscheinung von Johannes, dem Täufer, andere sagen, du seist Elia, wieder andere sagen, du seist Jeremia oder einer der anderen Propheten."

Petrus, der Jünger Jesu hat dann die Antwort parat, auf die all die anderen nicht gekommen waren: „Du bist der Christus, der Sohn Gottes." Petrus sah in Jesus den Christus, den Messias, den Erlöser, den Heiland. Was er da sagte, war eine Glaubensaussage, eine umstrittene und auch gefährliche Glaubensaussage.

Wer Jesus, der Christus, nun im Einzelnen war, das ist zu einem guten Teil ein Geheimnis geblieben. Wir merken selbst den Jüngern in vielen Berichten des Neuen Testaments an, dass Jesus sie immer wieder neu überrascht hat. Kaum meinten sie, ihn erkannt zu haben, da gab er ihnen schon ein neues Rätsel auf. Wie wenig hatte seine Kreuzigung in ihre Vorstellung von ihrem Jesus gepasst. Wie ungläubig hatten sie die Berichte von seiner Auferstehung aufgenommen und wie entgeistert blickten sie gen Himmel, als Jesus vor ihren Augen entschwand!

Was für die Jünger galt, gilt noch viel mehr für uns. Für uns ist Jesus Christus noch viel schwieriger zu erfassen als für die Jünger. Zwar heißt es: „In ihm hat sich Gott offenbart." Aber diese Offenbarung ist nicht so zu verstehen, dass damit der Inhalt unseres Glaubens eindeutig vorgegeben wäre. Wir müssen uns schon redlich um die Erkenntnis Gottes mühen. Und weil für diese Erkenntnis nicht nur der Verstand, sondern auch das Herz mit einzuschalten ist, können wir im Grunde um die rechte Erkenntnis nur bitten. Eine endgültige Gewissheit, dass wir ganz richtig liegen, werden wir nicht haben können. Die Praxis unseres Lebens mag es erweisen, ob unser Glaube uns zur verheißenen Fülle des Lebens führt.

Ist es in Anbetracht dieses Geheimnisses Gottes ein Wunder, dass wir uns beständig in Verständigungsschwierigkeiten befinden? Ich meine: Nein. Wir leiden - im geistlichen Sinne - immer noch unter jener babylonischen Sprachenverwirrung. Aber warum sollten wir es uns gegenseitig noch schwerer machen? Wenn ein jeder seine Mühe mit der Erkenntnis Gottes hat, sollte uns dann nicht daran gelegen sein, miteinander im Gespräch zu bleiben, einander zu helfen in diesem Bemühen um den rechten Glauben, auch wenn die Meinungen im Einzelnen vielleicht weit auseinander gehen? Ich meine, das ist die

Botschaft des Pfingstfestes: dass wir nicht aufgeben, miteinander um die Erkenntnis Gottes zu ringen, dass wir uns gemeinsam mühen - über unsere Unterschiede im Einzelnen hinweg.

Die Sache, um die es geht, ist zu groß, als dass wir allein mit ihr zurande kommen könnten. Selbst dann, wenn wir uns alle gemeinsam in ein und dieselbe Richtung bemühen würden, könnten wir das Geheimnis Gottes nicht lüften. An ihn reichen wir nicht heran.

Darum lassen Sie uns in aller Bescheidenheit Pfingsten als einen Auftrag verstehen, es weiter miteinander zu versuchen - über alle Arten von Grenzen hinweg - im Vertrauen darauf, dass auch der andere es mit seinen Bemühungen um den Glauben ernst meint. Dieser Vorschuss an Vertrauen ist Voraussetzung für das beständige offene Gespräch. Für dieses Vertrauen gebe uns Gott seinen Heiligen Geist.

Der Wert des Gottesdienstes
14. Juni 1997
Außentagung des Kirchenvorstands
Psalm 100

Der Gottesdienstausschuss hat sich bei seinen letzten Treffen über alternative Gestaltungen des Gottesdienstes Gedanken gemacht. Die Absicht war und ist, die Grundstruktur zwar im Wesentlichen beizubehalten, die immer wiederkehrenden musikalischen Elemente, wie z. B. das Kyrie und das Gloria, aber durch andere Musikstücke zu ersetzen.

Die kleine Andacht heute morgen nehmen wir zum Anlass, einige dieser alternativen Musikstücke miteinander zu singen. Das wird Frau Ubbelohde gleich mit uns machen.

Der Gottesdienst ist nach meiner Auffassung das Herzstück des Gemeindelebens. Der Gottesdienst ist für mich vor allem Feier, die Feier des Lebens, die Feier des Lebens in all seinen Ausprägungen, den schönen und den weniger schönen. Klage und Lobpreis kommen in dieser Feier zusammen, Besinnung auf die Tradition und auf das, was uns im Augenblick bewegt, der Rückblick auf die Geschichte des Lebens, auf die Geschichte des Menschen, der Blick auf die Gegenwart und der Blick in die Zukunft. Die Feier des Gottesdienstes ist von einem positiven Grundzug durchzogen, vom Ja zum Leben, vom Ja zum Menschen, vom Ja zu demjenigen, der als unergründliches Geheimnis Anfang und Ende allen Lebens ist.

Zum Gottesdienst gehört das Danken in der Einsicht, dass alles, was wir haben, nicht unser eigenes Verdienst ist. Zum Gottesdienst gehört das Bitten in der Einsicht, dass wir uns vieles nicht selbst geben können.

Und zum Gottesdienst gehört die Hoffnung in der Einsicht, dass auch das nicht Machbare, das Unglaubliche und Undenkbare Wirklichkeit werden kann.

Der Gottesdienst weist somit immer weit über uns hinaus; er ist eine Feier des Himmels auf der Erde.

Noch pathetischer will ich jetzt nicht werden. Was ich sagen möchte, ist dies: Im Gottesdienst ist immer mehr gegenwärtig als wir selbst und als die alltägliche Wirklichkeit unseres Lebens.

Den Gottesdienst schön und seinem Sinne angemessen und immer auch zeitgemäß zu gestalten, halte ich für eine wichtige Aufgabe - auch des Kirchenvorstands.

Vielfalt des christlichen Glaubens
15. Juni 1997
3. Sonntag nach Trinitatis
Partnerschaft St. Markus – Uyole, Tansania
Lukas 15,1-7

Liebe Frau Pastorin Mwakalambo, liebe Gäste aus der afrikanischen Gemeinde, liebe Gemeindeglieder von St. Markus!

Die Kirche ist ein weltweiter Organismus. Das ist, wie ich finde, einer der faszinierenden Aspekte an Kirche. In aller Welt gibt es Christen, in allen Ländern, in allen Kulturen, in allen Sprachen, unter Menschen aller Hautfarben. Es muss etwas sehr Verbindendes an der christlichen Botschaft geben, etwas für den Menschen existentiell Bedeutsames. Auch die anderen Weltreligionen bieten Antworten auf grundlegende Fragen des Menschen, sonst hätten sie nicht Weltreligionen werden können. Aber wir wollen uns jetzt mal auf das Christentum konzentrieren.

Was in Israel angefangen hat, hat sich über den ganzen Erdball verbreitet. Es hat sich dabei in immer neuen kulturell- und zeitbedingten Formen ausgeprägt. Es ist derselbe Bibeltext, auf den sich Christen in aller Welt beziehen, aber wie sie z. B. ihre Gottesdienste feiern, ist doch sehr unterschiedlich. Die Kirchen sind verschiedenen, die kirchliche Kunst ist sehr verschieden. Auch das Verständnis der einzelnen Bibeltexte kann sehr verschieden sein.

Und so kann es - bei aller Verbundenheit - dann doch wieder dazu kommen, dass sich Christen gegenseitig die Haare raufen, weil sie meinen, die anderen hätten den Bibeltext falsch ausgelegt, und deren Lebensweise wäre nicht bibelgemäß und deren Gottesdienste wären dem christlichen Standard nicht angemessen.

Übrigens muss man nicht erst kulturelle Grenzen überschreiten, um sich in dieser Weise uneins zu sein. Bedeutsame Unterschiede können schon mit der Nachbargemeinde bestehen oder auch von Gemeindeglied zu Gemeindeglied. Das liegt einfach in der Natur der Sache. Die Frage ist, wie wir mit unseren unterschiedlichen Auffassungen umgehen: Ob wir uns in unseren Unterschiedlichkeiten respektieren - oder ob wir auf den anderen von oben herabblicken.

Um eben diese Frage geht es in dem Gleichnis von dem verlorenen Schaf, das uns für den heutigen Sonntag als Predigttext aufgegeben ist. Ein Schäfer hat hundert Schafe. Eins geht verloren. Der Schäfer lässt die neunundneunzig stehen, sucht das verlorene Schaf, findet es und ist darüber so sehr erfreut, dass er es seinen Freunden und Nachbarn mitteilt, damit sie sich mit ihm freuen. Und dann heißt es: „So wird auch Freude im Himmel sein über einen Sünder, der Buße tut, mehr als über neunundneunzig Gerechte, die der Buße nicht bedürfen."

Beim ersten Hören dieses Gleichnisses könnte man denken, hier ginge es wirklich um jemanden, der etwas ausgefressen hat, der etwas getan hat, was er nicht hätte tun dürfen, um einen Sünder eben, um ein schwarzes Schaf, um jemanden, der durch sein unrechtes Verhalten selbstverschuldet ins Abseits geraten ist - der dann aber das Glück gehabt hat, dass sich jemand um ihn kümmerte, ihm nachging, ihn suchte und ihn wieder auf den rechten Weg brachte. Ein Gleichnis also für das große Thema Schuld und Vergebung, das ja auch wirklich ein zentrales Thema des christlichen Glaubens ist. In diesem Sinne kann man dieses Gleichnis sicherlich auch auslegen. Aber es ist auch eine andere Auslegung möglich, eine Auslegung im Sinne des besonderen Anlasses unseres Gottesdienstes heute.

Sehen wir uns einmal an, wer die Zuhörer waren. Wem erzählte Jesus dieses Gleichnis? Es heißt am Anfang: „Es nahten sich ihm allerlei Zöllner und Sünder, um ihn zu hören. Und die Pharisäer und Schriftgelehrten murrten und sprachen: Dieser nimmt die Sünder an und isst mit ihnen."

Zwei Gruppen also bilden die Zuhörerschaft Jesu: auf der einen Seite die Zöllner und Sünder, auf der anderen Seite die Schriftgelehrten und Pharisäer. Zwischen diesen beiden Gruppierungen besteht offensichtlich ein Problem. Jesus verhält sich parteiisch - er isst mit den Sündern. Das ärgert die Schriftgelehrten und Pharisäer. Und angesichts ihrer Verärgerung erzählt Jesus sein Gleichnis.

Im Gleichnis sind mit dem verlorenen Schaf offenbar die Zöllner und Sünder gemeint und mit den neunundneunzig Schafen, die schön brav in der Herde geblieben sind, die Pharisäer und Schriftgelehrten.

Aber sind die Pharisäer und Schriftgelehrten wirklich die Gerechten, und sind die Sünder wirklich die Sünder? Diese beiden Begriffe müssen wir wohl in Anführungszeichen setzen: Die „Gerechten" in Anführungszeichen sind diejenigen, die sich selbst für gerecht halten, und die „Sünder" in Anführungszeichen sind diejenigen, die von den anderen für Sünder gehalten werden.

Und das war ja eben ein grundlegendes gesellschaftliches Problem in der damaligen jüdischen Gesellschaft: die religiöse Schere. Die ging nämlich weit auseinander. Da waren auf der einen Seite die religiöse Elite, die obere Bildungsschicht, die Wohlhabenden, die die vielen Vorschriften, Reinlichkeitsvorschriften z. B., der jüdischen Religion kannten und auch befolgen konnten. Da waren auf der anderen Seite die Ungebildeten und Armen, die mangels Bildung die religiösen Vorschriften im Einzelnen eben nicht kannten und sich aus Unwissenheit und Armut an die Vorschriften auch nicht halten konnten. So hielten also die einen sich - im religiösen Sinne - für die „Rechtschaffenen", die anderen hielten sie - nach ihren religiösen Maßstäben - für „Sünder".

Jesus hat diese gesellschaftliche Klassifizierung und das dahinter stehende Wertesystem nicht hingenommen. Er hat die schriftgelehrte und pharisäische Interpretation der jüdischen Vorschriften hinterfragt und hat sie neu ausgelegt. „Was nützt die äußere Reinlichkeit?", hat er gefragt, „wenn es hier drinnen - im Herzen - unrein aussieht?!" Und ganz radikal ist er mit seiner Auslegung der jüdischen Vorschriften in der Bergpredigt geworden, wo er z. B. sagt: „Die Alten haben gesagt: ‚Du sollst nicht töten, wer aber tötet, der soll des Gerichts schuldig sein.'

Ich aber sage euch: Wer zu seinem Bruder sagt: ‚Du Narr!', der ist des höllischen Feuers schuldig." Vor einem derart radikalen Maßstab kann dann wohl keiner mehr als rechtschaffen bestehen.

Jesus greift - man kann schon sagen - zu „polemischen" Formulierungen, um die Selbstgerechtigkeit der Schriftgelehrten und Pharisäer anzugreifen. Die Pharisäer und Schriftgelehrten haben ihr religiöses Verständnis zum absoluten Maßstab erhoben und deklassieren damit Menschen, die nicht so glauben und denken und handeln wie sie selbst. Jesus setzt sich mit der ganzen Hingabe seiner Person für eine neue Interpretation dessen ein, was als der göttliche Wille in den religiösen Vorschriften formuliert ist, eine Interpretation, die die Menschen nicht auseinander reißt und spaltet in „Rechtschaffene" (in Anführungszeichen) und „Sünder" (in Anführungszeichen), sondern die jeden Menschen gelten lässt - unabhängig von allen äußeren Formen. „Gott hat jeden Menschen gern", lautet die Botschaft Jesu, schlicht formuliert, unabhängig von seiner Bildung, seinem sozialen Stand, seinem Wohlstand. Er billigt es uns nicht zu, dass wir uns selbstgerecht über andere erheben.

Er nimmt das verlorene Schaf in Schutz. Es bedarf des Schutzes. Aber ein ebenso großes, aber anders geartetes Problem, sind die neunundneunzig Schafe, die „Gerechten", wie sie im Gleichnis ironisch genannt werden. Richtiger müssten sie heißen: die „Selbstgerechten".

Das Problem, um das es in diesem Gleichnis geht, ist ein immerwährendes Problem: Es ist das Problem des Umgangs mit der Andersartigkeit des anderen. Das Gleichnis warnt uns vor Selbstgerechtigkeit, vor Selbstgerechtigkeit auch in Glaubensdingen. Vor Gott sind alle Menschen gleich, Gott hat alle Menschen gern - in ihren vielen Unterschiedlichkeiten, in ihren unterschiedlichen Lebensformen und Denkweisen, in ihrer je unterschiedlichen Art zu glauben und ihren Glauben zu leben. Das Urteil, wenn denn eins zu fällen ist, sollen wir ihm überlassen.

Wenn wir bedenken, wie vielfältig und bunt die Schöpfung

ist, wie unterschiedlich die Blumen und die Bäume, die Fische und die Vögel sind, dann muss man wohl annehmen: Gott ist ein Liebhaber der Vielfalt. Er hat keine Monokultur geschaffen. Eine Monokultur ist auch gar nicht lebensfähig. Das Leben bedarf der Vielfalt - auch unter uns Menschen, auch in unserem Denken und Handeln, in unseren Lebensformen, auch in den Dingen des Glaubens.

Ein wenig von der Vielfalt des christlichen Glaubens erleben wir heute durch unsere afrikanischen Gäste. Herzlichen Dank, dass Sie gekommen sind und diesen Gottesdienst durch Ihre Teilnahme - und Ihre Musik insbesondere - bereichern.

Unsererseits wollen wir unseren Mitchristen in Uyole ein wenig von unserem Leben und Gemeindeleben mitteilen - darüber hören wir nachher noch etwas in den Abkündigungen. Und wir hoffen umgekehrt, von dem Leben dort mehr zu erfahren.

Gott segne unsere Partnerschaft.

Gute Gaben als Aufgabe annehmen
27. Juli 1997
9. Sonntag nach Trinitatis
Matthäus 25,14-30

Der heutige Predigttext kann ganz arg missverstanden werden.

Es ist da vom Himmelreich, vom Reich Gottes, die Rede, also vom dem Bereich, in dem alles im Sinne Gottes vor sich geht, wo also alles so ist, wie es eigentlich sein sollte. Wie geht es denn im Reich Gottes zu? Jesus antwortet mit einem Gleichnis, mit einer bildhaften Geschichte. Und was sagt diese Geschichte über das Reich Gottes aus?

Wenn man die Geschichte, die Jesus erzählt, missversteht, dann könnte man sagen: Im Reich Gottes geht es zu wie in der kapitalistischen Wirtschaft im übelsten Sinne. Und das Schreckliche ist: In dieser Geschichte, in diesem Gleichnis, erscheint Gott als derjenige, dessen Ziel es ist, sein Kapital, sein Geld, zu vermehren. Gott erscheint geradezu als Ausbeuter. Wie gesagt: Wenn man das Gleichnis missversteht.

Die Geschichte erzählt von einem reichen Mann und seinen Mitarbeitern. Da es sich um ein Gleichnis handelt, dürfen wir diese Geschichte nicht wörtlich nehmen, sondern müssen sie übersetzen. Wir müssen uns fragen: Wer ist denn mit dem reichen Mann gemeint? Antwort: Gott. Und wer ist mit den Mitarbeitern gemeint? Antwort: Wir, die Menschen.

Nun ist der Handlungsverlauf also folgender: Der reiche Mann geht für längere Zeit auf Reisen. Die Verantwortung für sein Vermögen überträgt er seinen Mitarbeitern. Was diese damit in der Zeit seiner Abwesenheit machen sollen, wird am Ende der Geschichte klar: Sie sollen sein Kapital, sein Geld, vermehren.

Der reiche Mann gibt dem einen Mitarbeiter fünf Zentner Silber, dem anderen zwei, dem dritten einen. Dann tritt er die Reise an. Er kommt nach langer Zeit zurück, bestellt seine Mitarbeiter zu sich und lässt sich von ihnen Bericht erstatten. Was will er vor allem wissen? Eben, wie sehr sich sein Geld in der Zwischenzeit vermehrt hat. Der erste Mitarbeiter, der fünf Zentner Silber erhalten hatte, berichtet: „Ich habe mit deinem Vermögen gearbeitet und habe fünf Zentner Silber dazugewonnen." Reaktion des reichen Mannes: „Sehr gut. Ich werde dich befördern. Du erhältst einen wichtigen Posten."

Kommt der zweite Mitarbeiter, der zwei Zentner Silber erhalten hatte, und berichtet: „Ich habe mit deinem Geld gearbeitet und habe es um 100 % vermehrt." Hier sind die vier Zentner Silber." Reaktion des reichen Mannes: „Sehr gut. Ich werde dich befördern. Du erhältst einen wichtigen Posten."

Kommt der dritte, dem ein Zentner Silber anvertraut worden war, und liefert diesen einen Zentner wieder ab mit der Bemerkung: „Ich habe das, was du mir gegeben hattest, in der Zeit deiner Abwesenheit sicher aufbewahrt. Es ist noch alles da. Ich weiß, du hättest gern mehr. Du erntest gern, wo du nicht gesät hast. Aber ich hatte Angst, ich würde den einen Zentner verlieren, wenn ich versuchen würde, damit Geschäfte zu machen. Und das hättest du mir noch übler genommen. Denn ich weiß, du bist ein harter Mann. Darum bin ich auf Nummer sicher gegangen und habe das Silber eingegraben. Hier hast du dein Geld in voller Höhe zurück."

Reaktion des reichen Mannes: „Du böser und fauler Kerl. Du kennst mich doch, wie du selbst gesagt hast. Du hättest doch wenigstens das Geld einem Wechsler geben und zur Bank bringen können, dann hätte ich jetzt wenigstens die Zinsen gehabt. Gib mir deinen Zentner Silber zurück. Den kann der erste Mitarbeiter noch dazubekommen. Du bist entlassen."

So also soll es im Himmelreich, im Reich Gottes, zugehen, nach der Devise - und auch dieser Satz steht ja in der Bibel -: „Wer hat, dem wird gegeben. Wer nichts hat, dem wird auch noch das genommen, was er hat."

So also - in diesem kapitalistischen Sinne - ließe sich das Gleichnis von den anvertrauten Zentnern Silber auslegen - und missverstehen. Eine frohe Botschaft wäre das nicht. Denn das wären gewiss keine himmlischen Zustände, wo sich der einzelne Mensch darin bewähren muss, dass er Geschäfte zu machen versteht. Gott als gestrenger Arbeitgeber und der Mensch unter Leistungsdruck - das kann nicht der Himmel sein.

Wollen wir das Gleichnis von den anvertrauten Zentnern Silber als evangelisches Gleichnis begreifen, dann müssen wir es anders auslegen, dann müssen wir nach der frohen, befreienden Botschaft suchen, denn das bedeutet ja „Evangelium", im Griechischen „eu angelion", frohe Botschaft. Wir müssen also nach einer menschlich hilfreichen Aussage im Geiste Jesu Christi, im Sinne der Liebe Gottes zu den Menschen Ausschau halten.

Wir haben es bei dieser Geschichte, wie gesagt, mit einem Gleichnis zu tun; das darf niemals wörtlich genommen werden. Es will in Form der Geschichte eine Aussage machen über das Himmelreich, d. h. über ein Leben im Sinne Gottes, so, wie er es gemeint hat, wie er es uns als sinnvoll verheißen hat und wie es in Jesus Christus sichtbar wird.

Mit diesem Gleichnis sagt uns Jesus, wie wir unser Leben verstehen können, und wie wir all das verstehen können, was uns mit dem Leben gegeben ist. Mit dem Gleichnis beschreibt er das Leben als eine uns anvertraute Gabe, aus der wir in verantwortlicher Weise etwas machen sollen. Der Zentner Silber - das ist unser Leben. Der Zentner Silber, das sind wir mit all unseren Begabungen.

Der eine hat fünf Zentner Silber bekommen, der andere zwei, der andere einen. Das soll heißen: Jeder hat unterschiedliche Begabungen, ein unterschiedliches Maß an Begabungen und Fähigkeiten mit ins Leben bekommen. Und nun ist die Frage: Wie gehen wir damit um? Was machen wir aus unseren Begabungen? Was machen wir aus unserem Leben?

Das Gleichnis will uns sagen: Die Begabungen haben wir nicht bekommen, damit wir sie brach liegen lassen, dass wir nichts aus ihnen machen, wie der eine, der seinen Zentner Silber eingegraben hat und einfach gewartet hat, dass die Zeit verstreicht.

So hat sich Gott das nicht gedacht, als er dem Kind eine musikalische Begabung mit ins Leben gab: dass es aus dieser Begabung gar nichts macht.

Wer musikalisch ist, der könnte sich zwar sagen: Meine Musikalität - das ist doch meine Sache. Damit kann ich doch machen, was ich will. Die kommt doch aus mir heraus. Die hat doch mit Gott nichts zu tun. Meine Musikalität, das bin ich. Was ich daraus mache, ob ich etwas daraus mache, das geht niemanden etwas an. Da bin ich niemandem gegenüber Rechenschaft schuldig.

Das ist wohl wahr. So lässt sich die eigene Begabung sehen. Sie lässt sich aber auch anders betrachten. Natürlich muss sich jeder selbst überlegen, welches Verhältnis er zu seinen Begabungen und zu seinem ganzen Leben einnehmen möchte.

Man kann eben im Sinne des Gleichnisses auch sagen: Ich bin musikalisch. Viele andere sind nicht oder weniger musikalisch als ich. Mir ist diese Musikalität geschenkt worden. Sie ist eine wunderbare Gabe. Ich will dieses Geschenk ehren, indem ich es als Auftrag annehme, aus meiner Musikalität etwas zu machen, mir selbst zur Freude, aber auch meinen Mitmenschen zur Freude und damit auch zur Freude und zur Ehre dessen, von dem ich meine Musikalität empfangen habe.

Wie gesagt: So muss man seine Begabungen nicht sehen, und schon gar nicht sollte durch irgendwelche Drohungen jemand gedrängt werden, in diesem Verständnis seine Begabungen zu entfalten. Aber ist dies nicht eine Sichtweise, die wir empfehlen können, die wir uns selbst und auch anderen empfehlen können?

Wenn wir ein Kind haben, das musikalisch ist, werden wir doch versuchen, es zur Entfaltung seiner Musikalität anzuleiten - einfach weil wir eine solche Begabung als einen Schatz begreifen, der nicht einfach brach liegen sollte, der vielmehr, wenn mit ihm gearbeitet wird, viele reich machen kann - nicht vor allem im materiellen Sinne, sondern durch die Freude, die daraus entsteht. Wie viel Freude wäre der ganzen Menschheit entgangen, wenn Mozart seine musikalischen Begabungen nicht entfaltet hätte und seine Eltern nicht das Ihre zur Entfaltung seiner Begabung unternommen hätten!

Natürlich ist es auch mühselig, seine Begabungen zu entfalten. Und in mancher Hinsicht sind wir uns gar nicht sicher, welche Begabungen und Fähigkeiten in uns und in unseren Kinder eigentlich stecken. Da können wir uns auch mal irren und manche Anstrengung vergeblich unternehmen. Das gehört zu den Risiken des Lebens. Aber sollen wir deswegen untätig bleiben und uns quasi selbst eingraben, um nichts falsch zu machen - so wie der mit dem einen Zentner Silber?

So ängstlich sollen wir nicht sein. Und so bequem auch nicht. Und eine so gestrenge Vorstellung sollen wir von unserem Schöpfer auch nicht haben.

Wir dürfen mit unserem Leben auch Fehler machen. Wir dürfen unsere Kräfte auch mal fehl investieren. Worauf es ankommt, und das will uns das Gleichnis anempfehlen, ist doch, dass wir unsere Begabungen als eine uns gegebene Chance und als einen Auftrag aktiv und verantwortungsbewusst nutzen. Was wäre ein Samenkorn, wenn es sich nicht zur Blume entfalten würde?! Es hätte irgendwie seine Bestimmung verfehlt.

Es geht in dem Gleichnis also nicht um den Profit des Gebers. Es geht vielmehr um ein verantwortliches Leben: dass wir unser Leben also als eine Gabe und Aufgabe verstehen. Wir haben uns das Leben nicht selbst gegeben. Wir leben nicht aus uns selbst heraus. Es ist eigentlich schon ein Gebot der Dankbarkeit, dass wir bei der Gestaltung unseres Leben dann auch berücksichtigen, was sich der Geber wohl mit seiner Gabe gedacht haben mag.

Das Gleichnis will uns in diesem Sinne eine Lebenshilfe sein. Es will uns in keiner Weise unter Druck setzen. Das wäre ein Missverständnis. Aber wir alle fragen uns doch immer wieder: „Wie können wir unser Leben sinnvoll führen? Und welche Einstellung zum Leben können wir unseren Kindern anempfehlen." Da mag uns dieses Gleichnis eine Richtung weisen.

Gott hat uns mit vielen Gaben gesegnet. Wie schön, wenn wir selbst dann auch zum Segen für andere werden.

Gottesdienst – Feier des Lebens
24. August 1997
13. Sonntag nach Trinitatis
Lukas 10,25-37

Das Leben besteht nicht nur aus Arbeiten. Das Leben besteht auch nicht nur aus der täglichen Anstrengung, das Überleben zu sichern. Das Leben kann auch nicht nur aus dem Alltäglichen bestehen, aus dem ewigen Einerlei: dass morgens der Wecker klingelt, und wir abends vor dem Fernseher einschlafen.

Wir brauchen ab und zu eine Auszeit - und die nehmen wir uns. Wir machen es uns gemütlich: Wir zünden eine Kerze an, wir decken den Tisch besonders schön und essen etwas Besonderes und trinken ein Gläschen Wein - und unterhalten uns über dies und das und jenes und lassen uns einfach mal in eine andere Stimmung fallen, die sich irgendwie heraushebt aus dem, was sonst am Tag und in der Woche gewesen ist.

Wir gestalten uns eine solche Auszeit zu Hause, oder wir gehen ins Restaurant oder vielleicht auch in die Gemeinde: Jedenfalls brauchen wir dies hin und wieder und eigentlich regelmäßig: dass wir feiern. Feiern - das ist es. Das ist das Wesen dieser Auszeit. Feiern - das ist der Versuch, die andere Dimension des Lebens in unserem Leben zur Geltung zu bringen, zu gestalten und zu genießen.

Unser Leben ist eben mehr als Arbeiten, mehr als Überleben und mehr als das Alltägliche. Manchmal reicht es uns auch nicht, dass wir schön zusammen essen und uns nett und entspannt unterhalten. Manchmal brauchen wir noch ein wenig mehr. Manchmal brauchen wir auch das Besinnliche, die ernsthafte und grundsätzliche und feierliche Besinnung auf die Größe und Tiefe und Schönheit unseres Daseins.

Eine solche Art „Feier des Lebens" ist der Gottesdienst. Da kommt das Leben in seiner Ganzheit zur Sprache, das heißt, nicht nur zur Sprache. Da wird ja nicht nur geredet und gelesen, da wird auch gesungen, da erklingen Instrumente, da wird auch mal geschwiegen. Jedenfalls geht es im Gottesdienst um das

Ganze unseres Lebens, um das Ganze des Daseins überhaupt, um die Schöpfung, um den Menschen, um uns - mit all unseren Freuden und Sorgen und Ängsten und Belastungen und unseren Sehnsüchten und Hoffnungen.

Der Gottesdienst ist unsere wöchentliche Auszeit. Für diese feierliche Besinnung haben wir eine Form, die uns aus der langen Tradition der Kirche überkommen ist, die gelegentlich reformiert worden ist und die natürlich immer mal wieder neu so gestaltet werden muss, dass sie unserem Anliegen und unserem Empfinden entspricht.

Heute sind wir gerade dabei, die regelmäßige Gestalt unseres Gottesdienstes ein klein wenig zu verändern. Es sind wirklich nur kleine Veränderungen, aber immerhin sind sie der Versuch, unsere gottesdienstliche Feier aufzufrischen mit einigen schönen liturgischen Melodien und mit Liedtexten, die uns verständlicher sagen, was gemeint ist.

Auch eine Feier kann ja ihren Zweck verfehlen und ihren Sinn verlieren, wenn sie nicht so gestaltet ist, dass sie uns das gibt, was wir suchen. Das ist eben das vieldiskutierte Problem des Gottesdienstes: dass diese im Grunde so wichtige Feier des Lebens über die Jahre immer weniger in Anspruch genommen worden ist, weil sie nicht mehr das zu geben vermag, was, wie ich annehme, immer noch von ihr erwartet wird.

Der Gottesdienst ist eine Feier aller, die daran teilnehmen, und wir sollen uns alle darin wohl und aufgehoben fühlen.

Man kann das sicherlich auch anders sehen. Die orthodoxe Kirche hat ein anderes Gottesdienstverständnis. Da kommt es weniger auf den Gottesdienstbesucher an. Wesentlicher ist da die Liturgie selbst als die irdische Vorwegnahme des Himmlischen.

Und es hat auch - in der katholischen Kirche - Zeiten gegeben, in denen der Gottesdienstbesucher mit seinen Erwartungen, seinen Gefühlen, seinen Bedürfnissen in der Gestaltung des Gottesdienstes wenig vorkam. Es gab Zeiten, in denen z. B. für die Textteile des Gottesdienstes die lateinischer Sprache verwendet wurde, die kaum jemand verstand. Die Zeiten sind vorbei. Dazu hat Martin Luther ganz wesentlich beigetragen. Er hat überhaupt mitgeholfen, dem einzelnen Menschen das Mitfeiern in jeder Hinsicht zu erleichtern. In dieser reformatorischen Tradition bewegen auch wir uns mit unseren Bemühungen um eine zeitgemäße und menschennahe Gestaltung des Gottesdienstes.

Das Alte muss dabei nicht aufgegeben werden. Zur Feier des Lebens gehört ja auch die Grundeinsicht, dass wir nicht aus uns selbst heraus leben, dass wir vielmehr das, was wir sind und haben und können und denken und tun, in vielfacher Weise anderen vor uns verdanken. Unsere ganze Kultur ist das aktuelle Ergebnis einer Menschheitsentwicklung und im Besonderen das Ergebnis der jüdisch-christlichen Kultur, die natürlich auch wieder ihre weitverzweigten Wurzeln hat. In der gottesdienstlichen Feier ist Jahrtausende altes Kulturgut erhalten. Das muss nicht jedes Mal wieder im Einzelnen ins Bewusstsein gehoben werden.

Aber wenn die gottesdienstliche Feier in ihrer Gesamtgestaltung dies zum Ausdruck bringt, dass wir in einer solchen langen Tradition stehen, dann ist diese Aussage ebenso bedeutsam wie die andere: dass wir in vielfacher Hinsicht zugleich originale Produkte der Neuzeit sind und unsere ganz aktuellen Gedanken und Bedürfnisse und Sorgen haben.

Wesentliche Inhalte unseres Gottesdienstes sind 2000 Jahre alt, die biblischen Texte eben. Man merkt das den Texten an, weil sie Merkmale einer alten Kultur weitertragen. Aber die Texte enthalten auch das allgemein Menschliche, die ewig gleichen Probleme, Erfahrungen, Fragen, die uns alle immer wieder bewegen. Heute haben wir z. B. aus dem Lukasevangelium das Gleichnis vom barmherzigen Samariter gehört. Wer ist unser Nächster? Ja nicht nur unser Freund, unsere Freundin. Unsere Nächsten sind nicht nur diejenigen, die uns blutsverwandt sind. Zum Nächsten kann uns jeder werden, der unsere Hilfe braucht.

Hier geht es doch um eine Grundfrage unseres Lebens, um die Frage nach unserem Verhältnis zum Mitmenschen. Dieser zweitausend Jahre alte Text ermuntert uns dazu, unseren Mitmenschen ohne Ansehen der Person ebenso liebevoll zu behandeln, wie wir selbst ja auch gern liebevoll von anderen behandelt werden möchten.

Das ist doch eine wunderbare Geschichte und ein wertvolles Kulturgut und eine echte Lebenshilfe. Da macht es doch nichts, dass diese Geschichte 2000 Jahre alt ist.

Es ist hier noch etwas ausgesagt, was ich für ganz bedeutsam halte: dass Liebe eben nichts Theoretisches ist, etwas nur „Platonisches", wie wir mit Rückgriff auf die griechische Philosophie sagen. Zur Liebe gehört das liebevolle Verhalten. Der Evangelist Johannes hat das mit Blick auf die Liebe Gottes und Jesus Christus formuliert, indem er sagte: „Das Wort wurde Fleisch." Damit wollte er sagen: Die Liebe Gottes ist nicht nur Theorie. Davon wird nicht nur geredet, sondern sie ist ganz konkret geworden in dem Menschen Jesus Christus, in dem, was dieser Gutes an seinen Mitmenschen getan hat. Und dies soll auch der Leitfaden für unser Verhalten, für unsere Beziehung zum Mitmenschen sein, für unser persönliches individuelle Verhalten und auch für unser Miteinander in der Gemeinde.

„Das Wort wurde Fleisch" - bei diesem Satz mag der bibelunkundige Hörer vielleicht ans Mittagessen denken. Auch das können wir heute gelten lassen, wo es ja auch um die Renovierung der Küche unseres Gemeindesaales geht. Denn, wie der Volksmund sagt: „Liebe geht durch den Magen." Auch das ist die Konkretion einer liebevollen Beziehung. Nicht jeder kann sich auf diese Weise zum Ausdruck bringen. Aber die drei, die heute für uns gekocht haben, können das.

Leib und Seele gehören zusammen. Beides soll zu seinem Recht kommen.

Wir möchten, dass Sie gern zum Gottesdienst kommen. Und wir möchten auch, dass Sie gern ins Gemeindehaus und überhaupt in die Gemeinde kommen. Wir möchten das Unsre dazu tun, dass Sie hier ein wenig aus dem Alltäglichen heraustreten und etwas von der anderen Dimension des Lebens erfahren können. Unser christlicher Glaube hat mit dem ganzen Menschen zu tun. Das Leben in seiner Ganzheit als eine wunderbare Gabe unseres Schöpfer und als eine Aufgabe, die in Verantwortung wahrgenommen sein will, das ist es, worum es im Gottesdienst und im Leben unserer Gemeinde geht.

Gott gebe unserem gemeinsamen Anliegen seinen Segen.

Das Träumen nicht aufgeben!
7. September 1997
15. Sonntag nach Trinitatis
Matthäus 6,24-35

Haben Sie - noch - Ziele für Ihr Leben? Haben Sie - noch - Ideale, die Sie verwirklichen möchten? Gibt es - noch - die großen Linien in Ihrem Leben, die Sie gern verfolgen möchten?

Man sagt: Die Jugend, die hat noch Großes vor. In der Jugend, da kann man noch träumen. Da möchte man die Welt noch gern verbessern. Das lasse mit der Zeit nach, sagt man. Im Gestrüpp der täglichen Sorgen gingen die großen Linien verloren. Mit der Zeit werde man realistischer, sagt man.

Die Welt verbessern wollen - das ist sicherlich etwas hoch gegriffen. Aber Träume haben, Sehnsüchte haben, Wünsche haben, die sich auf eine schönere, menschlichere, friedlichere Welt beziehen, und sich von diesen Träumen und Sehnsüchten und Wünschen auch leiten lassen -, das brauchen wir, das braucht unsere ganze Weltgemeinschaft.

Aber irgendwann kann es dazu kommen, dass wir mit dem Bibelwort des heutigen Predigtabschnitts sagen: „Jeder Tag hat seine eigene Plage" -, und wir versagen uns den sehnsuchtsvollen Blick in die Ferne. Wir bescheiden uns mit dem, was vor der Hand liegt, was uns unmittelbar angeht. Da steckt schon eine gute Portion Rückzug, Resignation drin.

Ich will allerdings nicht sagen, dass wir dieses Bibelwort nur resignativ verwenden. Es ist nicht nur Ausdruck von Kraftlosigkeit, Enttäuschung und Hoffnungslosigkeit. Und gemeint war es so eh nicht, als Jesus es aussprach.

„Jeder Tag hat seine eigene Plage" - diese banale Feststellung war als Trost und Hilfe gemeint. In der Tat kann diese Einsicht manchmal ganz hilfreich und tröstlich sein. Wenn einem nämlich alles über den Kopf wächst und es einem einfach zuviel wird, sich nun auch noch um die Probleme von morgen kümmern zu sollen.

In diesem Sinne - als Stoßseufzer - ist uns allen dieser Satz vielleicht schon gelegentlich über die Lippen gekommen. „Jeder Tag hat seine eigene Plage" - dies ist ein, fast möchte ich sagen, gedanklicher Trick, um sich vor einem Übermaß an Sorgen zu schützen. Und diese „seelsorgerliche" Hilfestellung liefert uns die Bibel. Matthäus überliefert uns den Satz als Wort Jesu aus seiner Bergpredigt.

Es geht heute um das Thema „Sorge", um die angstvolle Sorge, um das „Sich übermäßig Sorgen machen". Und es geht um die dadurch gefährdeten großen Linien unseres Lebens. Die angstvolle Sorge ist eine Bewegung unseres Herzens. Sie ist ein seelischer Vorgang. Sie hat eine ähnliche Wirkung wie der körperliche Schmerz: Beide verengen den Blick. Wir sehen zunehmend nur noch uns selbst, unsere Belastung, das, was uns wehtut und uns Kummer bereitet. Die Weite und Größe und Schönheit des Lebens und die großen Aufgaben und Ziele geraten aus dem Blick.

Körperliche Schmerzen lassen sich nicht wegdiskutieren. Die müssen einfach heilen. So ähnlich ist es auch mit der angstvollen Sorge. Aber bei seelischen Dingen mag es doch helfen, wenn man sich ein paar Gedanken macht und sich das eine oder andere sagen lässt. Gedanken, Überlegungen und Worte können durchaus den seelischen Heilungsprozess fördern.

Dieser Satz, „Jeder Tag hat seine eigene Plage", kann schon ein kleine seelsorgerliche Hilfe sein. Hilfreich können auch die schönen Bilder aus der Natur sein - von den Lilien auf dem Feld, die ihre Schönheit ohne eigenes Zutun bekommen haben, und von den Vögeln, die ihre Nahrung finden, ohne Ackerbau und Viehzucht treiben zu müssen. Dieser Blick in die Natur offenbart ja eine großartige Wahrheit: dass wir für unser Leben schon unendlich viel vorfinden, ohne überhaupt selbst auch nur einen Finger gerührt zu haben.

Natürlich kann das nicht heißen, dass wir tatenlos durchs Leben kommen. Aber die Einsicht ist doch hilfreich, dass nicht alles nur von uns abhängt. Das Leben ist voller Hilfestellungen. Wenn wir nur offen genug sind, sie wahrzunehmen und anzunehmen, dann haben wir's schon leichter. Auch wenn wir im

Verlaufe unseres Lebens - ich sage das in Anführungszeichen – „realistischer" geworden sind und unsere eigenen Grenzen deutlicher vor Augen haben, dürfen und sollen wir von den großen Zielen träumen. Wir dürfen und sollen einfach auch kleine Schritte gehen und kleine Dinge tun. Alles andere, so sagt die Bibel ermunternd, wird uns dann wie von selbst zufallen. Ohne Gottvertrauen geht es nicht.

Und noch einen - etwas witzigen - Mutmachsatz hat die Bibel bereit. Sie kennen ihn alle: „Den Seinen gibt's der Herr im Schlaf." Eine gehörige Portion Gottvertrauen ist gerechtfertigt. Das machen die Bilder von den Lilien auf dem Feld und den Vögeln unter dem Himmel besonders schön deutlich.

Die ängstliche Sorge aber verengt unseren Blick und lässt uns wie gebannt auf die Schlange starren.

Das ist ja u. a. auch die Gefahr hinsichtlich der wirtschaftlichen Probleme unseres Landes und der Kirche und jedes Einzelnen. Wenn wir in angstvoller Sorge nur noch auf diese Probleme gucken, dann mögen wir für hilfreiche Lösungen vielleicht gar nicht mehr offen sein.

Jesus macht hier im Matthäusevangelium seine Ausführungen über die Sorge übrigens auch gerade mit Blick auf die Finanzen. Er hat ganz offensichtlich Menschen vor Augen, bei denen sich alles ums Geld und das persönliche materielle Wohlergehen dreht.

Es mag sich bei seinen Adressaten um Menschen handeln, denen das nötige Geld für den Lebensunterhalt fehlte und für die die Lebensabsicherung das tägliche vorherrschende Thema war. Aber genauso gut kann er jene meinen, die mit Wohlstand reich gesegnet sind, die aber mit der Absicherung und Mehrung ihres Wohlstands vollauf beschäftigt sind und über diese Sorge nicht mehr hinausschauen können.

Da erhebt Jesus seine mahnende Stimme: „Niemand kann zwei Herren dienen, entweder er wird den einen hassen und den anderen lieben, oder er wird an dem einen hängen und den anderen verachten. Ihr könnt nicht Gott dienen und dem Mammon."

Das klingt schon ziemlich hart. Hier macht Jesus auf einen Konflikt aufmerksam. Wer sich von den finanziellen Sorgen ganz gefangen nehmen lässt, der verliert seinen Blick für andere wesentliche Dinge des Lebens. Diese anderen wesentlichen Dinge des Lebens benennt er auch.

Ich hatte vorhin von den großen Linien des Lebens gesprochen, von unseren Wünschen und Sehnsüchten, von unseren Träumen.

Jesus spricht in diesem Sinne vom Reich Gottes und seiner Gerechtigkeit. „Trachtet zuerst nach dem Reich Gottes und nach seiner Gerechtigkeit, so wird euch alles andere zufallen!" Das Reich Gottes und seine Gerechtigkeit - das ist es, was aus dem Blick zu geraten droht, wenn die Sorge um das eigene materielle Wohlergehen übermächtig wird.

Gott oder das Geld? Das ist eigentlich keine gute Alternative. Denn zum Leben gehört auch das Materielle. Ohne Nahrung und Kleidung und ohne Geld geht es doch nicht! Aber die angstvolle, sorgenvolle Fixierung auf nur das eine und das Eigene lässt in den Augen Jesu das andere offenbar aus dem Blick geraten, was aber nicht aus dem Blick geraten sollte: das Gottesreich und seine Gerechtigkeit, eine Welt, in der es nach dem Willen Gottes zugeht.

Manche sagen: „So etwas gibt es nicht und kann es nicht geben - schon gar nicht zu unseren Lebzeiten." Das mag zum einen wohl so sein. Aber wollen wir uns die Sehnsucht nach einer Welt der Menschlichkeit, des Friedens, des Auskommens, des liebevollen Miteinanders versagen, nur, weil wir nicht sehen, wie sie zustande kommen könnte? Wie trostlos wäre unsere Welt ohne unsere Sehnsüchte und Hoffnungen! Wir können und sollen das Unsre zur Verwirklichung tun - und den Rest vertrauensvoll in die Hände Gottes legen.

Wenn wir uns fragen, was denn bei allen täglichen Sorgen der Leitfaden unseres Lebens im Sinne des Reiches Gottes und seiner Gerechtigkeit sein kann, dann können wir vielleicht auf die sog. goldene Regel zurückgreifen, die uns Jesus auch in der Bergpredigt ans Herz legt: „Alles nun, was ihr wollt, dass euch die Leute tun sollen, das tut ihnen auch." Was man uns an Gutem tun soll - da sind unsere Wünsche wohl grenzenlos. Diese grenzenlosen Wünsche für uns selbst sollen nun zum Maßstab unseres Handelns für den anderen werden.

Wenn uns dies gelingt, dass wir an unseren eigenen Problemen und Sorgen und Wünschen erkennen, was sich in dem Mitmenschen an Sorgen und Problemen und Hoffnungen abspielt, dann sind wir schon ein Stück weiter. Und wenn wir dem anderen dann tatsächlich das Gute tun, das wir für uns selbst auch wünschen, dann ist das Reich Gottes da. Menschen, die Jesus Christus persönlich kennengelernt haben, haben gesagt und aufgeschrieben: „In ihm ist das Reich Gottes angebrochen."

Die biblischen Berichte über das Wirken Jesu sind geradezu überschwänglich: „Blinde sehen und Lahme gehen, Aussätzige werden rein und Taube hören, Tote stehen auf und Armen wird das Evangelium gepredigt." Mit solchen Heilstaten Jesu beschreiben die neutestamentlichen Autoren den Anbruch des Reiches Gottes.

Bis zur Vollendung des Reiches Gottes und seiner Gerechtigkeit ist es noch ein weiter Weg. Aber lassen Sie uns das Ziel nicht aus den Augen verlieren. Darin liegt doch der tiefere Sinn unseres Lebens: dass wir uns auf den Weg begeben, auf den wir von Gott, unserem Schöpfer, berufen sind, und dass wir ihm mit einem Leben in seinem Sinne die Ehre geben.

Die Vögel des Himmels, die nicht säen und doch ernten, und die Lilien auf dem Felde, die ohne eigene Arbeit doch so wunderschön sind, sie mögen uns über unsere Sorgen hinweghelfen und unser Gottvertrauen stärken.

„Ich will so bleiben, wie du bist!"?
14. September 1997
16. Sonntag nach Trinitatis
Begrüßung der neuen Konfirmanden
Psalm 8,5

„Wer bin ich?" Das ist wohl eine Frage, die sich jeder von Euch, jeder von uns mal gestellt hat, und zwar nicht aus bloßem Interesse, sondern aus einer gewissen Not heraus, so wie die eine da aus der Mitte. Die hat ja einiges zu hören bekommen: „Du bist ..."

Ja, wer und wie ist sie denn nun wirklich? So ähnlich wie sie kriegt jeder von uns was zu hören. Bin ich das, was die eine zu mir sagt? Bin ich das, was der andere von mir sagt? Oder bin ich das, was ich selbst von mir denke? Bin ich alles zugleich - oder vielleicht gar nichts von dem?

Wenn jemand behaupten wollte: „Ist doch egal!", dann hätte er sich wohl getäuscht. Das ist uns nämlich ganz und gar nicht egal, ob jemand zu uns sagt: „Du Trottel!" – „Du Waschlappen!" oder „Toller Typ!" – „Nettes Mädchen!".

Solche Äußerungen nehmen wir uns durchaus zu Herzen. Die lassen uns nicht kalt. Die einen oder anderen Negativäußerungen stecken wir vielleicht noch mit Humor weg. Aber wenn die gar nicht so humorvoll gemeint sind, dann können wir schon in eine mittlere Krise geraten.

In der Bibel steht der schöne Satz: „Der Mensch lebt nicht vom Brot allein." Das ist wohl wahr. Der Mensch lebt auch davon, dass ihm ab und zu mal was Nettes gesagt wird. Das brauchen wir. Das ist geradezu lebenswichtig - für das Selbstwertgefühl.

Allzu viel Gutes erzählen andere über einen ja meist nicht - und jeder irgendwas anderes. Da ist zwar vielleicht auch immer ein Stück Wahrheit dran - an dem, was andere über einen sagen, aber es ist doch wohl nie die ganze Wahrheit. Das ist eben so wie mit den Bruchstücken des Spiegels, die ihr in der Hand habt und die diejenigen hier vorn in der Hand gehabt haben: Wenn man da reinguckt, dann sieht man nur ein kleines Stück von einem selbst. Und so sehen auch andere immer nur einen Teil von einem. Es kennt einen ja keiner richtig - so ganz und gar. Insofern kann man auch sagen: Was andere über einen reden, das ist immer nur Bruch, immer nur bruchstückhaft, immer nur ein kleiner Teil der Wahrheit, wenn überhaupt. Denn die Frage: „Wer bin ich in Wahrheit?", die bleibt ja doch.

Das ist wie auf dem Dom - da gibt es irgendwo Spiegel, die alle irgendwie anders gekrümmt sind. Stellt man sich vor den einen, ist man dick, stellt man sich vor den anderen, ist man dünn. Stellt man sich vor den nächsten, ist man lang, stellt man sich vor den übernächsten, ist man kurz - und so weiter. Ja, bin ich denn nun dick oder dünn oder kurz oder lang? Das hängt also von dem Spiegel ab, in den ich hineinschaue. Genauso hängt das auch davon ab, auf wen ich höre: Denn der eine sagt mir: „Du bist dick." Der andere sagt mir: „Du bist dünn."

Wie kann man das Problem nun lösen? Vielleicht so, dass ich mir sage: „Was zählt, ist, was ich selbst über mich denke! Hauptsache ich selbst denke gut über mich! Schließlich kenne ich mich ja auch am besten!?

Ich weiß nicht, ob das die Lösung ist. Wenn ich von mir selbst meine, ich wäre ein toller Typ, dann ist das ja schon mal etwas. Aber das kann doch nicht alles sein. Wenn die anderen doch anderer Meinung sind als ich selbst, wird mich das nicht kalt lassen.

Außerdem: Wenn ich eben wirklich kein toller Typ bin, was dann? Wenn ich mich also mal ehrlich betrachte und mir - vor mir selbst - meine Schwächen und Fehler eingestehe - schließlich kenne ich mich doch! - und mir dann also auch eingestehen muss, dass die anderen sogar ein Stück Recht haben, weil ich manchmal wirklich ein Trottel bin und schon wieder was vergessen habe -, was dann?

Also, sich selbst auf die Schultern klopfen, das kann auch noch nicht die Lösung sein.

Dann vielleicht schon lieber versuchen, jemand anderes zu sein. Das habt ihr vielleicht auch schon mal ausprobiert. Es gibt ja tolle Typen, die ins Fernsehen kommen, in die Zeitung, über die jeder redet, die berühmt sind, die toll aussehen. Wenn ich mich dann auch so anzieh' wie die - oder mir auch so eine Frisur mache wie die oder versuche, so zu reden wie die -, vielleicht hilft das, vielleicht krieg ich dann ein bisschen von dem Ruhm und der Ehre dieser tollen Typen ab.

So möchte ich sein, wie der. So möchte ich bleiben, wie der ist. „Ich möchte bleiben, wie du bist!" Das ist ja das Motto dieses Gottesdienstes. Das klingt schon so verkorkst.

Andere nachmachen - man kann so was ja mal ausprobieren. Aber ob das dann auf die Dauer die Lösung ist - ich weiß nicht. Es ist ja auch bei diesen berühmten Leuten so, dass die einen sie gut finden, und die anderen finden die eben – nicht so gut. So ganz hat man das Problem damit also auch noch nicht gelöst.

Das ist also schon ein Thema - die Frage: „Wer bin ich? Wer bin ich denn nun eigentlich?" Die Antwort wird auch nicht gerade leichter, wenn ich an die Schule denke. Da wird einem dann ja sogar bescheinigt, wie man ist - zensurenmäßig. Irgendwie ist so was ja unumgänglich. Aber das kann auch ganz schön hart sein, so richtig beurteilt zu werden. Wenn's gute Zensuren sind, geht's ja, aber 5, 6. Das steckt man doch nicht so einfach weg, da müsste man sich schon eine ziemlich dicke Haut zulegen. Und dann die Lehrerkommentare dazu: „Faul, vorlaut, dumm, frech!"

Selbst wenn das alles stimmt - gern hört man so was ja nicht über einen selbst.

Also, wie lösen wir nun das Problem?

Vielleicht indem wir ganz heldenhaft bekennen: „Jawohl, ich bin faul, ich bin dumm, ich bin dick, ich habe keine Ahnung, ich bin ein Trottel. Und ich stehe dazu!" Wenn dieses heldenhafte Bekenntnis ehrlich gemeint ist, dann ist das schon mal was. Das hat schon mal was Positives, wenn man seine Schwächen und Fehler nicht nur kennt, sondern sie auch bekennt, wenn man sie ehrlich zugibt.

Natürlich kann das dann auch noch nicht alles sein. Aber das ist schon mal ein erster Schritt, um mit sich selbst ein wenig ins

Reine zu kommen. „Ich bin, wie ich bin" - sich das einzugestehen, das ist eine gute Ausgangsbasis. Da hakt dann auch gleich die Werbung ein, wenn sie einem etwas unterschieben will, was eigentlich gar nicht so gut ist. „Wenn du Raucher bist, dann bekenne dich dazu: ‚Ich rauche gern', und dann rauch mal wieder eine. Rauch doch am besten diese hier. Du darfst."

Das ist dann schon wieder etwas hinterhältig. Es ist zwar schon ein positiver Schritt, wenn man sich zu seinen Schwächen und Fehlern bekennen kann. Aber deswegen einfach so weitermachen, wie bisher, das soll man natürlich nicht.

Das heldenhafte Selbstbekenntnis hat ja nicht den Zweck, alles beim Alten zu lassen. Es ging uns ja mehr um das Selbstwertgefühl, um die Anerkennung als Mensch.

Das müssen wir jetzt nämlich mal unterscheiden, und dann kommen wir, meine ich, auch ein Stück weiter: „Wer ich bin?" Diese Frage hat nämlich zwei Teile und zwei Antworten. Das merkt man z. B. ganz gut, wenn einer einem sagt: „Ich hab dich wirklich gern, aber ich muss dir sagen: Du bist ein fauler Kerl."

Da kommen zwei Aussagen zusammen - eine positive und eine negative. „Du bist ein fauler Kerl." So ähnlich hatte die eine vorne in der Mitte das ja auch von anderen zu hören gekriegt. Und das hatte sie auch verunsichert. Denn sie hatte vielleicht das Gefühl gehabt: Ein bisschen was Wahres ist da dran.

Jetzt kommt aber noch eine positive Aussage dazu - von derselben Person: „Ich habe dich wirklich gern. Ich mag dich. Ich finde dich gut. Du bedeutest mir etwas." Diese positive Aussage bezieht sich auf mein Menschsein, auf mein Ich. Und ich möchte mal behaupten: Diese Aussage ist das Entscheidende: dass mich jemand als Mensch akzeptiert. Wenn ich mir dessen sicher sein kann, dann kann ich mir all das andere einigermaßen gelassen anhören, auch wenn es negativ ist. Wenn ich weiß: Der mag mich, dann darf er mich auch kritisieren. Dann höre ich mir seine Kritik auch an, und will sie auch gern ernst nehmen und mich ändern. Aber dessen muss ich mir sicher sein: Dass er mich mag und es gut mit mir meint.

„Wer bin ich?" „Du bist ein ganz lieber Mensch - du bist

zwar faul, vorlaut, ahnungslos und auch nicht gerade schön, weder sportlich noch musikalisch noch sonstwie besonders begabt und hast allen Grund, an dir zu arbeiten und dich zu bessern -, aber ich mag dich. Ich find dich o.k. Ich möchte dich nicht missen."

Wenn uns jemand so etwas sagt, dann mag man sich das wohl gern anhören. Dann kann man auch gern seine Schwächen zugeben, weil man ja nicht gleich so grundsätzlich runtergeputzt wird. Man bleibt Mensch, und zwar ein liebenswerter und geliebter Mensch - bei allen Schwächen und Fehlern.

Und das ist schon der wesentliche Inhalt des christlichen Glaubens und das, worum es im Konfirmandenunterricht hintergründig immer geht.

So verstehen wir uns nämlich als Christen: Als schwache fehlerhafte Menschen, die dennoch geliebt sind. Dietrich Bonhoeffer hat das in einem Gedicht, wie ich finde, unübertroffen so formuliert:

„Wer bin ich? Bin ich das, was andere von mir sagen? Oder bin ich nur das, was ich selbst von mir weiß? Wer bin ich? Der oder jener? Bin ich denn heute dieser und morgen ein anderer? Bin ich beides zugleich? Wer bin ich? Wer ich auch bin, Du kennst mich, Dein bin ich, o Gott!"

Grenzen überschreitender Glaube
21. September 1997
17. Sonntag nach Trinitatis
Matthäus 15,21-28

Die Kirche ist eine weltumspannende Einrichtung. Von Israel aus hat sich der Glaube an Jesus, den Christus, Schritt für Schritt in praktisch alle Länder der Welt ausgebreitet. Aus einer jüdischen Sekte - als solche kann man wohl die erste christliche Gruppierung in Israel bezeichnen - ist eine neue Weltreligion geworden. Das war kein einfacher Prozess. Da, wo Grenzen überschritten werden, wo sich unterschiedliche Kulturen begegnen, da gibt es auch Probleme. Das ist uns nicht unbekannt. Das Grenzüberschreitende, das Menschen-Verbindende ist aber geradezu Wesensmerkmal unseres christlichen Glaubens. Damit ist dann auch ein Auftrag an uns verbunden, der bleibende Auftrag nämlich, das gesellschaftliche Miteinander von Menschen unterschiedlicher kultureller Herkunft freundlich und friedlich zu gestalten.

Im Predigttext aus dem Matthäusevangelium wird uns die Begegnung zwischen Jesus und einer Frau aus Syrophönizien geschildert, einer Ausländerin von Israel aus betrachtet. Was uns dieser Text bezüglich der kulturellen Grenzüberschreitung sagen will, möchte ich Ihnen heute einmal etwas werkstattmäßig darzulegen versuchen - durch einen kleinen Einblick in die mögliche Entstehungsgeschichte des Textes.

Die Begegnung zwischen Jesus und der Frau aus Syrophönizien ist uns im Neuen Testament zweimal überliefert, bei Markus und bei Matthäus. Die beiden Evangelisten bieten uns den Text in etwas unterschiedlicher Form an. Das liegt an der unterschiedlichen Herkunft dieser beiden Persönlichkeiten - Matthäus war jüdischer, Markus war vermutlich nichtjüdischer, ursprünglich also, wie man sagte, „heidnischer" Herkunft. Ebenso waren die Gemeinden, in denen sie lebten und für die sie zunächst schrieben, die Adressaten ihrer Texte also, auch unterschiedlicher Herkunft.

Wir können uns die Entstehung unseres Predigttextes etwa folgendermaßen vorstellen:

Irgendwo im Römischen Reich - in der Gegend des heutigen Syrien vermutlich - um das Jahr 70 herum - setzte sich Markus hin und schrieb. Markus konnte schreiben. Das konnten zu jener Zeit die wenigsten.

Wenn jemand einem anderen etwas mitteilen wollte, dann erzählte er es ihm. Und wenn das Gehörte interessant und wichtig war, wurde es weitererzählt. So waren Geschichten im Umlauf, die einer dem anderen mündlich weitergab. Dabei kam es, wie man sich denken kann, durchaus vor, dass beim Weitererzählen der eine etwas hinzufügte und der andere etwas wegließ.

Markus kannte viele solche Geschichten, und er sammelte sie. Er sammelte nicht alles. Ihn interessierten vor allem all die Geschichten, die man von jenem Jesus von Nazareth erzählte, der einige Jahrzehnte zuvor in Palästina gelebt hatte - in der Gegend um Jerusalem herum, in der Heimat der Juden, wo man Aramäisch sprach und die Sitten und Gepflogenheiten der alten Israeliten fortführte.

Markus war mit der griechischen Sprache aufgewachsen. Die Leute um ihn herum sprachen ebenfalls Griechisch. Mit einigen von ihnen, einigen Familien und Einzelnen, fühlte er sich besonders eng verbunden. Sie trafen sich - mal bei dem einen, mal bei dem anderen - und feierten Gottesdienst. Sie nahmen das Abendmahl ein und erzählten dabei die Geschichten, die ihnen über jenen Jesus von Nazareth überliefert waren, in dessen Namen sie zusammenkamen.

Eine jener Geschichten handelte von einer Frau. Immer wenn jemand diese Geschichte vorbrachte, hörten die Frauen, die ja auch an den gottesdienstlichen Versammlungen teilnahmen, besonders aufmerksam zu.

Diese Geschichte fanden die Frauen in der Versammlung aus zwei Gründen besonders schön und wichtig für sie selbst: Es ging nämlich zum einen eben um eine Frau, zum anderen war diese Frau noch dazu eine Nichtjüdin, eine Frau aus der Gegend um Tyrus und Sidon, die aus der Sicht Israels schon immer als heidnisches Gebiet galt. Mit dieser Frau fühlten sich viele in der gottesdienstlichen Versammlung innerlich verbunden. Denn sie selbst, ja die meisten von ihnen, waren sog. Heiden gewesen, bevor sie von Jesus von Nazareth gehört hatten und sich zu ihm bekannten.

Es war für sie ein schwieriger Schritt gewesen, sich den Christusgläubigen anzuschließen, zumal es Juden gewesen waren, die von jenem Jesus berichtet hatten, der ja auch Jude gewesen war. Und sie selbst waren doch in einer ganz anderen Religion aufgewachsen, der römischen Religion - mit vielen Göttern und Gebräuchen, die - wie gesagt - von den anderen als heidnisch bezeichnet wurden. Es hatte immer eine gewisse Spannung gegeben zwischen denen, die als Juden zu Christus gefunden hatten, und ihnen, die sie einen ganz anderen religiösen Hintergrund gehabt hatten. In dieser Gemeinde in Syrien waren sie zwar in der Mehrheit. Aber es war doch zu merken, dass es in der damaligen noch kleinen Christenheit eben zwei verschiedene Gruppen gab: die Christen jüdischer Herkunft und die Christen nichtjüdischer Herkunft, also sog. Judenchristen einerseits und Heidenchristen andererseits.

Da fanden es vor allem die Frauen in der syrischen Gemeinde doch ganz angenehm, dass immerhin eine Geschichte im Umlauf war, die von einer der Ihren handelte. Zwar erweckte diese Geschichte zuerst immer den Eindruck, als wäre Jesus nur auf Seiten der Juden. Doch dann kam ja immer die schöne Wende in der Geschichte, die deutlich machte: Eine Heidin kann den Juden geradezu ein Vorbild im Glauben sein.

Es war Markus klar, dass er diese Geschichte nicht auslassen dürfte, wenn er über jenen Jesus von Nazareth schreiben würde.

Markus hatte schon viele Geschichten gesammelt. Er musste sich nun überlegen, wie er das Ganze so zusammenstellen könnte, dass die frohe Botschaft, wie er sie verstand, auch von den anderen, seinen zukünftigen Lesern und Hörern, angenommen werden könnte. Er musste sich einen Aufbau für sein Evangelium überlegen, ein sinnvolles Konzept. Und an irgendeiner

Stelle müsste dann diese Geschichte von der Frau aus der Gegend von Tyrus und Sidon kommen. Er müsste sie am besten so platzieren, dass klar würde: Auch Menschen mit nichtjüdischem Hintergrund können die Bedeutung Jesu erkennen und den Wunsch haben anzunehmen, was er zu geben hat. Auch Nichtjuden können ernstzunehmende Christen sein. Das würde er deutlich machen wollen.

Unter seinen Aufzeichnungen fand Markus auch kritische Bemerkungen über die jüdischen Pharisäer und Schriftgelehrten, über die Reinlichkeitsvorschriften, die sie so ernst nahmen, weil es für sie als Juden unumstößliche religiöse Vorschriften waren. Nach ihrem Verständnis verunreinigten sie sich als Juden durch den Kontakt mit Andersgläubigen. Markus hatte einige Sätze gesammelt, die diese Anschauung kritisierten - in dem Sinne etwa: Unrein ist nicht, was wir berühren, sondern unrein sind unsere bösen Gedanken.

Markus entschloss sich, bei der Zusammenstellung seiner Aufzeichnungen die Geschichte von der Begegnung zwischen Jesus und der Frau aus Syro-Phönizien an den Abschnitt über Reinheit und Unreinheit anzuhängen. Dann würde vielleicht deutlich werden, so war seine Überlegung, dass Jesus als Jude jedenfalls keine Scheu vor dem Kontakt mit einer nichtjüdischen Frau gehabt hat, obwohl er sich selbst doch als Jude verstand und seine Aufgabe vorrangig an den Juden sah.

Mehr als zehn Jahre später, Anfang der 80er Jahre unserer Zeitrechnung, saß ein anderer Mann an seinem Schreibtisch, an einem anderen Ort, aber auch im Römischen Reich, und wohl auch im Gebiet des heutigen Syrien. Es war Matthäus. Matthäus hatte eine ähnliche Absicht wie Markus. Auch er wollte einmal alles aufschreiben, was über diesen Jesus von Nazareth überliefert war.

Auch Matthäus hatte viel Material gesammelt. Geschichten, die er gehört hatte, hatte er aufgeschrieben. Er hatte aber auch schon zwei wertvolle Schriftstücke von anderen vor sich liegen, eine Zusammenstellung von Aussprüchen Jesu und dann ein

Schriftstück, das in etwa dem entsprach, was er nun selbst erschaffen wollte: Er hatte das Markusevangelium vor sich liegen. Das war nämlich schon fertig.

Matthäus hatte sich dieses Werk mehrfach sorgfältig durchgelesen. Ihm war klar: Dies ist eine überaus wertvolle Quelle. Die würde er für sein eigenes Werk voll ausschöpfen. Allerdings würde er eigene Akzente setzen. Beim Lesen des Markusevangeliums war es für ihn unschwer erkennbar geworden, dass die Gemeinde des Markus eine andere als seine eigene gewesen sein musste. Er konnte erkennen, dass die Gemeinde des Markus hauptsächlich aus Menschen nichtjüdischer Herkunft zusammengesetzt gewesen sein musste. Warum sonst hätte Markus in seinem Evangelium die jüdischen Gebräuche immer mit Erklärungen versehen!

„Meine Gemeinde ist anders", sagte sich Matthäus. „In meiner Gemeinde sind die meisten Menschen jüdischer Herkunft. Und hier ist die Problemlage etwas anders." Sein Grundthema und Grundproblem war, dass die jüdischen Christusgläubigen aus der jüdischen Religionsgemeinschaft hinausgedrängt worden waren. „Wir müssen gegenüber den jüdischen Pharisäern und Schriftgelehrten deutlich machen", so Matthäus, „dass wir mit unserem Glauben an Jesus Christus voll in der jüdischen Tradition stehen und dass die Pharisäer und Schriftgelehrten diejenigen sind, die sich irrten, als sie Jesus Christus verfolgten und ihn hinrichten ließen."

Im Sinne seiner Absicht bearbeitete Matthäus also die Geschichte von der Frau aus der Gegend von Tyrus und Sidon. Zunächst einmal wollte er unzweideutig klar machen, dass Jesus auf dem Boden der jüdischen Religion stand und sich dem jüdischen Volk gegenüber zur Erfüllung seines Auftrags berufen wusste. Deshalb fügt Matthäus das Wort Jesu ein: „Nur zu den verlorenen Schafen des Hauses Israel bin ich gesandt." Mit diesem Satz war Jesus fest in die jüdische Tradition eingefügt.

Aber dann wollte Matthäus noch die Schwäche des pharisäischen Glaubens hervorheben. Zu diesem Zweck hob er den Glauben der Frau hervor. Er kennzeichnete die Frau nun über die regionale Herkunft hinaus als kanaanäische Frau. Damit griff er eine alttestamentliche Bezeichnung auf, die unmissverständlich klarmachte, dass es sich hier um die Angehörige einer von den Juden traditionell als heidnisch bezeichneten Religion handelte.

Kanaan, das war wie ein Schimpfwort - das war gleichbedeutend mit Heidentum.

Und: Um den Glauben der Frau noch weiter hervorzuheben, legte Matthäus ihr eine Anrede in den Mund, die eigentlich nur von einem Juden hätte kommen können. Er lässt die Frau Jesus anreden mit den Worten: „Herr, du Sohn Davids." „Herr, du Sohn Davids, erbarm dich meiner."

Und die Antwort Jesu, nachdem die Frau sich von seiner ersten schroffen Ablehnung nicht hat beirren lassen: „Dein Glaube ist groß. Dir geschehe, wie du willst."

„Dein Glaube ist groß" - auch diesen Satz hat Matthäus in diese Geschichte hineinkomponiert, um ganz deutlich zu machen: Dieser Jesus von Nazareth, der zwar eigentlich zur Erfüllung einer jüdischen Verheißung angetreten war, vermochte doch in einer Person nichtjüdischer Herkunft einen großen Glauben zu entdecken.

Wir sehen also: Dieser Text hat einen durchaus kämpferischen Hintergrund, was gerade aus der Entstehungszeit heraus verstehbar ist. Die Auseinandersetzung über die Frage: „Wer war dieser Jesus Christus - was bedeutet er uns?" ist bis heute nicht abgeschlossen und kann auch gar nicht abgeschlossen werden. Sie wird aus den unterschiedlichen Kulturen heraus - und letztlich auch von Mensch zu Mensch - immer wieder neu und auch ein wenig anders beantwortet werden. Das ist auch in Ordnung so.

Wir sind gespaltene Persönlichkeiten
26. Oktober 1997
22. Sonntag nach Trinitatis
Matthäus 18,21-35

Wir - als Menschen - sind schon sonderbare Wesen. Wir wollen, dass andere gut zu uns sind, aber umgekehrt fällt es uns schwer, unsererseits andere so gut zu behandeln, wie wir es uns von ihnen wünschen. Anderen zu geben, was wir von anderen für uns erhoffen und erwarten, das fällt uns nicht leicht. Es ist, als bestünden wir aus zwei Persönlichkeiten. Die eine Person in uns hält die Arme weit offen und bittet und fordert: „Gebt mir alles, was ich brauche." Die andere Person in uns ist ziemlich verschlossen und abweisend nach dem Motto: „Lasst mich in Ruhe mit euren Wünschen und Forderungen. Ich habe mit mir selbst genug zu tun."

Zwei Persönlichkeiten in uns, die mit ganz unterschiedlichen, ja gegensätzlichen Maßstäben messen. Das passt nicht zueinander. Aber das ist doch die Realität. Der Abschnitt aus dem Matthäusevangelium hat ein eindrückliches Beispiel für die Gespaltenheit unserer Persönlichkeit gegeben - ich sage bewusst: unserer Persönlichkeit. Da wird zwar von jemand anderem geredet, nicht direkt von uns. Aber ich meine doch, dass wir selbst uns in jener Person wiedererkennen können. Sagen Sie mir nachher gern, wenn Sie anderer Meinung sind.

In der Geschichte aus dem Matthäusevangelium geht es um einen Mann, der Schulden hatte beim König. Zehntausend Zentner Silber Schulden hatte er, das ist eine gewaltige Menge. Es muss sich wohl um eine Art Provinzgouverneur gehandelt haben, der seinem König die gesamten Steuerabgaben seiner Provinz schuldete. Diese enorme überfällige Menge Silber soll er nun zahlen, andernfalls müsse er sich selbst, seine Frau und seine Kinder und alles, was er hat, verkaufen. Eine altertümliche Geschichte, wie wir an dieser Strafandrohung merken; aber das Grundproblem ist natürlich nicht so altertümlich. Säumige Schuldner gibt's auch heute genügend.

Unser Mann kann nun der Zahlungsaufforderung seines Königs nicht nachkommen. Er wird vor den König zitiert und soll Rechenschaft ablegen. Der Schuldner bittet den König um Geduld und um Verlängerung der Rückzahlungsfrist. Er will alles zurückzahlen, aber später. Der König ist großmütig und erfüllt den Wunsch des säumigen Schuldners. Dieser ist natürlich über die Maßen glücklich, dass der König Gnade vor Recht hat ergehen lassen.

Das ist der eine Teil der Geschichte und die eine Seite der Persönlichkeit dieses betreffenden Mannes. Und nun lernen wir die andere Seite in ihm kennen: Auf dem Weg vom König nach Hause trifft er einen anderen Mann, von dem er noch Geld zu kriegen hat, hundert Silbergroschen, das ist im Vergleich zu den zehntausend Zentnern Silber so viel wie nichts, eine Bagatelle. Aber nun will unser Mann dieses Geld von dem anderen zurückhaben, und zwar sofort. Der bittet auch um Geduld, will seine Schuld später begleichen, aber alles Bitten hilft ihm nichts. Unser Mann lässt ihn ins Gefängnis werfen, bis er alles bezahlt hätte, was er ihm schuldig ist.

Das ist also die andere Seite unseres Mannes - diese Gnadenlosigkeit, diese Unbarmherzigkeit. Was er selbst gerade eben noch von dem König für sich selbst erbeten und von diesem gewährt bekommen hatte, das ist er dem anderen seinerseits nicht zu geben bereit.

Darüber können wir uns empören, sollen wir auch. Ein solches gespaltenes Verhalten ist empörend. Es ist aber, behaupte ich, symptomatisch für uns alle: So oder so ähnlich sind wir. Wir messen mit unterschiedlichen Maßstäben. Mit dem einen Maßstab messen wir uns, mit einem anderen Maßstab messen wir den anderen. Ich will uns alle und den Menschen im allgemeinen jetzt nicht schlecht machen. Es ist aber doch gut, sich einmal Rechenschaft über die eigene menschliche, allzu menschliche Wesensart zu geben.

Erst, wenn man sich selbst mit offenen Augen schonungslos betrachtet, hat man doch überhaupt die Möglichkeit, an sich zu arbeiten und sich auf den Weg der Besserung zu begeben. Das ist ja auch gute biblische Tradition: den Menschen in aller Offenheit zu betrachten, nicht nur seine Stärken, sondern auch seine Schwächen klar in den Blick zu nehmen - aber dies nun nicht, um den Menschen herunterzuputzen, sondern um ihm die Chance zur Umkehr zu geben.

Das eben ist doch das Gute an der guten Nachricht des Neuen Testaments, am Evangelium: dass wir zwar klar als Sünder benannt werden, uns aber dennoch die Liebe Gottes zugesprochen wird, damit wir den Mut fassen, uns zu unseren Verkehrtheiten und Vergehen zu bekennen, uns eines Besseren zu besinnen und uns um unsere Besserung auch tatsächlich zu bemühen.

„Wir sind geliebte Sünder." Das ist die Botschaft des Neuen Testaments.

Wir brauchen uns also weder gegenseitig etwas vorzumachen, was unsere moralischen Qualitäten angeht, noch sollen wir es nun bei unseren Mängeln belassen nach dem Motto: Die Vergebung ist uns sicher.

Am Ende der Geschichte bei Matthäus wird nun allerdings der strafende Rohrstock ziemlich heftig geschwungen. Als der König davon erfährt, dass der reiche Schuldner, dem er vergeben hat, einen anderen Schuldner so unbarmherzig kleinlich behandelt hat, lässt er den reichen Schuldner gefangen nehmen und körperlich züchtigen.

Einen den Rohrstock schwingenden Gott mag ich nicht. Von daher fällt es mir schwer, diese Geschichte so als Gleichnis auszulegen, dass ich sage: In den beiden Schuldnern, dem großen und dem kleinen, können wir uns wiedererkennen - und der König, das ist Gott. Der König mit seiner vergebenden Seite, der mag wohl unserer Gottesvorstellung entsprechen, der grausam strafende aber gewiss nicht.

Wichtig scheint mir, dass in dieser Geschichte, die vordergründig von finanziellen „Schulden" handelt, das Thema „Schuld" bildhaft angesprochen ist. Es geht um den Umgang mit der Schuld. Es geht um Schuld und Vergebung. Und die Aussage der Geschichte lautet: „Vergib denen, die an dir schuldig geworden sind, so, wie Gott auch dir vergibt. Gott ist unendlich großherzig mit dir, Mensch, der du in deiner ganzen langen Geschichte Berge von Schuld aufgehäuft hast. Sei du nun auch großherzig mit deinem Mitmenschen."

Es heißt übrigens nicht: „Sei du so großherzig mit deinem Mitmenschen, wie dieser großherzig dir gegenüber ist." Wenn wir diese Regel gelten lassen würden, dann wären wir am Ende. Wenn wir andere so behandeln wollten, wie wir von anderen behandelt werden und uns von anderen behandelt fühlen, dann würde das wohl ziemlich böse ausgehen. „Lass dich nicht vom Bösen überwinden", sagt Jesus, „sondern überwinde das Böse mit Gutem."

Wir sollen die Vergebung Gottes uns gegenüber als Leitfaden nehmen, wie sie im ganzen Neuen Testament zum Ausdruck gebracht ist. Oder wir können, was noch viel einfacher ist, die „Goldene Regel" als Leitfaden nehmen, die uns Jesus ans Herz gelegt hat: „Behandle den anderen so, wie du von ihm behandelt werden möchtest." Diese Regel ist einfach genial. Denn für uns selbst wollen wir nur das Beste. Und wenn wir dieses auch für den anderen anstreben, dann sind wir auf einem guten Weg.

Das Verhalten des anderen soll also nicht unser Maßstab sein, es sei denn der andere verhält sich uns gegenüber wirklich sehr gut und menschlich. Ich möchte noch einmal aufgreifen, was ich anfangs über unsere gespaltene Persönlichkeit sagte. Wir erwarten von anderen für uns mehr, als wir ihnen von uns zu geben bereit sind. Daran haben wir gewiss zu arbeiten, aber natürlich in der Weise, dass wir an uns arbeiten, und nicht indem wir den anderen zu verbessern versuchen. Das gehört zur Liebe und zur Vergebung dazu, dass wir die Gespaltenheit des anderen, seine Inkonsequenz zu einem guten Teil ertragen. Wenn der andere z. B. gern erzählt und erwartet, dass man ihm zuhört, er selbst aber schlecht zuhören kann, dann hören wir eben zu und verzichten ggf. auf die Gleichbehandlung - um der guten Beziehung willen. Das Pochen auf gleiches Recht für alle kann sehr vom Übel sein.

Wir müssen auch mal mehr geben können, als wir empfangen. Das wird sich an anderer Stelle wieder ausgleichen.

Mancher Beter der biblischen Zeit war über das Übermaß der Güte Gottes sichtlich erstaunt: „Was ist der Mensch, dass du seiner gedenkst!" Und so ähnlich. Wir sind mit göttlicher Güte und Gnade reichlich gesegnet. Wenn uns das einmal klar wird, dann können wir selbst anderen gegenüber gar nicht großherzig genug sein.

Also noch einmal kurz gesagt: Wir sind in unseren Persönlichkeiten widersprüchlich. Da haben wir an uns selbst zu arbeiten. Den anderen aber sollen wir in seiner Widersprüchlichkeit so annehmen, wie er ist, und sollen mit unserer Nachsicht und Vergebung auszugleichen versuchen, was in ihm nicht stimmig ist. Das kann der beiderseitigen Beziehung nur dienlich sein. In einem bekannten Gebet ist dieser Gedanke so formuliert:

„Herr, lass mich trachten, nicht, dass ich getröstet werde, sondern dass ich tröste, nicht, dass ich verstanden werde, sondern dass ich andere verstehe, nicht, dass ich geliebt werde, sondern dass ich andere liebe. Denn wer hingibt, der empfängt. Wer sich selbst vergisst, der findet. Wer verzeiht, dem wird verziehen."

Leben ist mehr als Überleben
9. November 1997
Drittletzter Sonntag des Kirchenjahres
Gottesdienst zu Beginn des Basars
Johannes 2,1-17

Unser Geld, liebe Gemeinde, wird immer weniger.

Im letzten Jahr 40.000 Mark weniger, in diesem Jahr 40.000 Mark weniger, im nächsten Jahr 40.000 Mark weniger. Bisher dachte ich, das Geld kommt vom Kirchenkreisamt - ganz einfach so, wie der Strom aus der Steckdose kommt.

Aber was tun bei Stromausfall? Dann müssen wir ein paar Kerzen anzünden. Auf die Dauer reicht das aber nicht.

Und was tun, wenn die Kirchensteuerzuweisung ausfällt? Dann greifen wir mal in unsere Taschengelddose. Das reicht auf die Dauer aber auch nicht.

Wir haben ein Problem. Wir müssen selbst Geld verdienen als Gemeinde. Wir müssen arbeiten, wir müssen uns drehen und wenden, was anbieten, verkaufen.

Mit Schrecken denke ich an Johannes, Johannes 2, zweiter Teil: Mit der Peitsche stürmte Jesus durch den Tempel und trieb die Händler aus. Das hatte er hoffentlich nur symbolisch gemeint. Ohne Geschäftstätigkeit geht es auch in der Kirche nicht, auch in unserer Gemeinde nicht, nicht mehr jedenfalls. Deswegen ermuntere ich Sie ohne Scham: Betrachten Sie heute den Basar ruhig unter diesem Gesichtspunkt: Die Gemeinde möchte und muss heute Einnahmen erzielen.

Aber natürlich soll das nicht alles sein. Und in diesem Fall denke ich mit Freude und Genugtuung wieder an Johannes, an Johannes 2, erster Teil. Sie kennen die Geschichte.

Jesus ist mit seinen Jüngern und seiner Mutter auf einer Hochzeit. Man hat schon fleißig gefeiert - und da, o Schreck, plötzlich ist kein Wein mehr da. Jesus rettet die Feier. Er lässt ein paar große Krüge mit Wasser füllen. Und als der Speisemeister das Nass in Gläser füllen lässt, siehe da, da ist das Wasser in Wein verwandelt. Die Feier kann fröhlich weitergehen.

Diese Geschichte finde ich genial. Wir sollten uns hier, meine ich, nicht bei dem Alkoholproblem aufhalten. Das ist natürlich ein Problem. Jeder übermäßige Gebrauch ist vom Übel. Wenn es uns zu gut geht, ist das auch vom Übel. Aber gut gehen soll es uns doch wohl trotzdem.

Die Verwandlung von Wasser in Wein hat eine ganz bedeutsame Aussage.

Wasser - das ist das, was wir zum Leben brauchen. Ohne Wasser kein Leben, ohne Wasser kein Überleben.

Aber Leben ist mehr als Überleben. Leben bedeutet doch nicht nur, dass wir nicht verdursten und nicht verhungern, dass unser Herz schlägt und der Kreislauf funktioniert.

Leben ist mehr, Leben ist mehr als das Nötigste, mehr als das Notwendige, Leben ist mehr als das Praktische, mehr als das Vernünftige, Leben ist auch das Verschwenderische, das Genießen, das „Sich mal was gönnen". Leben ist nicht nur Funktionieren, Leben ist auch Feiern.

Wasser steht für die Grundfunktionen des Lebens, der Wein ist der Inbegriff der Feier. Und auch darum geht es heute - und das ist eigentlich der schönere und wichtigere Teil: Wir feiern heute, wir feiern das Fest des Lebens.

Lassen Sie uns großzügig und verschwenderisch sein, lassen Sie uns ohne Reue genießen.

Als eine Frau in Bethanien Jesus mit kostbarem Öl salbte, machten seine Jünger ihr den Vorwurf: „Wozu diese Vergeudung! Das Öl hätte doch teuer verkauft und das Geld den Armen gegeben werden können!" Ja, sicher. Aber wir können unser Leben nicht nur unter diesem absolut praktischen Gesichtspunkt gestalten. Dann würden wir an Freudlosigkeit zugrunde gehen.

Als ich heute morgen aus dem Fenster schaute, und ein flüchtiger Sonnenstrahl die Birke draußen beschien und für einen Augenblick das herbstliche Gelb der Blätter in glänzendes Gold verwandelte - welche Pracht! Welches Übermaß an

Schönheit! Kinder sammeln Blätter und kleben sie auf, weil jedes einzelne Blatt eine Schönheit ist. Und tausende und abertausende Blätter hängen an jener Birke vor unserem Fenster - und ebenso viele an vielen anderen Birken. Wie verschwenderisch ist die Natur mit ihrer Schönheit, wie verschwenderisch ist unser Schöpfer!

Und die Blumen - wie unpraktisch! Sie wachsen heran, sie entfalten ihre wunderschönen Blüten - und sie verblühen. Dahin ist die Schönheit. Manche meinen, die Lösung gefunden zu haben: künstliche Blumen - die bewahren ihre Schönheit. Aber das ist nicht das Leben.

Zum Leben gehört die Vergänglichkeit - die nutzlose, verschwenderische Schönheit, die Millionen und Abermillionen bunter Blumen, die kein Mensch zu betrachten je die Zeit hätte, die blühen und vergehen, ohne dass sie je eines Menschen Herz erfreut hätten.

Manche sehen das negativ. Selbst biblische Autoren verfallen ob der Vergänglichkeit alles Lebendigen fast in Depressionen. Sie fragen: Was soll überhaupt das ganze Leben, wenn es doch so kurz und so schnell vorbei ist?!

Aber das gehört zur Schönheit unseres Daseins wesentlich hinzu: das Vorübergehende, das Momentane, das Einmalige: der einzelne Sonnenstrahl, das flüchtige Lächeln, die zarte Blüte, das eine gute Wort, das feierliche Beisammensein abends am Ende einer anstrengenden Woche.

Es ist wohl wahr, dass das Leben anstrengend ist, dass es viel Kraft kostet, das Überleben zu sichern. Aber unser Überleben zu sichern, ist nicht das eigentliche Ziel, der eigentliche Sinn unseres Lebens. Die Schönheit des Lebens erweist sich dort, wo es über das Notwendige hinausgeht. Solange wir inmitten des Mangels noch die Kraft zur verschwenderischen Feier haben, leben wir im besten Sinne des Wortes.

Gott, unser Schöpfer, ist der größte Verschwender. Er hat das Leben und alles Lebendige als etwas Kurzes und Vergängliches geschaffen, dessen Nutzen immer wieder hinterfragt worden ist. Eine befriedigende Antwort wird wohl niemals gefunden werden.

Aber wer wollte leugnen, dass das Leben dennoch schön ist! Mühsal und mancherlei Not werden uns nicht davon abhalten, uns des Lebens zu freuen, es dankbar anzunehmen und es zu feiern.

Der Mensch lebt nicht vom Wasser allein. Der Sohn Gottes hat Wasser in Wein verwandelt. Wir brauchen den Wein, die Feier des Lebens, die uns spüren lässt, dass Leben weit mehr ist als Überleben.

Flohmarktartikel erhalten ihre Würde zurück
9. November 1997
Abendkirche zum Abschluss des Basars
Gute-Nacht-Geschichte

Es war schon dunkel draußen. Im Kinderzimmer brannte noch Licht. Das kleine Mädchen zeigte der Mutter, was es auf dem Flohmarkt eingekauft hatte: eine Puppe, eine Vase und einen ganz kleinen Teppich.

Das Bein der Puppe war ein wenig verdreht, aber ansonsten war die Puppe ganz in Ordnung. Vor allem hatte sie ein hübsches Gesicht. „Die hab ich gleich gern gehabt", sagte das Mädchen.

Die Vase hatte oben am Rand eine kleine abgestoßene Stelle. Aber sie hatte eine schöne schlanke Form. „Gerade, als ich bezahlten wollte", erzählte das Mädchen, „schenkte mir jemand noch diese schöne rote Rose. Für deine neue Vase", sagte er.

Der kleine Teppich sah schon etwas abgetreten aus. Aber man konnte noch seine frühere Schönheit erkennen. Irgendwie hatte sie den Teppich wichtig gefunden, erklärte das Mädchen der Mutter.

Die Puppe setze das Mädchen ganz ordentlich in ihren Kinderstuhl, die Vase mit der roten Rose stellte sie auf ihren Nachtschrank, und den kleinen Teppich legte sie vor ihr Bett.

Die Mutter gab ihr einen Gute-Nacht-Kuss. Licht aus - und es dauerte nicht lange, da konnte man am ruhigen Atmen hören: Das Mädchen war glücklich eingeschlafen.

„Wie schön ist es hier im Kinderzimmer", flüsterte plötzlich eine Stimme, als spräche jemand ganz leise mit sich selbst.

„Mir gefällt es hier auch", flüsterte eine andere Stimme.

„Wer bist du denn?", fragte die erste Stimme.

„Ich bin die Puppe, und wer bist du?"

„Ich bin die Vase."

„Ich finde es hier auch schön", flüsterte noch eine dritte Stimme.

„Und wer bist du?", fragten die beiden anderen.

„Ich bin der Teppich."

„Wir müssen ganz leise sein", sagte die Puppe, „das kleine Mädchen schläft doch schon." Und dann erzählte die Puppe: „Wochenlang habe ich in einer Kiste gelegen, weil mein Bein verdreht war. Jetzt nimmt mich endlich wieder jemand in den Arm und spricht mit mir."

„Ich wäre beinahe in der Mülltonne gelandet", sagte die Vase, „nur weil ich eine kleine abgestoßene Stelle habe. Zum Glück kam der Flohmarkt - und dann das kleine Mädchen. Jetzt darf ich wieder Wasser in mir tragen und einer roten Rose Halt geben. Sehen wir beide nicht hübsch aus?"

„Ja, wirklich", antworteten die Puppe und der Teppich, obwohl sie im Dunkeln gar nicht gut sehen konnten.

„Und ich habe lange im kalten Keller gelegen", erzählte der kleine Teppich. Man hatte mich einfach nicht mehr leiden gemocht. Und jetzt liege ich vor einem Kinderbett. Es geschehen doch noch Wunder."

„Ja, wirklich", flüsterten die beiden anderen.

„Ich freu mich schon auf morgen, wenn die kleinen Kinderfüße mich betreten", sagte der Teppich.

„Tut denn das nicht weh, wenn jemand auf dir steht?", fragte die Puppe.

„Aber nein", antwortete der Teppich. „Dafür bin ich doch da, dass man auf mir herumtritt."

Die drei unterhielten sich noch eine Weile. Sie mussten einfach miteinander reden. Denn dieser Tag war für sie ein wunderbarer Tag gewesen.

Als sie gerade mal eine kleine Redepause machten, hörten sie in der Ferne einen Glockenschlag. „Bum." Noch ein Glockenschlag. „Bum." Sie hörten ganz andächtig hin; noch ein Glockenschlag, bum, bum, bum, bum." Und als sie so aufmerksam hinhörten, fielen ihnen langsam die Augen zu. Es dauerte nicht lange, da waren auch sie glücklich eingeschlafen.

Den Tod vorausdenken
23. November 1997
Totensonntag / Ewigkeitssonntag
Psalm 90,12

Den Tod rechtzeitig bedenken - rechtzeitig daran denken und darüber nachdenken, dass wir sterben müssen. Manche stellen sich dieser Aufgabe, um alle Dinge in Ordnung zu haben, bevor sie gehen. Sie entlasten so schon im Vorwege ihre Angehörigen. Alle Papiere sind geordnet, die Wohnung ist aufgeräumt, der Nachlass ist geregelt. Derjenige, der so seinem Tod entgegengeht, hat sich auf diese Weise auch selbst innerlich aufgeräumt.

Wir alle gehen auf den Tod zu. Wer geboren wird, wird sterben müssen. Das ist unausweichlich. Aber nicht nur das, auch das andere kann uns treffen - und manchen unter uns hat es getroffen: Der Tod kann uns einen lieben Menschen nehmen.

Der Tod ist Teil unseres Lebens. Da können wir nicht davonlaufen. Da ist kein Schutz. Wir könnten die Augen verschließen.

Aber wäre es nicht sinnvoll - und könnte es unserem Leben nicht dienen -, wenn wir rechtzeitig den Tod bedächten?

„Gott, lehre uns bedenken, dass wir sterben müssen, auf dass wir klug werden."

Die Angst vor unserem eigenen Ende werden wir uns vielleicht nicht wegdenken können. Und den Schmerz des Verlustes werden wir nicht wegreden können.

Aber vielleicht mag es uns doch eine gewisse Ruhe geben - und unserem Leben einen tieferen Sinn -, wenn wir über den Tod nachdenken - oder besser gesagt: dem Tod „vorausdenken".

Z. B. den Abschied schon vorwegnehmen; wir wissen ja, dass er kommen wird.

Am Abend eines jeden Tages mit Dankbarkeit Abschied nehmen - und den Morgen begrüßen als das wunderbare Geschenk eines neuen Tags.

Von unseren Lieben mit Dankbarkeit Abschied nehmen, wenn sie sich zur Ruhe legen, wenn sie aus dem Haus gehen, wenn sie auf Reisen gehen, und das Wiedersehen als das Geschenk einer neuen Begegnung feiern: das gemeinsame Frühstück am nächsten Morgen, das Wiedersehen am Arbeitsplatz, die Begrüßung am Bahnhof, das Abendessen, wenn wir wieder beisammen sind.

Dass wir morgens die Augen wieder aufschlagen, ist ja gar nicht selbstverständlich, so wenig selbstverständlich, wie, dass wir überhaupt das Licht des Lebens erblickt haben. Und dass wir die Menschen wiedersehen, die uns lieb und wert sind, ist auch ganz und gar nicht selbstverständlich.

Wir können nichts festhalten, wir können nichts sicherstellen. Was wir tun können, ist: immer wieder danken für all das, was wir bis jetzt gehabt haben, und immer wieder neu das Fest der Freude feiern - ganz klein an jedem Tag - und auch mal größer zu besonderen Anlässen. Jeder neue Tag, jede neue Begegnung ist ein kleines Fest der Auferstehung.

Wenn wir es recht bedenken, können wir das Sterben innerlich vorwegnehmen und schon jetzt ein Leben nach dem Tode führen.

Rechtzeitig loslassen - und beständig loslassen, damit wir immer wieder neu empfangen können.

Wir haben uns das Leben nicht selbst gegeben. Wir haben es geschenkt bekommen. Wenn es uns gefällt, dann hätten wir gern mehr davon, und wir wollen es nicht wieder hergeben. Aber wir haben keinen Anspruch auf das Leben, und dass es so und so verlaufen möge. Lassen Sie es uns einfach in Bescheidenheit ergreifen, wie es uns gegeben ist, und alles, was hinzukommt, als neue wunderbare, unerwartete Gabe mit Dankbarkeit entgegennehmen.

Wir haben uns auch die lieben Menschen um uns herum nicht selbst gegeben. Sie sind uns über den Weg geschickt, sie sind uns anvertraut. Wir haben keinen Anspruch auf sie - und dass unser gemeinsames Glück ewig sei. Lassen Sie uns einfach ganz bescheiden danken, dass sie da sind, und nicht klagen, wenn das uns geschenkte Glück ein Ende hat.

Das heißt: Klagen sollen wir wohl dürfen - ja, das dürfen wir, das sollen wir; denn auch die Klage kann der Ausdruck unseres Dankes sein. Auch in der Klage drücken wir unsere Wertschätzung des Lebens aus:

„Gott, warum hast du uns die wunderbare Gabe des Lebens genommen? Warum hast du uns den lieben Menschen genommen? Warum hast du unserem Glück ein Ende gesetzt?"

Wenn wir es nur nicht bei der Klage belassen!

Lassen Sie uns unser Leben bewusst führen. Solange unser Herz schlägt, solange wir uns gegenseitig haben, lassen Sie uns jede Stunde unseres Daseins und jeden Augenblick unseres Miteinanders wertschätzen.

Das rechtzeitige Vorausdenken über den Tod mag uns die Augen öffnen für das Leben. Es mag uns helfen, die Großartigkeit und Schönheit der Schöpfung wahrzunehmen. Es mag uns helfen, die Prioritäten unseres Lebens neu zu setzen.

Den Tod vorausdenken: Das ist, wie wenn einem Blinden die Augen geöffnet werden, oder einem Tauben die Ohren. Es eröffnet sich eine neue Welt. Die Welt eröffnet sich uns neu. Und es kann dann auch so sein, wie wenn einem Stummen die Zunge gelöst ist: zum Dank für das Wunder des Lebens.

Und wenn uns dann der Tod tatsächlich und hart getroffen hat? Wenn uns ein lieber Mensch genommen ist? Dann ist nicht alles zunichtegemacht. Dann ist nicht alles infrage gestellt. Dann ist nicht alles verloren.

Der Tod in seiner Wirklichkeit trifft uns hart, das ist wohl wahr, und fügt uns Wunden zu. Wir leiden heftige Schmerzen, und unsere Tränen werden wir nicht zurückhalten können.

Aber wir werden uns dann besinnen auf das Geheimnis des Lebens: dass unser Leben mehr ist als die Tage zwischen Geburt und Tod, dass unser Leben mehr ist als das Leibliche, dass unser Leben mehr ist als das, was wir denken können.

Wo kommen wir her? Wo gehen wir hin? Wir sind eingebettet in das Geheimnis der Liebe Gottes. Seinem Schoß ist alles Leben entsprungen. In seine Hände geben wir alles zurück, in ihm bleiben wir untereinander eins.

In unserem Herzen tragen wir ein Stück Himmel, und in diesem Himmel bleiben uns alle gegenwärtig, denen wir in Liebe verbunden sind. Vielleicht gehen wir an bestimmte Orte, um uns zu erinnern. Es mag sein, dass sich unser Herz öffnet, dass wir einander in neuer Weise begegnen und dass wir weiterhin miteinander sprechen.

Der Tod kann unser Leben nicht zunichtemachen. Das Leben ist stärker als der Tod. Die Liebe ist stärker als der Tod.

„Gott, lehre uns bedenken, dass wir sterben müssen, damit wir leben können."

Machbares und Unverfügbares
31. Dezember 1997
Altjahrsabend
Psalm 103,8

In der Wirtschaft gibt es den Begriff „Controlling" - Kontrolle -, was so viel bedeutet wie: beständig - am besten täglich - alle wirtschaftlichen Vorgänge anhand einiger wesentlicher Grunddaten überprüfen. Täglich den Zustand der Firma im Blick haben, die positiven Entwicklungen, die negativen Entwicklungen, das Gesamtergebnis. So weiß man, wo man steht, ob es bergab geht oder bergauf und ob ggf. für den nächsten Tag Maßnahmen zu ergreifen sind, um die weitere Entwicklung in die gewünschten Bahnen zu lenken. So kann es dann am Ende des Jahres keine bösen Überraschungen geben. Die Bilanz ist so kein einmaliges Unterfangen, sondern im Grunde ein Prozess, ein dauerhafter Vorgang.

Wie halten wir das eigentlich in unserem persönlichen Leben? Wir stehen nun am Ende eines Jahres; heute Nacht beginnt ein neues. Wir ziehen Bilanz - wir blicken zurück, wir schauen voraus; wir bewerten, was gewesen ist, wir fassen einige gute Vorsätze. Ist dies für uns auch ein täglicher Vorgang? Und auf welche Grunddaten richten wir dabei unser Augenmerk?

Diese letzte Frage ist vielleicht zunächst einmal die interessante. Was ist uns eigentlich das Wichtige, worauf kommt es uns an? Was an unserem Leben bedarf der täglichen Aufmerksamkeit, woran wollen wir täglich arbeiten?

Es könnte unsere Gesundheit sein: Wie fühlen wir uns? Sollten wir vielleicht weniger essen, uns gesünder ernähren, weniger rauchen, mehr Sport treiben?

Es könnten unsere Beziehungen sein: Was war schön, welchen Ärger haben wir gehabt? Sollten wir geduldiger sein, freundlicher, nachsichtiger, konsequenter? In welcher Beziehung wollen wir uns mehr engagieren? Wo sollten wir uns vielleicht zurückziehen?

Es könnte auch unsere Berufstätigkeit sein: Wo sind wir zu

nachlässig gewesen, wo müssten wir uns vielleicht fortbilden? Was ist uns gut gelungen? Wie ist es eigentlich zu den positiven Ergebnissen gekommen?

Es könnte unsere Haushaltskasse sein: Was haben wir eigentlich am Monatsende übrig? Welche Ausgaben sind nötig, auf welche sollten wir künftig lieber verzichten? Welchen Luxus wollen wir uns leisten - Bücher, CDs, Kleidung, Essengehen, Reisen?

Es könnte unsere Zeitplanung sein. Nehmen wir uns insgesamt zu viel vor? Könnten wir Schwerpunkte setzen, Arbeit delegieren? Vertrödeln wir Zeit durch schlechte Organisation?

Ich könnte jetzt die Liste fortsetzen. Vielleicht werden Sie fragen: „Was bringt das? Mit den guten Vorsätzen ist es doch so: Die halten, wenn's hoch kommt, ein paar Tage. Dann sind sie vergessen und es geht weiter wie zuvor."

Das mag wohl sein. Aber ich finde, beides hat sein Recht: das Bemühen um ständige Kontrolle und Korrektur einerseits und die Einsicht in unsere menschliche Schwachheit und Trägheit andererseits. Wir können ja nicht leben nach dem Motto: „So bin ich nun mal, so mach ich weiter." Und auch das andere wäre nicht gut: Wenn wir uns überfordern würden und uns vornehmen würden, was wir nicht leisten können.

Die Chance, überhaupt einmal über sich selbst nachzudenken, sollten wir nicht vergeben. Der Jahreswechsel ist eine solche Chance. Und solche Selbstkontrolle und Selbstkorrektur gehört wesentlich zu unserem Christsein hinzu. So hat ja das Auftreten Jesu begonnen - und seines gleichaltrigen Verwandten Johannes: „Tut Buße, denn das Himmelreich ist nahe herbeigekommen." Andere Bibelstellen mahnen ebenfalls zur beständigen Aufmerksamkeit, das Gleichnis von den klugen und den törichten Jungfrauen zum Beispiel, und auch der Text der heutigen Evangelienlesung. Da wird zur beständigen Aufmerksamkeit motiviert durch den Hinweis auf die erwartete baldige Wiederkehr Christi. Man könnte zwar sagen: „Das Thema hat sich erledigt. Die Naherwartung war ein Irrtum."

Aber damit würden wir es uns gewiss zu leicht machen. Die

wesentliche Botschaft hinter dem Reden von der Wiederkehr Christi ist doch diese: dass wir zur Verantwortung berufen sind. Dass wir Rechenschaft ablegen müssen. Dass es nicht egal ist, wie wir unser Leben führen.

Diese Vorstellung soll uns nicht unter Druck setzen. Sie soll unserem Leben dienen. Es mag zwar auch etwas haben, nur so dahinzuleben, sich von den Dingen des Lebens einfach treiben zu lassen. Diese mehr kindliche Art wird uns auf die Dauer aber nicht ausfüllen. Um unser Leben als sinnerfüllt zu erleben, brauchen wir Ziele, die wir anstreben, Maßstäbe, an denen wir uns messen, Werte, an denen wir uns orientieren.

Wir sind zur Verantwortung berufen - zu unserer persönlichen Erfüllung, zu unserem gemeinschaftlichen Wohl und zur Ehre Gottes, unseres Schöpfers, dem wir unser Leben letztlich verdanken. Das ist eine christliche Grundaussage. Wenn wir das einmal akzeptiert haben und als gut und wichtig erkannt haben, dann werden wir es für bedeutsam halten, über unser Leben nachzudenken und uns Rechenschaft zu geben über unser Tun und Lassen, über unsere Ziele, über unsere Wesensart, unsere Stärken und Schwächen, unsere Erfolge und Misserfolge.

Es geht dabei dann auch um die Einschätzung dessen, was wir uns auf der einen Seite selbst zuzurechnen haben, und was auf der anderen Seite als unverfügbar auf uns gekommen ist - was wir im positiven Sinne dankbar annehmen können, und was wir im negativen Sinne einfach hinnehmen müssen.

Denn diesem Irrtum dürfen wir natürlich nicht unterliegen, auch wenn wir die Methode des Controlling ganz hoch halten: dass wir meinten, wir hätten alles unter Kontrolle und es hinge alles von uns selbst ab. Bei allem eigenen Bemühen bleibt das Ergebnis am Ende doch unserer Verfügbarkeit entzogen. Wenn etwas gut gelungen ist, können wir nur dankbar sein: „Danke, Gott, dass du unsere Bemühungen mit einem guten Ergebnis gesegnet hast." Und wenn wir trotz allen Bemühens unsere Ziele nicht erreicht haben, können wir bitten: „Hilf uns, Gott, das Unabänderliche zu tragen. Lass uns den Mut nicht verlieren. Sei barmherzig mit uns, wo wir versagt haben. Gib uns Kraft zu einem neuen Versuch." Nicht von ungefähr steht über dem heutigen Abend das Motto aus dem 103. Psalm, Vers 8: „Barmherzig und gnädig ist der Herr, geduldig und von großer Güte."

Wer sich angesichts von Negativerfahrungen, angesichts von Misserfolgen, von persönlichem Unvermögen, angesichts von Not und Unglück gottverlassen vorkommt, den möchte Paulus trösten mit den Worten, die wir vorhin gehört haben, als er fragte: „Was kann uns scheiden von der Liebe Gottes?", und darauf antwortete: „Nichts kann uns scheiden von der Liebe Gottes: keine Not, kein Versagen."

Dies gehört zur Paradoxie unseres Glaubens: Zum einen sind wir zur Verantwortung berufen, zu einer im Grunde grenzenlosen Verantwortung, wenn wir beispielsweise an die Ethik der Bergpredigt denken. Zum anderen sind wir aufgehoben und geborgen in einer barmherzigen und vergebenden Liebe, einer im Grunde ebenso grenzenlosen Liebe, wie sie sich in der Hingabe Gottes in Christus am Kreuz erweist.

Mancher tut sich schwer, diese Paradoxie unseres christlichen Glaubens zu verstehen und mit ihr umzugehen. Wenn wir sie so richtig in uns drin haben, dann wird sie uns helfen, uns kraftvoll zu engagieren in beständiger Selbstprüfung mit dem dauerhaften Bemühen, im persönlichen Bereich, im gemeinschaftlichen Bereich, im gesellschaftlichen Bereich bessere Ergebnisse zu erzielen - ohne Selbstüberschätzung, ohne Angst vor dem Scheitern, in Verantwortung vor demjenigen, der uns zu einem sinnerfüllten Leben berufen hat, und im Vertrauen auf seine unterstützende Kraft, seine Nachsicht, seine Vergebung, seine Liebe.

Bibelstellen

1. Johannes
02,(07-11)12-17 107
1. Korinther
03,09-15 81
09,16-23 71
1. Thessalonicher
05,14-24 86
2. Korinther
03,03-09 102
04,06-10 127
13,11-13 66
Apostelgeschichte
10,21-35 18
Hebräer
10,35-36 92
Hesekiel
18,01-04.21-24.30-32 ... 76
Jesaja
(52,13-15;)53,1-12 46
54,07-10 41
58,01-09a 30
Johannes
02,01-17 208
12,12-19 137
16,23b-28.33 153
20,19-29 148
Johannes 14,23-27
14,23-27 159

Lukas
02,25-38 116
02,41-52 122
10,25-37 182
15,01-07 172
23,34 145
Markus
08,31-38 132
12,01-12 35
14,22-24 51
Matthäus
02,01-12 13
06,24-35 187
15,21-28 197
16,13-20 165
18,21-35 203
19,21 97
25,14-30 177
27,11-26 142
Offenbarung
15,02-04 56
Psalm
08,05 192
100 170
103,02 61
103,08 218
126,05 112
90,12 214
Römer
09,14-24 24

Ebenfalls bei Books on Demand (BoD) erschienen:

Das Ja zum Leben und zum Menschen
Band 6, Predigten 1998-2000
2017, Paperback 252 Seiten, € 8,90, ebook 5,49, ISBN: 978-3-7431-9248-5
Band 5, Predigten 2001-2002
2016, Paperback 232 Seiten, € 8,90, ebook 5,49, ISBN: 978-3-7431-1908-6
Band 4, Predigten 2003-2004
2016, Paperback 272 Seiten, € 8,90, ebook 5,49, ISBN: 978-3-7412-6358-3
Band 3, Predigten 2005-2006
2016, Paperback 264 Seiten, € 8,90, ebook 5,49, ISBN: 978-3-7412-5616-5
Band 2, Predigten 2007-2008
2016, Paperback 284 Seiten, € 8,90, ebook 5,49, ISBN: 978-3-7412-2527-7
Predigten 2009-2012
2013, Paperback 252 S., € 14,90, ebook 11,99, ISBN: 978-3-8482-4463-8

Häppchen für Herz und Hirn
Gedanken zu den Wochensprüchen des Kirchenjahres
BoD, Norderstedt, 2015, ISBN: 978-3-7392-0867-1
Hardcover 376 Seiten, € 18,50, ebook € 7,99

Titelbild und Fotos: Wolfgang Nein